Massage thérapeutique

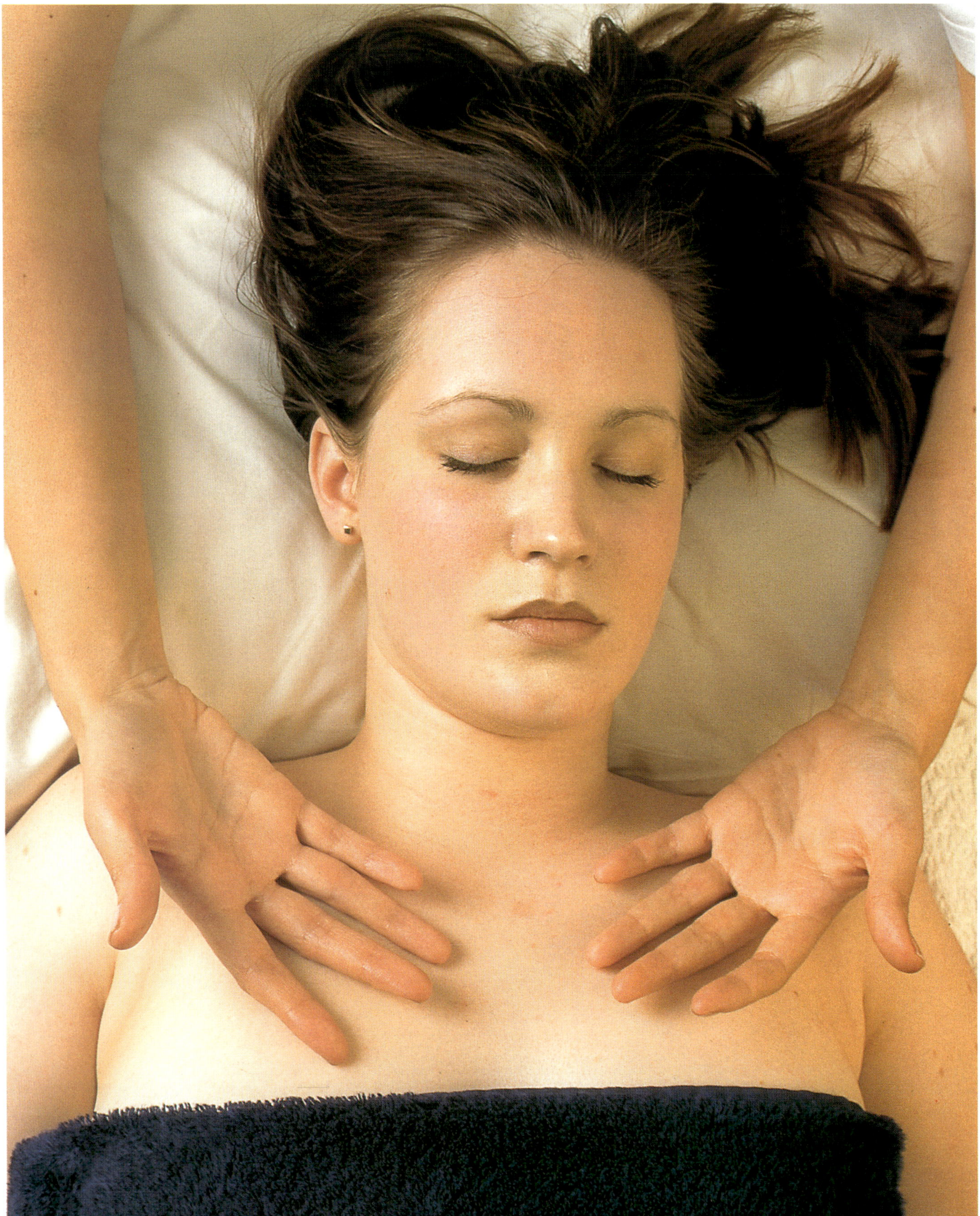

Massage thérapeutique

Une introduction pratique

DENISE WHICHELLO BROWN

Traduit de l'anglais par
LAURETTE THERRIEN

MODUS VIVENDI

Version française publiée par
Les Publications Modus Vivendi
3859, autoroute des Laurentides
Laval (Qc) H7L 3H7

Dépôt légal: 1er trimestre 2001
Bibliothèque nationale du Québec
Bibliothèque nationale du Canada
Bibliothèque nationale de France

Mise en page de l'édition française: Josée Michaud
Coordination de la production: Sabine Cerboni

Données de catalogage avant publication (Canada)

Brown, Denise Whichello
Massage thérapeutique
Traduction de: Therapeutic massage.
ISBN: 2-89523-016-1
1. Massothérapie. 2. Massage. I. Titre.
RM721.B87414 2001 615.8'22 C00-941376-6

Ce livre ne vise pas à remplacer les conseils d'un professionnel de la santé. Si vous croyez souffrir de problèmes qui nuisent à votre santé, il vous faut chercher l'avis d'un médecin. Consultez un professionnel de la santé dûment qualifié, un aromathérapeute ou votre médecin avant d'entreprendre tout traitement.

table des matières

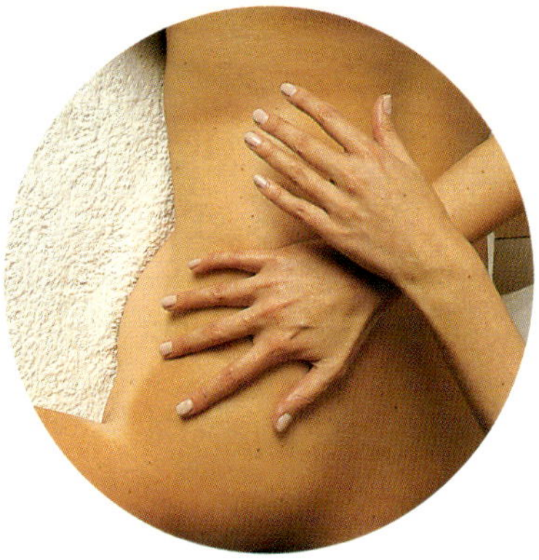

introduction au
massage thérapeutique

Un Bref Historique

L'art antique de la guérison qu'est le massage est sans aucun doute la plus ancienne forme de médecine du corps. En Chine, on trouve des références au massage dans le plus vieux texte de médecine, le Nei Ching, écrit par l'empereur jaune.

Des documents historiques montrent que la massothérapie était une pratique largement répandue chez les Grecs et les Romains.

Dans la Rome antique, Jules César, qui souffrait de maux de tête et de névralgies, se faisait masser tous les jours. Pline, le naturaliste romain de grande renommée, était traité pour son asthme. Galen, le médecin de l'empereur romain, prescrivait des massages pour les gladiateurs qui devaient se battre et pour soigner leurs blessures.

> « Le massage peut raffermir une articulation trop faible et assouplir une articulation trop rigide. »
> (Hippocrate, père de la médecine, an 5 avant J.-C.)

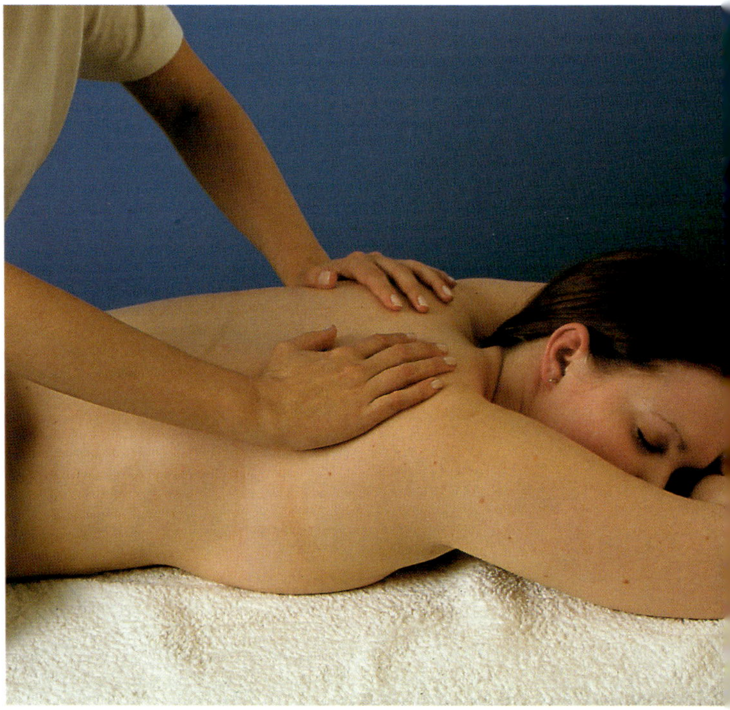

De nos jours, le massage thérapeutique est très recherché.

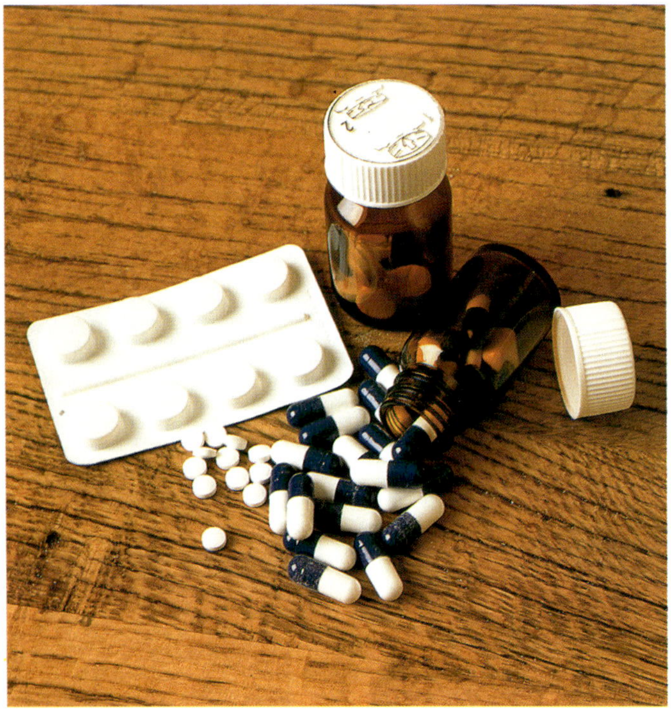

Les bienfaits curatifs du massage servent de complément à la médecine traditionnelle.

Après le déclin de l'Empire romain et jusqu'au Moyen Âge, on trouve très peu de références à des traitements physiques. Heureusement, l'intérêt pour la médecine a été ravivé par le médecin français Ambroise Paré, qui a établi la crédibilité du massage auprès du corps médical.

La technique classique, que nous décrivons dans ce livre et qui est connue sous le nom de « massage suédois », a été développée par le professeur Per Henrik Ling (1776-1839), de Suède. Il érigea une école de massage à Stockholm et en 1877, le massage suédois fit son apparition aux États-Unis grâce au Dr Mitchell. La popularité du massage commença dès lors à grandir.

À l'heure actuelle, il y a une demande toujours croissante pour le massage thérapeutique. On le pratique à grande échelle dans les cliniques, les centres de conditionnement physique et

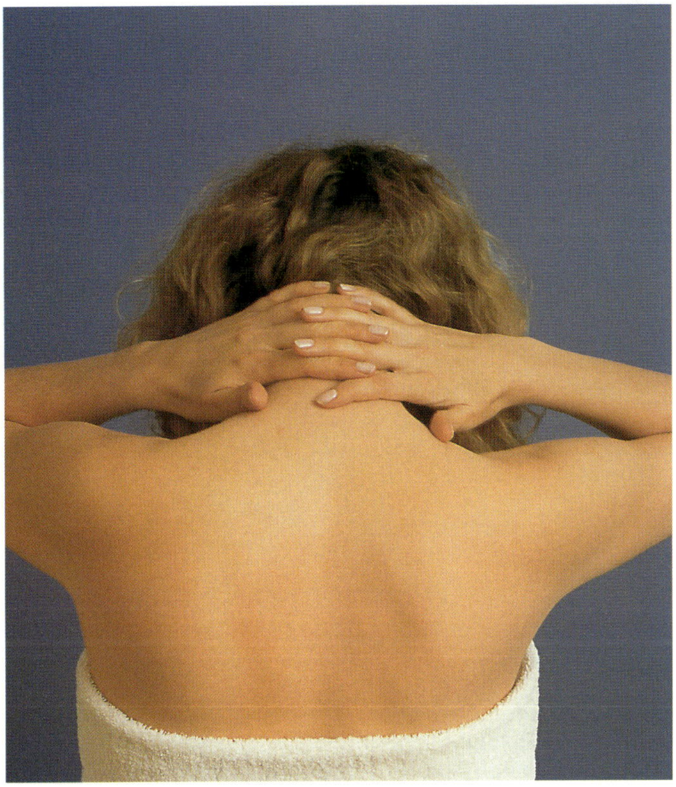

Le massage du cou peut soulager les maux de tête.

même dans beaucoup d'hôpitaux et de résidences de personnes âgées. Des milliers de thérapeutes – incluant profanes, médecins, infirmières, sages-femmes, ostéopathes, chiropraticiens, physiothérapeutes – ont reçu une formation et incorporent le massage à leur travail régulier. Le langage du toucher qui guérit peut servir de complément à toutes les formes de médecine traditionnelle. Nous avons TOUS, dans nos mains, le pouvoir de masser et d'aider les autres en nous servant des techniques très simples décrites dans ce livre.

Les Bienfaits du Massage

Le massage thérapeutique a un impact très important sur tous les systèmes qui composent le corps.

Le Système Nerveux

Le massage peut avoir un effet sédatif très puissant sur les nerfs, dissipant stress et tensions de la vie quotidienne. Il peut soulager les maux de tête; il brise les habitudes insomniaques et peut calmer les sentiments de colère, d'impatience et d'irritation.

Le Système Musculaire

Les douleurs musculaires, la fatigue et les raideurs peuvent être traitées avec succès grâce à l'art de la guérison par le massage. Il réduit les crampes. Il soigne les vieilles blessures et aide à retrouver un bon tonus musculaire.

Le Système Squelettique

Les bienfaits du massage sont énormes sur les maladies du système squelettique comme l'arthrite. Il réduit les raideurs des articulations et soulage la douleur de façon notable.

Le Système Circulatoire

Le massage est excellent pour améliorer le fonctionnement du cœur et la circulation sanguine. Après une série de traitements, on peut constater une amélioration importante de la circulation et une pression sanguine à la baisse.

Le Système Lymphatique

Les substances toxiques qui s'accumulent dans le système peuvent être rapidement éliminées sous l'action du massage. On peut également faire disparaître l'enflure autour d'une blessure.

Le Système Respiratoire

Le mucus et les sécrétions bronchiques peuvent être évacués et éliminés des poumons grâce à des mouvements de percussion sur le haut du dos et en ouvrant la poitrine.

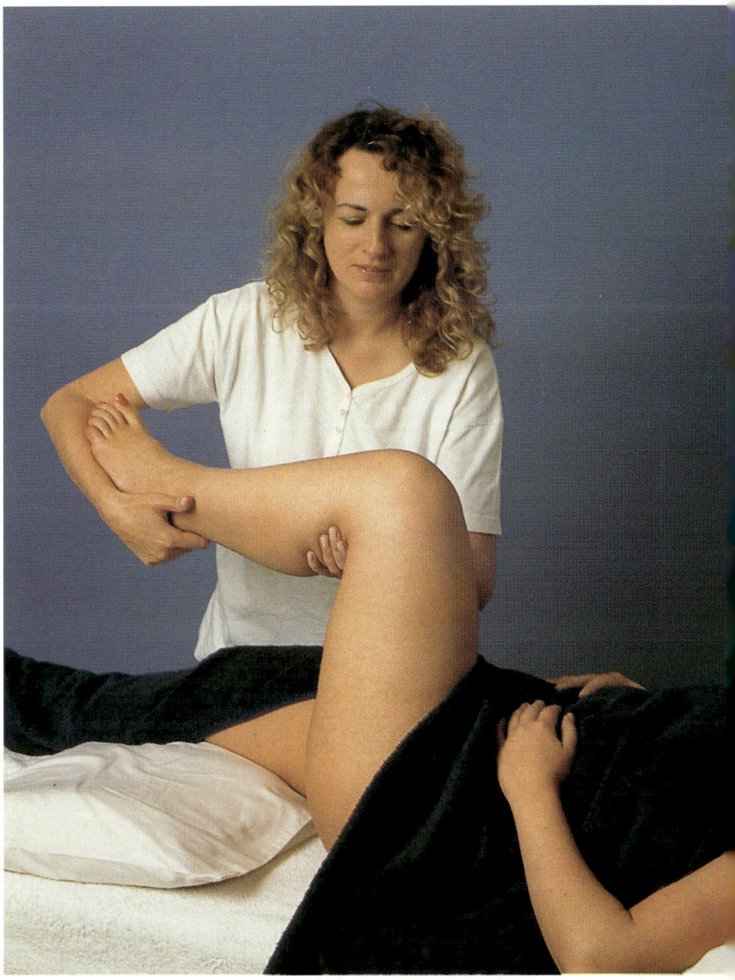

Des douleurs aux articulations, comme l'arthrite, peuvent être soulagées grâce au massage.

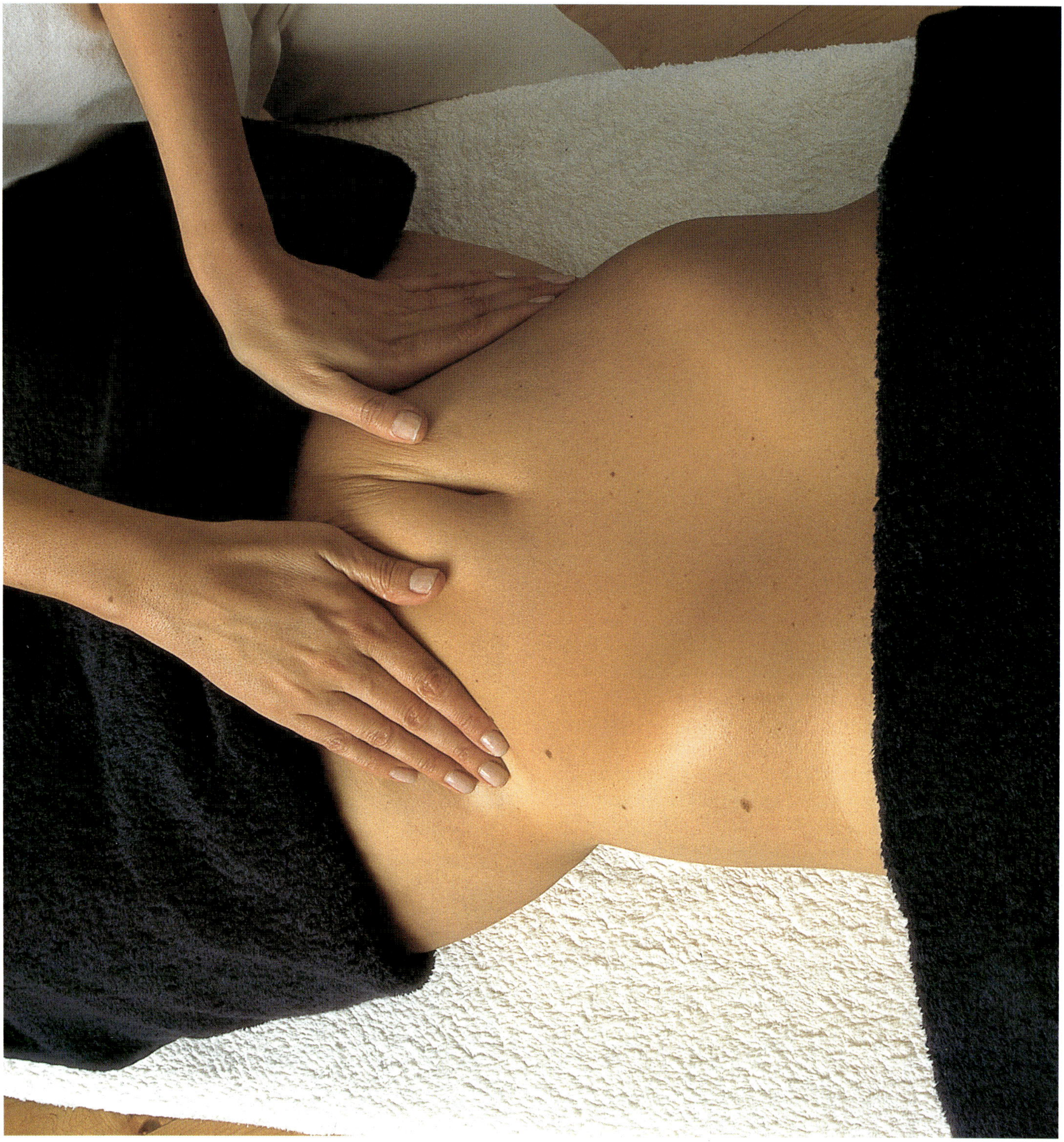

Un massage doux de l'abdomen est excellent pour les problèmes de digestion.

Le Système Digestif

Le massage aide l'élimination des déchets contenus dans le gros intestin. Il soulage la constipation et améliore la digestion.

Le Système Reproductif

Les problèmes menstruels comme le SPM, les règles douloureuses ou irrégulières et la ménopause peuvent tous être améliorés avec des massages thérapeutiques réguliers.

pour commencer

N'importe qui peut donner un massage avec très peu de matériel. Les besoins de base sont une surface de massage ferme, des serviettes, des coussins, une bouteille d'huile et bien sûr, une paire de mains. Alors, si vous réussissez à créer l'atmosphère parfaite, vous retirerez un maximum d'avantages de ce genre de traitement.

Veillez à avoir plusieurs serviettes à portée de main pour couvrir le receveur.

Environnement

La pièce doit être accueillante et bien chauffée, parce qu'il sera impossible de se détendre si on a froid. Comme la température du corps baissera durant le massage, une bonne quantité de serviettes et de couvertures supplémentaires est essentielle. Les régions qui ne sont pas traitées doivent toujours être couvertes.

Un éclairage doux et tamisé créera l'ambiance parfaite. Mettez vos lumières en veilleuse ou allumez quelques bougies dans la pièce. Des fleurs fraîchement coupées ou des huiles essentielles diffuseront un arôme agréable dans l'air, et les cristaux comme le quartz de rose rehausseront l'ambiance.

Il est vital de choisir un moment où vous ne serez pas dérangés. Décrochez le téléphone et avertissez votre famille et vos amis de ne pas entrer dans la pièce de massage. Vous aurez peut-être envie de mettre une musique relaxante, mais vous pouvez aussi bien préférer le silence.

Préparation Personnelle

1. Il est essentiel de porter des vêtements confortables et amples, de préférence avec des manches courtes, parce que vous risquez d'avoir très chaud et que vous devrez vous déplacer sans entraves.

2. Enlevez tous vos bijoux: bagues, bracelets et montre peuvent égratigner la peau du receveur.

3. Veillez à couper vos ongles aussi court que possible. Il est très peu thérapeutique de creuser la peau avec des ongles longs. Lavez toujours vos mains avant un traitement et veillez à ce que vos ongles soient impeccables de propreté.

4. Prenez le temps de vous détendre comme il faut avant le massage. Il importe que vous soyez dans un état d'esprit calme et serein, parce que si vous êtes en colère ou déprimé, il y a de bonnes chances que vous communiquiez ces émotions négatives au receveur. Permettez aux tensions de s'échapper de votre corps, de manière à ce que l'énergie de guérison puisse passer par vos mains.

Il faut utiliser des huiles de base et des huiles essentielles pendant un massage.

Un anneau pour le visage ajoutera au confort du receveur lorsqu'il sera couché à plat ventre.

SURFACE DE MASSAGE

Vous aurez besoin d'une surface ferme, quoique bien rembourrée. Si vous vous installez sur le plancher pour donner un massage, placez un duvet épais ou deux ou trois couvertures par terre. Vous aurez besoin d'un coussin pour vous agenouiller, de façon à ne pas irriter vos genoux. Si le receveur est étendu sur le dos, placez un oreiller sous sa tête et un autre sous ses genoux. S'il est étendu à plat ventre, placez un oreiller sous sa tête et ses épaules et un autre sous ses pieds. Ne donnez pas un massage thérapeutique dans un lit, parce que les lits ne sont jamais à la bonne hauteur, ce qui pourrait contribuer à vous donner mal au dos.

Un thérapeute professionnel travaillera sur une table de massage. Si vous vous apercevez que vous donnez beaucoup de massages, alors cela pourrait être une bonne idée d'investir dans une table repliable. On en trouve à des prix très abordables, et elles peuvent être installées n'importe où dans la maison puis repliées après usage et rangées dans un espace restreint. Servez-vous de nombreux coussins pour le confort du receveur. Un anneau pour le visage est idéal pour supporter la tête du receveur lorsqu'il est couché sur le ventre. Les techniques du massage sont beaucoup plus faciles à pratiquer sur une table et vous vous fatiguerez moins vite. Dans ce livre, les techniques de massage sont démontrées sur une table de massage.

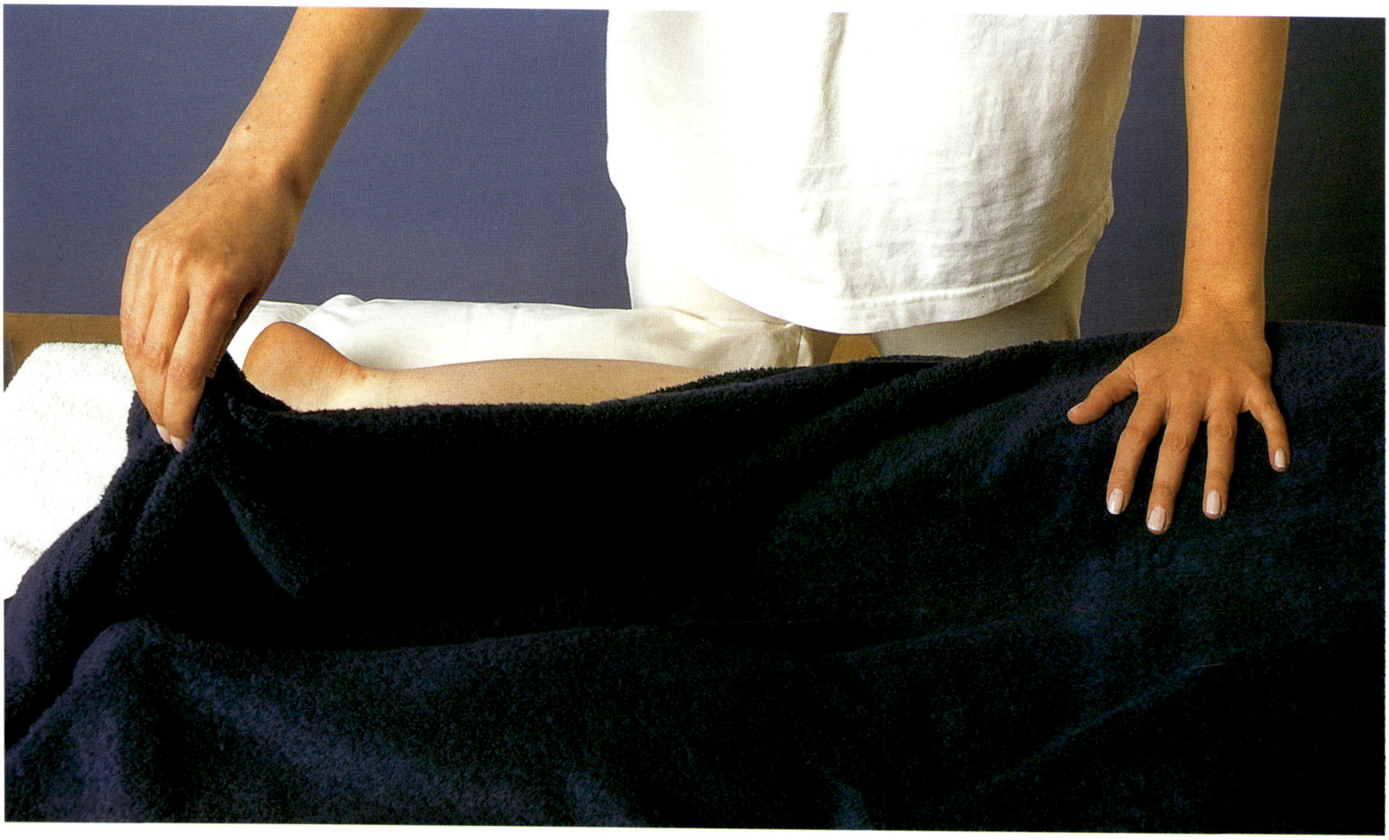

Assurez-vous toujours de bien couvrir les régions du corps du receveur qui ne sont pas traitées.

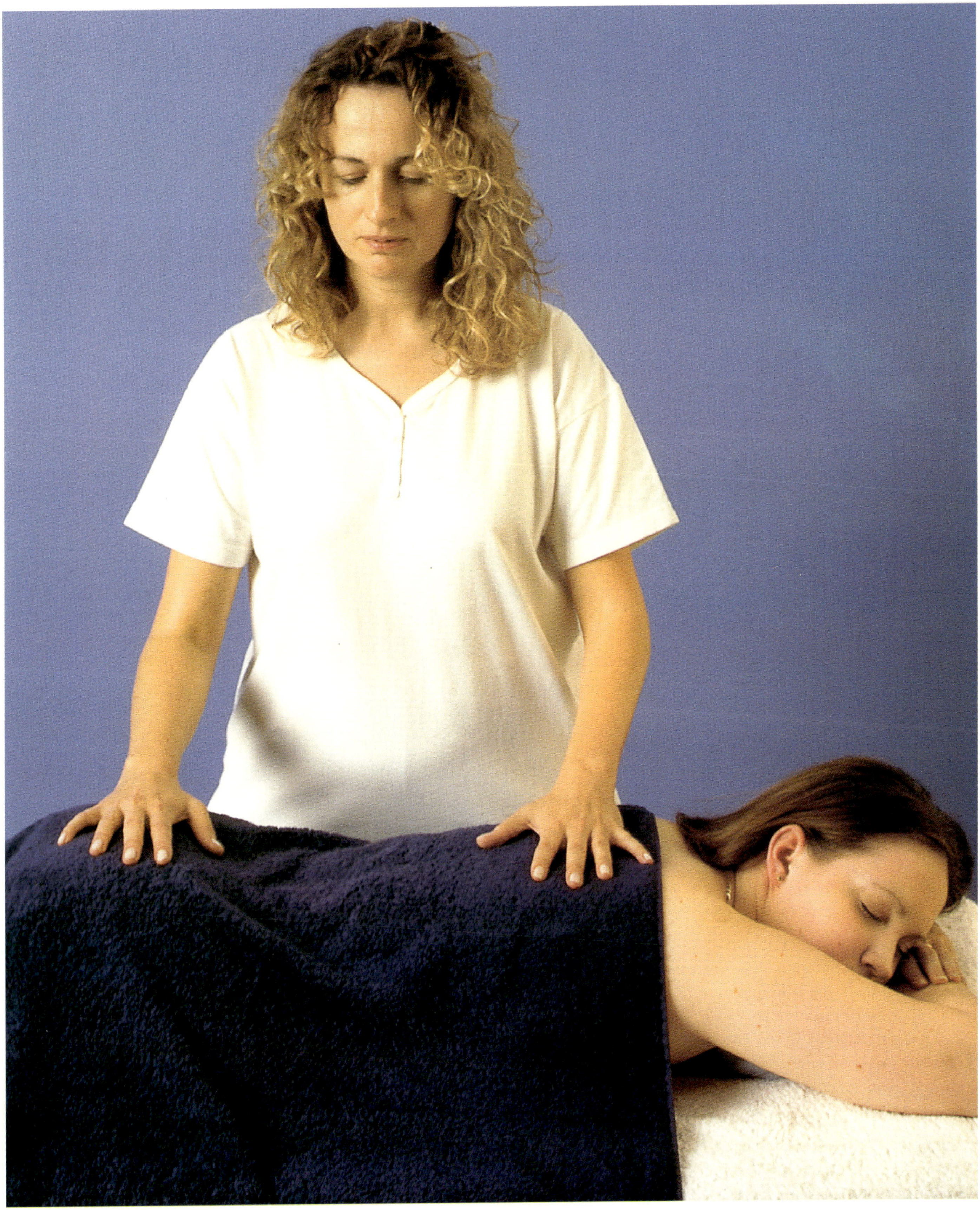

Une table de massage est un outil très utile parce qu'elle se trouve à la bonne hauteur pour permettre au masseur ou à la masseuse de travailler à son aise.

CONTRE-INDICATIONS

QUAND NE PAS MASSER ET QUAND PRENDRE DES PRÉCAUTIONS

Bien que le massage thérapeutique soit un traitement complémentaire sans danger, il y a des moments où le massage est inapproprié, voire dangereux. Si vous avez le moindre doute, demandez l'avis d'un médecin qualifié. Et en tout temps, tenez compte des contre-indications que voici:

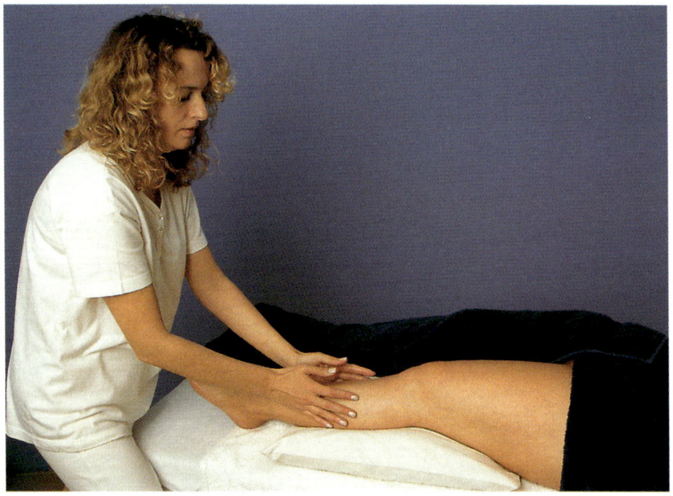

1. PHLÉBITES ET THROMBOSES

La phlébite est la formation d'un caillot dans une veine, ce qui cause son inflammation. Il s'ensuit une douleur aiguë, des rougeurs, des brûlures et de l'enflure. Si une thrombose (c'est-à-dire un caillot) se forme dans une veine, le massage pourrait la déloger et causer un coup fatal ou une crise cardiaque.

2. VARICES GRAVES

Le massage est une merveilleuse thérapie pour la prévention des varices. Toutefois, si les varices sont grosses, il vaut mieux éviter de les masser, parce que cela pourrait provoquer des douleurs et endommager les veines davantage. Le massage doit alors être donné au-dessus et au-dessous des régions affectées.

3. MALADIES INFECTIEUSES

Si le receveur est atteint d'une maladie infectieuse ou contagieuse comme la gale, l'herpès, la varicelle ou le zona, alors le massage n'est pas recommandé. Une hausse de la température indique que le corps se bat contre des toxines, et le massage doit être évité afin que le système ne soit pas envahi par encore plus de toxines.

4. RÉGIONS DE SEPTICITÉ

Ne massez jamais dans une région où il y a du pus, par exemple un furoncle ou un anthrax.

5. CICATRICES ET BLESSURES RÉCENTES

Le massage est hautement recommandé sur les vieilles cicatrices, parce qu'il aide leur atténuation et accroît la mobilité. Cependant, le fait de masser une cicatrice ou une blessure récentes peut faire que la plaie se rouvrira ou s'infectera. Le massage devrait être donné seulement lorsque la région affectée est complètement guérie.

6. MALADIES INFLAMMATOIRES

Les régions où il y a inflammation ne devraient jamais être massées, qu'il s'agisse de l'inflammation des articulations, des muscles, de la peau ou d'un organe. Les maladies inflammatoires comptent la bursite (inflammation du genou), la tendinite, la gastro-entérite et la néphrite (inflammation des reins).

7. GROSSESSE

Le massage est profitable durant la grossesse parce qu'il permet une relaxation profonde, soulage les maux et les douleurs, améliore le sommeil, aide à prévenir les varices, la rétention d'eau et les vergetures, calme les sautes d'humeur et aide à tisser un lien fort entre la mère et le bébé. Toutefois, si la future maman a déjà fait une fausse couche, il faut prendre des précautions spéciales autour de l'abdomen au cours des trois premiers mois.

8. BOSSES

Bien que les kystes soient le plus souvent bénins, il est toujours préférable de faire analyser toute bosse suspecte par un médecin qualifié.

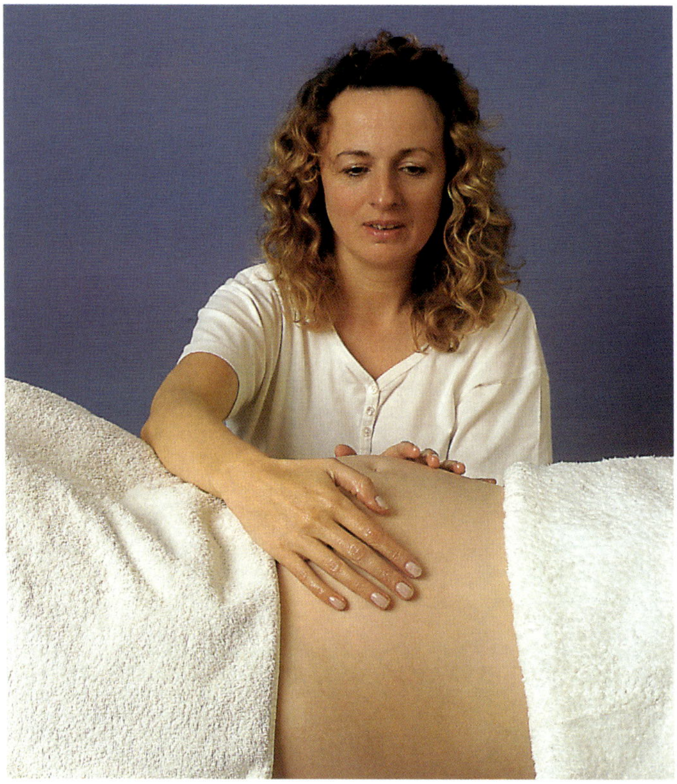

Au cours des trois premiers mois de la grossesse, prenez des précautions spéciales en massant l'abdomen.

utiliser des huiles de massage

Il est essentiel d'utiliser une forme de lubrifiant pour le massage, de sorte que vos mains puissent glisser doucement sur la peau. Un massage donné sans lubrifiant sera inconfortable et pourrait causer de l'irritation, particulièrement sur un corps couvert de poils.

L'huile d'amande douce est l'huile de base la plus couramment utilisée.

Une huile végétale de noix ou de grains, pure et de bonne qualité, est recommandée. Elle devrait être pressée à froid (non extraite avec des produits chimiques), non raffinée et exempte d'additifs. Ces huiles de base contiennent des vitamines, des minéraux et des acides gras, ce qui fait qu'elles nourrissent la peau. Vous ne devriez jamais utiliser des huiles minérales comme l'huile pour bébés du commerce, parce que la peau les absorbe difficilement, qu'elles ne contiennent pas d'éléments nutritifs et tendent à boucher les pores. Il existe un grand nombre d'huiles de base parmi lesquelles vous pouvez faire votre choix, et vous seriez bien avisé d'en essayer plusieurs pour connaître vos préférences personnelles.

L'huile de base la plus largement utilisée est l'huile d'amande douce, que la peau absorbe facilement et qui n'est ni lourde ni visqueuse. De plus, elle n'a pas d'odeur forte. Elle convient à tous les types de peau et est très bénéfique pour les peaux sèches, sensibles, enflammées ou prématurément vieillies. Les huiles de noyau d'abricot et de pêche sont également excellentes pour tous les types de peau et très nourrissantes, bien qu'elles coûtent plus cher à l'achat. Si vous le désirez, vous pouvez ajouter des huiles plus épaisses et plus riches à votre mélange de base. Ces huiles sont normalement trop lourdes et visqueuses pour être utilisées seules, en plus d'être plus coûteuses. Elles améliorent cependant l'absorption et nourrissent la peau. Les huiles de base convenables incluent l'huile de calendule, d'onagre et de jojoba, que l'on ajoute habituellement dans une dilution de 10 %. L'huile de germe de blé est normalement ajoutée à 10 % parce que c'est un antioxydant et qu'elle permet de conserver un mélange plus longtemps.

Bien qu'il existe des centaines d'huiles essentielles et qu'un aromathérapeute professionnel peut en utiliser une soixantaine, nous décrirons ici seulement huit des plus courantes de ces huiles.

L'utilisation d'huiles permet un massage en douceur et réconfortant.

CAMOMILLE ROMAINE (*ANTHEMIS NOBILIS*)

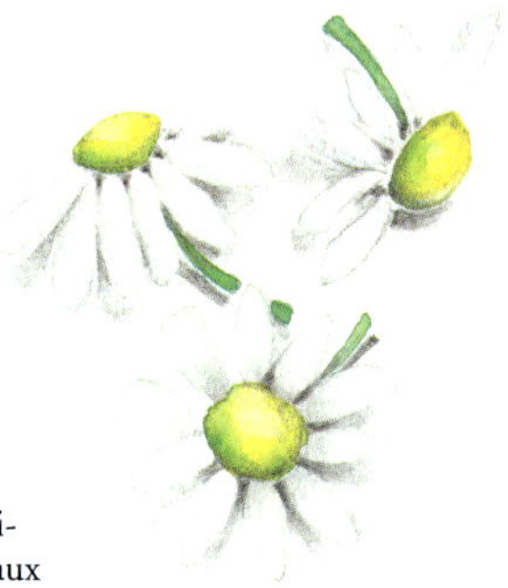

PROPRIÉTÉS:
• Équilibrant
• Calmant
• Apaisant

UTILISATIONS:
• Toutes les maladies nerveuses, incluant l'anxiété, la dépression, l'insomnie et l'irritabilité.
• Les affections féminines, surtout le SPM et la ménopause.
• Les maux et douleurs des muscles, des articulations et des organes, par exemple les maux d'estomac, de dos, de tête, l'arthrite, etc.
• Les maladies des peaux sensibles et allergiques.
• Les problèmes digestifs, surtout où il y a inflammation, par exemple le syndrome du côlon irritable.
• Un excellent remède pour les bébés et les enfants: asthme, coliques, affections de la peau, caprices.

CONTRE-INDICATIONS:
Aucune.

GÉRANIUM (*PELARGONIUM GRAVEOLENS*)

PROPRIÉTÉS:
• Équilibrant
• Curatif
• Tonifiant

UTILISATIONS:
• Merveilleux pour le système nerveux; dissipe l'anxiété et la dépression.
• Dans les cas de SPM et de ménopause: le géranium équilibre les hormones et réduit les sautes d'humeur, les bouffées de chaleur et la rétention d'eau.
• Excellent pour tous les types de peau: sèche, huileuse, mixte ou enflammée.

CONTRE-INDICATIONS:
Aucune.

EUCALYPTUS (*EUCALYPTUS GLOBULUS*)

PROPRIÉTÉS:
• Calme la toux
• Chasse le catarrhe
• Soulage la douleur

UTILISATIONS:
• Toutes les maladies respiratoires. Excellent pour frictionner la poitrine et la gorge. Un inhalant merveilleux pour la sinusite et le catarrhe.
• Soulage les douleurs arthritiques et rhumatismales, ainsi que toutes les douleurs musculaires.
• Stimule le cerveau et aide à la concentration.
• Prévient la propagation des maladies infectieuses.

CONTRE-INDICATIONS:
Ne vous en servez pas sur des enfants de moins de 2 ans. (Utilisez plutôt la camomille ou la lavande.)

LAVANDE (*LAVENDULA ANGUSTIFOLIA*)

PROPRIÉTÉS:
Pour toutes les affections: la lavande est la panacée!

UTILISATIONS:
• Hautement bénéfique pour le système nerveux, elle combat l'anxiété, la dépression, l'insomnie, l'irritabilité et les crises d'angoisse.
• Réduit l'hypertension.
• Maux de tête, migraines, arthrite, douleurs musculaires: réduit la douleur et l'inflammation, détend et tonifie.
• Tous les soins de la peau. Guérit brûlures, insolations, acné, eczéma, coupures et ecchymoses. Hautement recommandée pour les bébés et les jeunes enfants parce qu'elle agit en douceur.

CONTRE-INDICATIONS:
Aucune.

CITRON (*CITRUS LIMONUM*)

PROPRIÉTÉS:
• Alcalin
• Antiseptique
• Désintoxiquant
• Stimulant

UTILISATIONS:
• Excellent pour le système digestif, surtout en cas d'indigestion et d'hyperacidité.
• Stimule le système immunitaire et accélère le rétablissement après une maladie.
• Coupures et blessures, excroissances, verrues plantaires et peau grasse.
• Un choix populaire pour les varices.

CONTRE-INDICATIONS:
Évitez les chauds rayons du soleil immédiatement après l'application.

MANDARINE (*CITRUS AURANTIUM*)

PROPRIÉTÉS:
• Rafraîchissant
• Revitalisant
• Tonifiant

UTILISATIONS:
• Une huile tonifiante qui dissipe l'anxiété et favorise des sentiments de joie et d'espoir.
• Tonique pour le système digestif, stimule l'appétit et soulage l'indigestion.
• Excellente en cas de grossesse, particulièrement pour combattre les vergetures.

CONTRE-INDICATIONS:
Évitez les chauds rayons du soleil immédiatement après l'application.

MENTHE POIVRÉE (*MENTHA PIPERITA*)

PROPRIÉTÉS:
• Rafraîchissant
• Digestif
• Analgésique
• Stimulant

UTILISATIONS:
• Tous les problèmes digestifs, particulièrement nausées, mal des transports et maladies inflammatoires comme le syndrome du côlon irritable.
• Maux de tête et migraines: rafraîchit et calme la douleur.
• Rafraîchit la peau brûlée par le soleil et arrête la démangeaison.
• Excellent pour soulager l'arthrite, les rhumatismes et les blessures sportives.

CONTRE-INDICATIONS:
Ranger loin des remèdes homéopathiques.
Ne vous en servez pas sur les enfants de moins de 2 ans.

ROMARIN (*ROSEMARINUS OFFICINALIS*)

PROPRIÉTÉS:
• Désintoxiquant
• Fortifiant, réparateur
• Stimulant

UTILISATIONS:
• Permet de faire le vide en réduisant la fatigue mentale et en aidant la concentration.
• Un tonique merveilleux qui calme les douleurs des muscles et des articulations.
• Favorise la pousse des cheveux.
• Excellent pour la toux, les rhumes, les problèmes de sinus et le catarrhe.
• Recommandé pour la digestion, particulièrement lorsqu'une désintoxication s'impose, par exemple en cas de constipation, d'empoisonnement alimentaire et d'obésité.

CONTRE-INDICATIONS:
N'en abusez pas dans les premiers mois de la grossesse ou en cas d'épilepsie.

Voici un exemple typique de mélange qui vous permettra de donner une dizaine de traitements:

70 ml (3 oz) d'huile d'amande douce
10 ml (2 c. à thé) de calendule
10 ml (2 c. à thé) de jojoba
10 ml (2 c. à thé) de germe de blé

Des huiles essentielles pures peuvent être ajoutées pour rehausser votre massage, bien qu'il faille les traiter avec énormément de respect et de circonspection. Elles sont extrêmement concentrées et devraient toujours être mélangées à une huile de base dans les proportions suivantes: trois gouttes d'huile essentielle à 10 ml (2 c. à thé) d'huile de base, ou six gouttes d'huile essentielle à 20 ml (4 c. à thé) d'huile de base.

L'Application de l'Huile

Veillez à toujours garder votre huile à portée de main lorsque vous prodiguez un massage thérapeutique. Une fois que vous avez établi le contact avec le receveur, il est important de ne pas le rompre, parce que cela pourrait briser la continuité du massage. Vous pouvez garder votre huile dans une bouteille à bec verseur; si vous utilisez des huiles essentielles, un petit bol sera l'idéal. Réchauffez toujours des mains froides avant de commencer. L'huile ne devrait jamais être appliquée directement sur le corps. Versez une petite quantité d'huile dans votre paume, puis frottez vos mains ensemble pour la réchauffer.

Vous pouvez ajouter des huiles essentielles pures à votre huile de base pour créer vos propres mélanges.

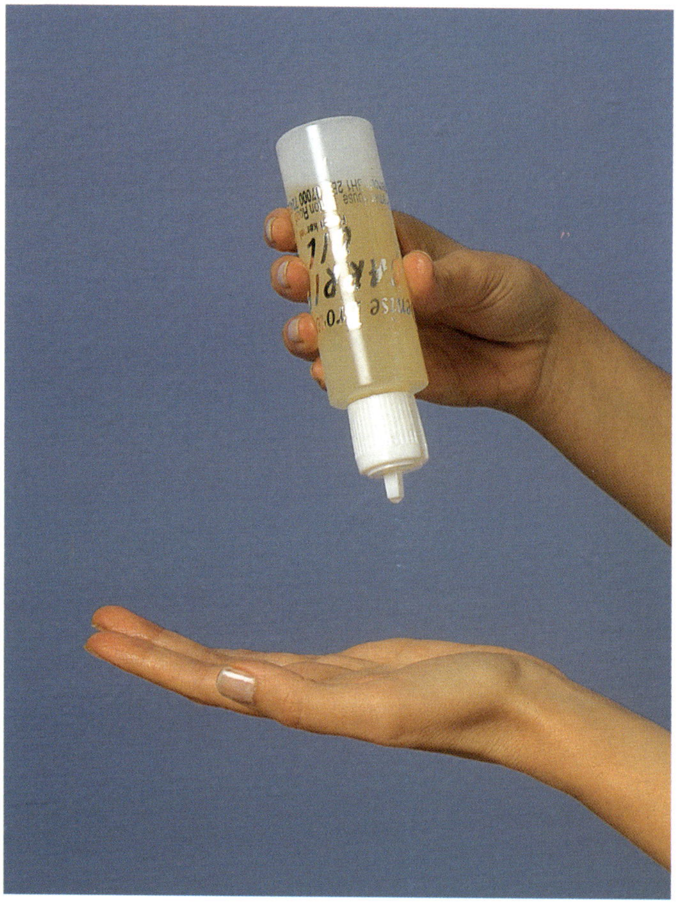

Versez toujours l'huile dans vos mains avant de l'appliquer au receveur: cela vous permet de la réchauffer avant le massage.

Abaissez ensuite vos mains et commencez à appliquer l'huile avec des mouvements d'effleurage. Lorsque vous avez besoin de plus d'huile, essayez de garder une main en contact avec le corps. Les débutants utilisent souvent trop de lubrifiant. Non seulement cela est-il inconfortable et collant, mais trop d'huile peut vous empêcher d'établir un contact convenable et d'exécuter les mouvements de base du massage thérapeutique.

techniques de base du massage

Ce qui est bien avec le massage, c'est qu'il est si simple et naturel que chacun de nous peut apprendre à le faire. Le massage thérapeutique comporte quatre techniques de base. Les autres techniques sont simplement des variations de ces manœuvres. Une fois que vous maîtriserez celles-ci, vous pourrez créer votre propre langage du toucher et développer votre style personnel. Ne vous souciez pas trop d'avoir la technique « correcte ». Le plus important étant que le receveur se sente bien. Vos mouvements doivent être fluides et rythmés et vous ne devez pas rompre le contact avec le receveur lorsque vos mains passent d'une manœuvre à la suivante.

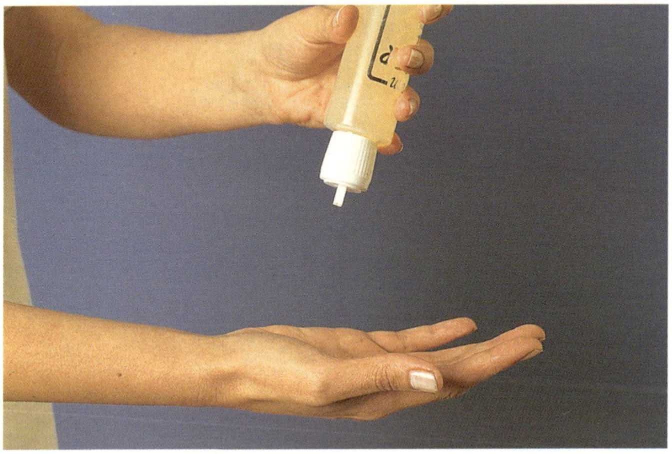

Réchauffez l'huile dans vos mains avant de l'appliquer et de commencer l'effleurage.

Effleurage

L'effleurage est une technique de toucher léger qui est toujours pratiquée au début et à la fin du massage. L'effleurage est vital parce qu'il permet au receveur de s'habituer à vos mains et qu'on s'en sert pour appliquer l'huile sur chaque partie du corps. Il vous facilite également le passage en douceur d'une manœuvre à une autre.

L'effleurage se pratique sur n'importe quelle partie du corps et les mouvements sont dirigés vers le cœur pour faciliter le flux sanguin. Les paumes de vos mains se déplacent lentement le long du corps, alors que vos mains épousent les contours du corps. Vos mains doivent être complètement détendues pour pouvoir se mouler sur les formes du receveur.

Si vous appliquez une pression ferme en une manœuvre ascendante pour ensuite laisser glisser vos mains jusqu'à votre point de départ sans exercer de pression, l'effleurage sera perçu par le receveur comme un mouvement continuel.

Essayez de maintenir un rythme régulier et évitez tout mouvement saccadé ou abrupt qui pourrait irriter le receveur ou le rendre nerveux. Faites l'expérience en exerçant une pression plus ou moins grande: vos mouvements doivent être souples et doux ou alors fermes et profonds, selon que vous désirez travailler les tissus musculaires en surface ou en profondeur. Vous pouvez aussi tenter différents rythmes. Un rythme lent calmera et détendra le receveur, alors qu'un rythme rapide pourra stimuler une région du corps.

Pour augmenter votre sensibilité et votre capacité intuitive, fermez vos yeux au moment de l'effleurage.

Le dos est une excellente région sur laquelle pratiquer vos manœuvres d'effleurage.

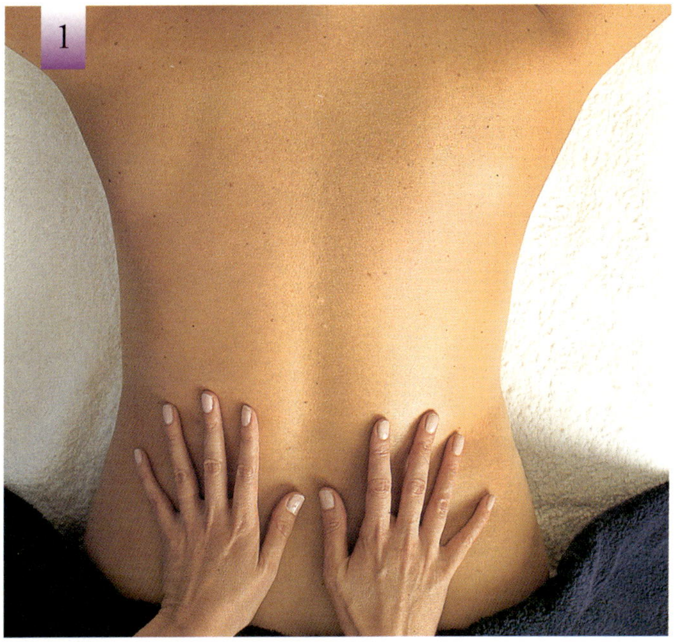

ÉTAPE 1. Installez-vous à côté du receveur et placez vos mains détendues au bas de son dos, de chaque côté de la colonne vertébrale.

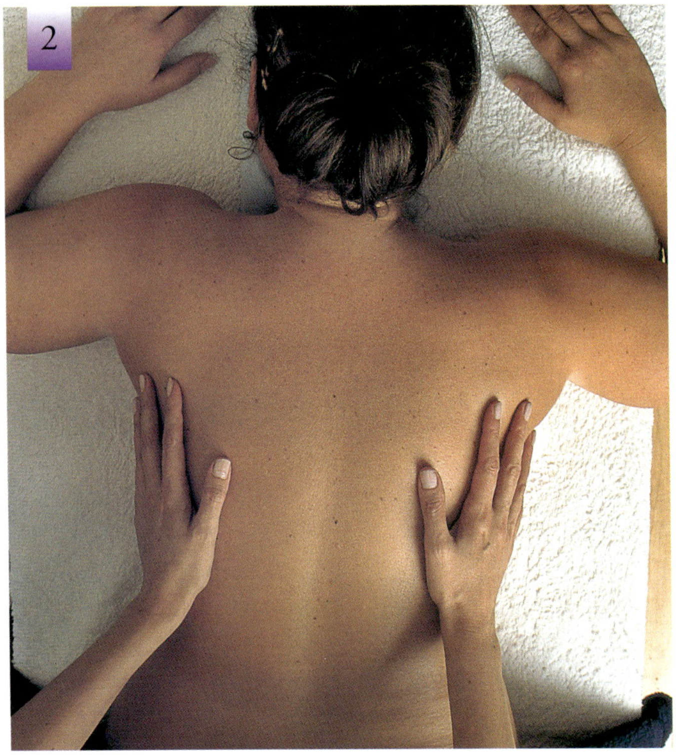

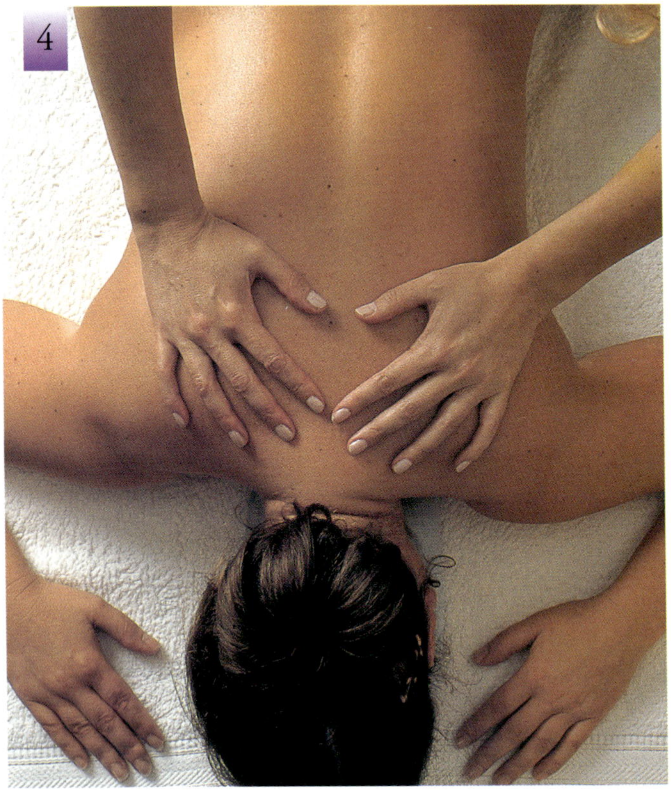

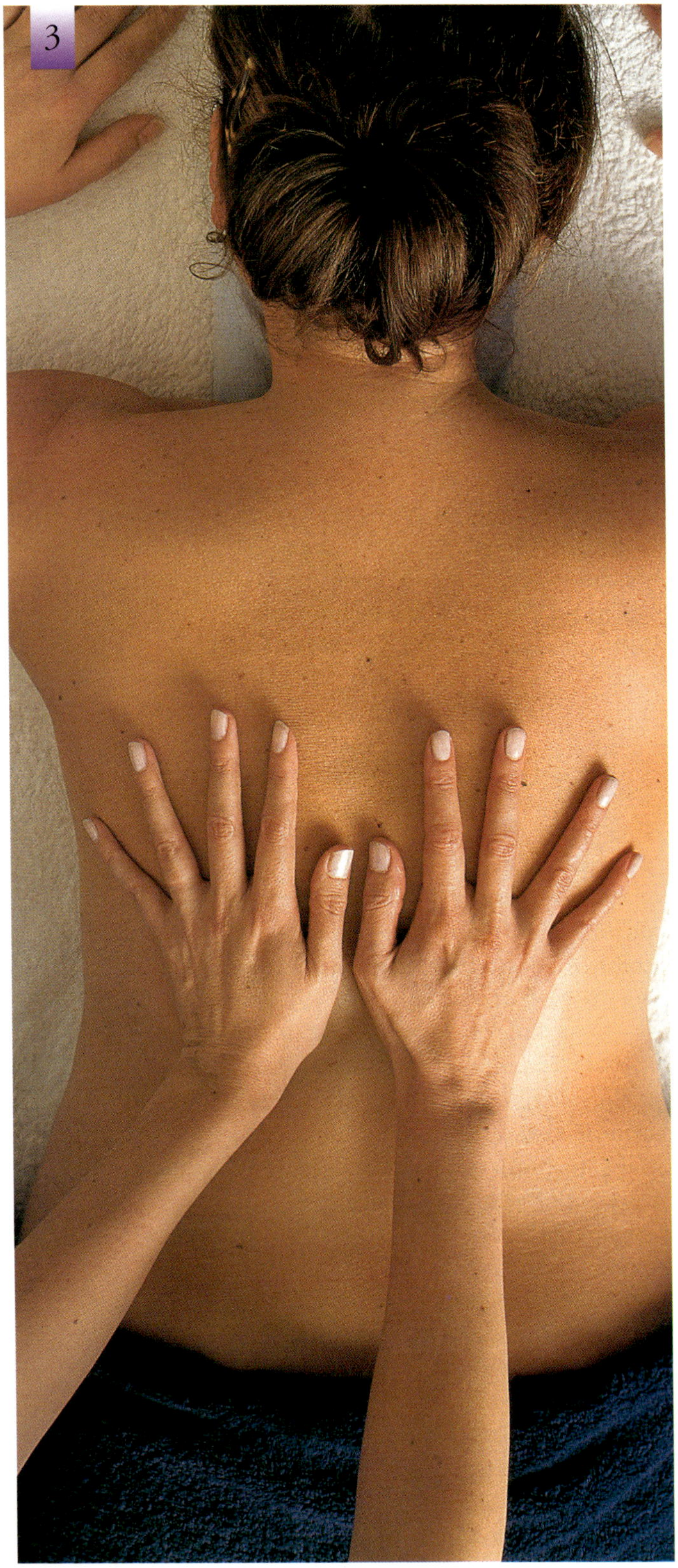

ÉTAPE 2. Glissez vos deux mains fermement jusqu'au haut du dos.

ÉTAPE 3. Lorsque vos mains atteignent le haut, écartez-les vers l'extérieur en travers des épaules.

ÉTAPE 4. Laissez redescendre vos mains vers le bas sans exercer aucune pression. Répétez ce mouvement à plusieurs reprises pour permettre au receveur de s'accoutumer à la sensation de vos mains. Essayez d'expérimenter des pressions et des rythmes différents et demandez au receveur ce qu'il préfère.

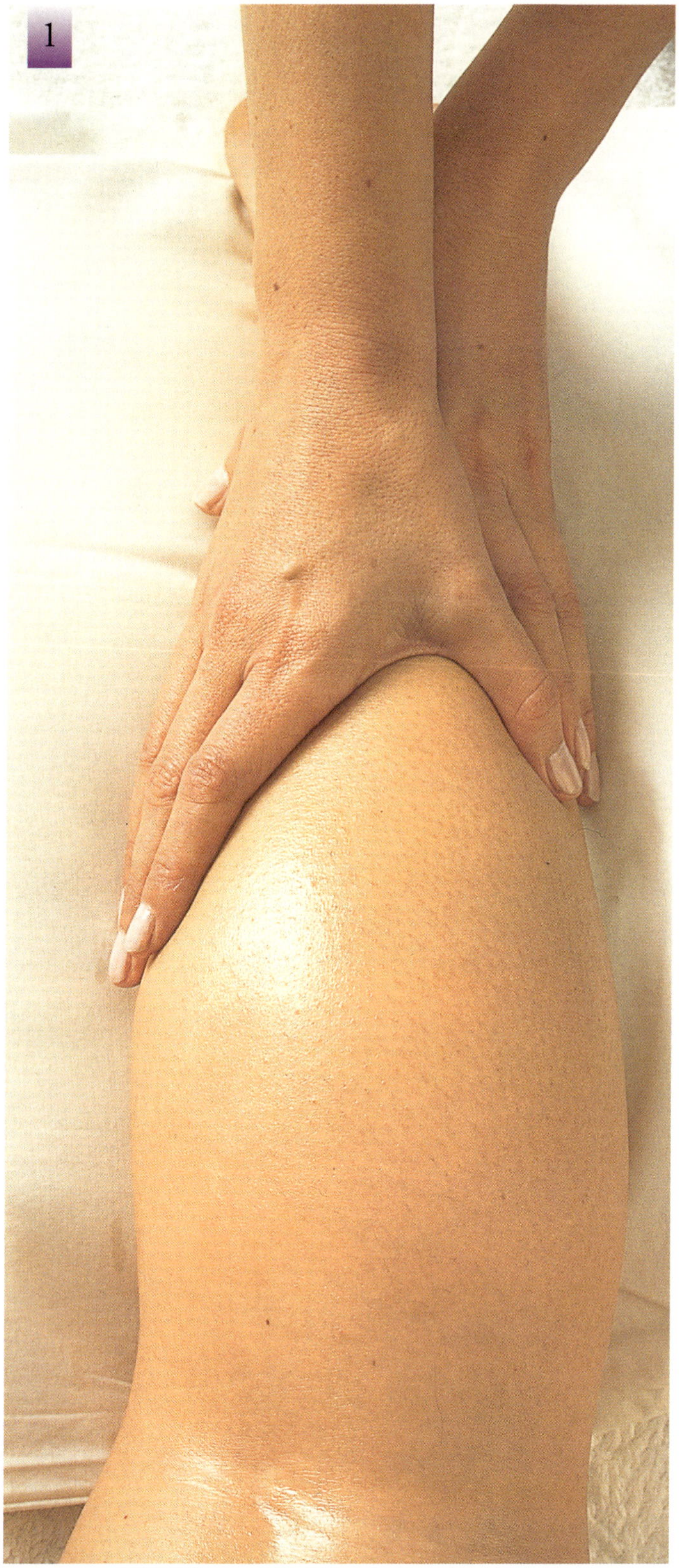

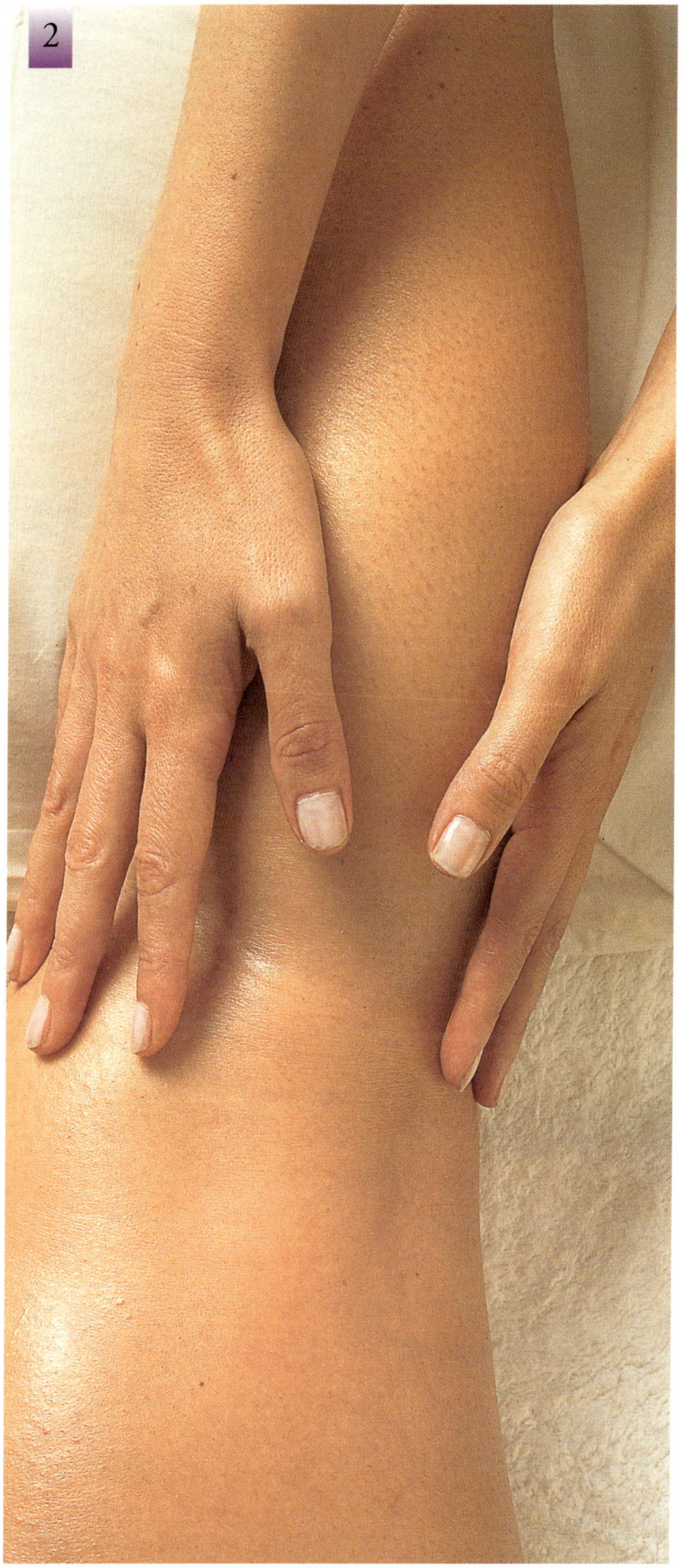

ÉTAPE 1. Vous allez maintenant pratiquer l'effleurage à l'arrière de la jambe. Placez vos deux mains paumes à plat juste au-dessus de la cheville en formant un V. Glissez fermement vers le haut de la jambe en n'exerçant à peu près pas de pression à l'arrière du genou.

ÉTAPE 2. Lorsque vos mains atteignent le haut de la cuisse, séparez-les pour les faire glisser en douceur jusqu'à votre point de départ.

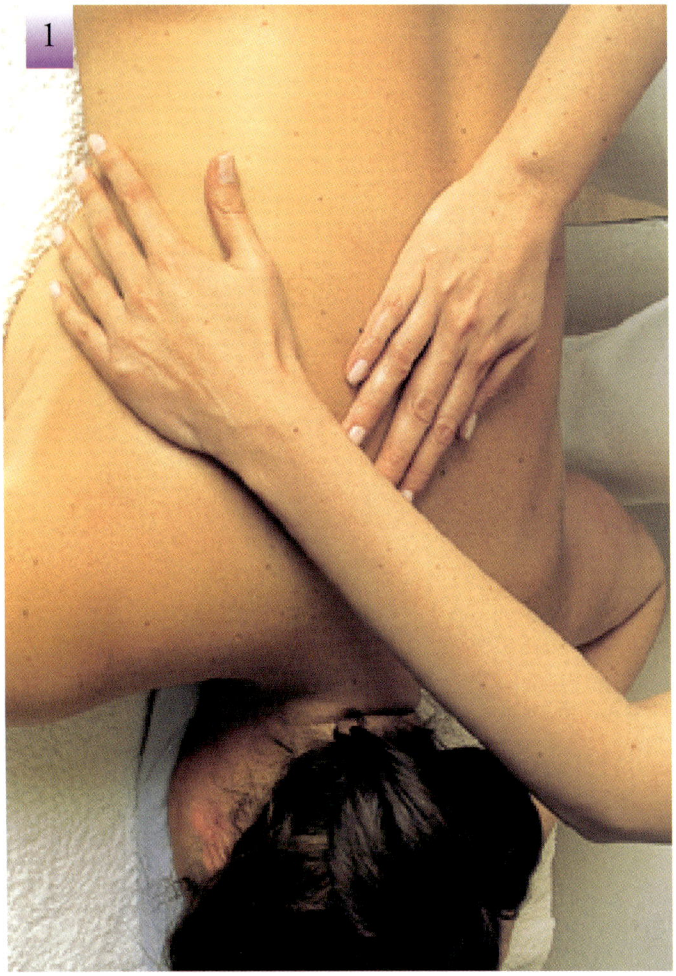

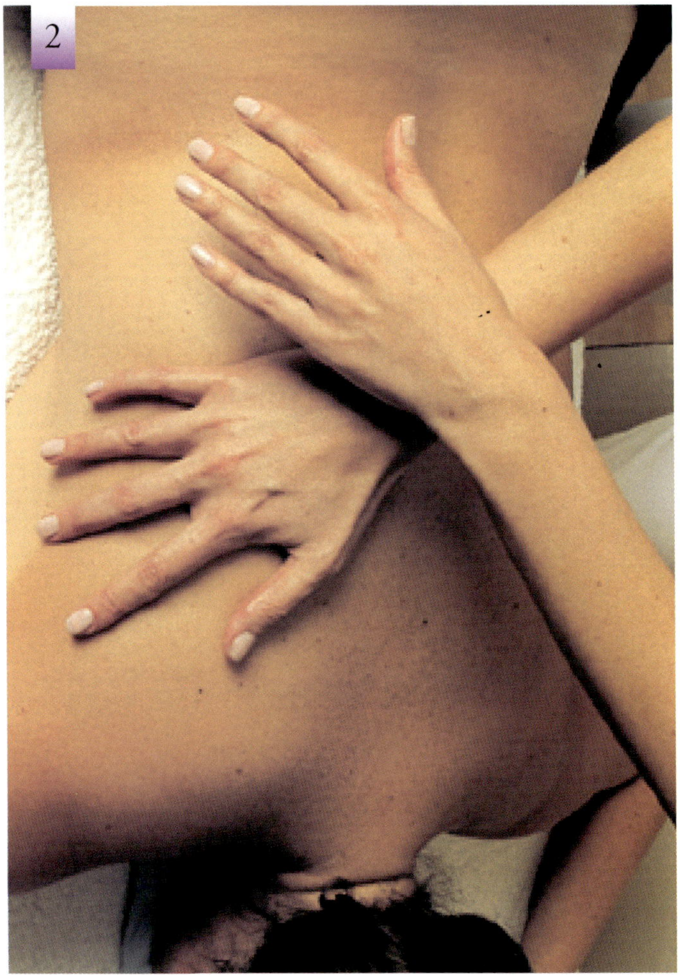

ÉTAPE 1. L'effleurage peut aussi être pratiqué en mouvements circulaires. Placez-vous d'un côté du receveur et placez vos deux mains paumes à plat du côté opposé du corps autour de l'omoplate.

ÉTAPES 2 ET 3. En vous servant de toute la surface de la paume de vos mains, exercez de larges mouvements circulaires, une main après l'autre jusqu'aux fesses, puis remontez vers les épaules. Vos mains se croiseront alors que vous exécuterez ces manœuvres circulaires. Assurez-vous de toujours garder le contact avec le receveur au moment où vous devrez lever une main pour la passer par-dessus l'autre.

Vous pouvez imprimer ces mouvements circulaires soit dans le sens des aiguilles d'une montre, soit dans le sens contraire.

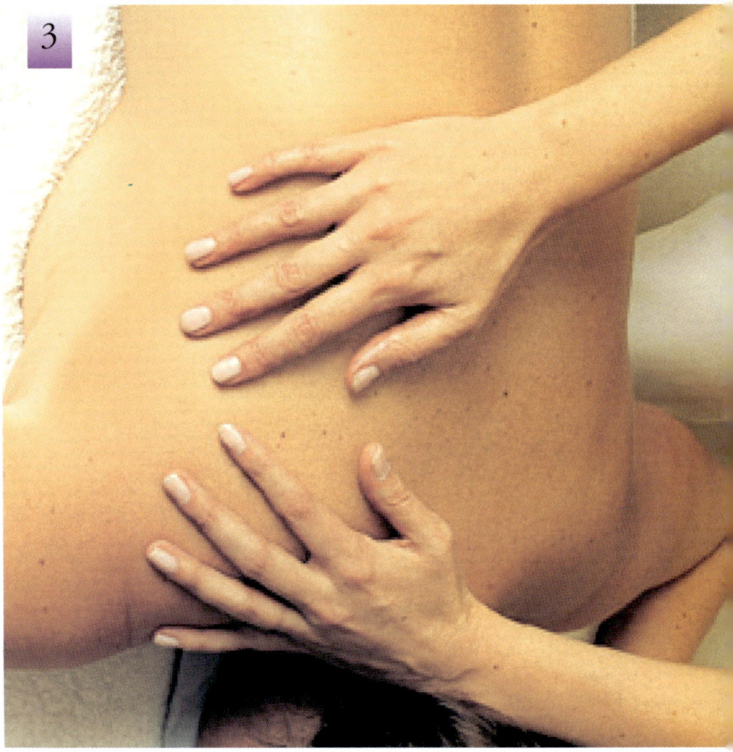

10

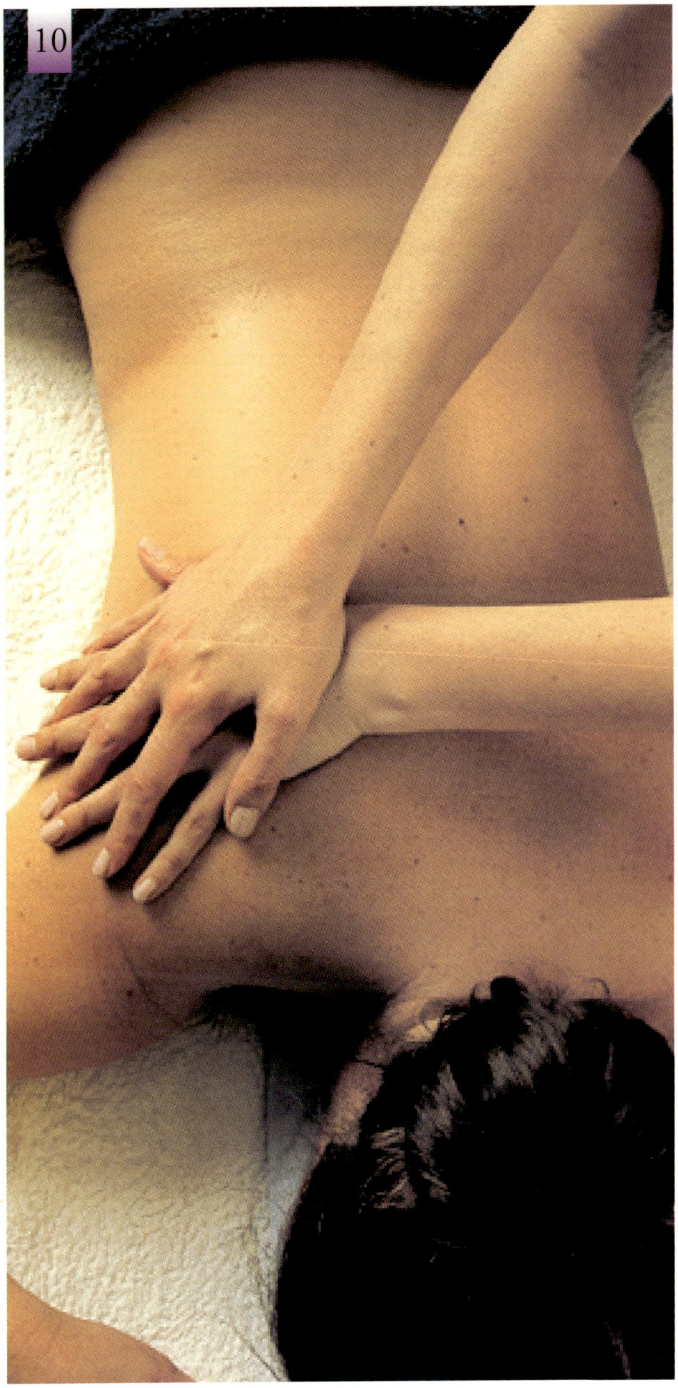

Si une région a besoin d'être bien réchauffée pour la préparer à des manœuvres plus en profondeur (par exemple sur les omoplates), ou si une pression plus ferme est requise, alors l'effleurage circulaire d'une main peut être renforcé en y appuyant l'autre main. Placez une main par-dessus l'autre sur l'une des omoplates. Avec toute la surface de la main, imprimez de larges mouvements circulaires sur et autour de l'omoplate.

Les Effets Thérapeutiques de l'Effleurage

- Une relation de confiance s'établit entre vous et le receveur.
- Le receveur fait l'expérience d'un sentiment profond de relaxation.
- Un effleurage lent est excellent pour calmer les nerfs et est hautement bénéfique pour les individus très tendus ou anxieux. Le stress, les maux de tête et les migraines peuvent être dissipés. La pression sanguine peut être abaissée de manière significative et les tendances insomniaques rompues. L'effleurage lent est excellent après toute activité sportive, pour éliminer la production de déchets comme l'acide lactique et d'autres dépôts produits par les tissus. Il peut également accélérer le processus de guérison.
- Un effleurage ferme est utile pour stimuler le corps. Il améliore la circulation et favorise le flux lymphatique, de manière à éliminer les déchets de l'organisme. Un effleurage vigoureux est particulièrement efficace avant tout événement sportif. Lorsque combiné à d'autres mouvements de massage, il peut augmenter la performance et l'agilité et peut même prévenir l'apparition de douleurs musculaires.

Rappelez-vous

Ne rompez jamais le contact avec le receveur.

Massez vers le cœur sans jamais exercer de pression en revenant à votre position de départ.

Veillez à ce que vos mains soient détendues et servez-vous de toute la surface des paumes.

Évitez tout mouvement saccadé: l'effleurage est toujours rythmique et doux.

Utilisez plus d'huile lorsque vous traitez une personne velue, pour ne pas provoquer de rougeurs.

PÉTRISSAGE

Le mot pétrissage vient de « pétrir », qui signifie masser. Il y a de nombreuses façons d'exécuter le pétrissage et on l'explique ici par les termes attraper, presser, rouler et tordre. Cette technique vous permet de travailler en profondeur sur les muscles et elle est particulièrement efficace sur les parties charnues du corps, comme les mollets (notre illustration), les hanches, les cuisses et autour des épaules. Cette manœuvre convient à toutes les régions du corps, excepté le visage.

ATTRAPER

ÉTAPE 1. Placez les paumes de vos mains à plat sur la région à traiter. Attrapez le muscle (pas la peau) des deux mains puis étirez-le bien en l'éloignant le plus possible de l'os. Gardez cette position pendant quelques secondes puis relâchez la pression, tout en assurant le contact des mains avec le receveur. Pratiquez ce mouvement à l'arrière de la jambe.

PRESSER

ÉTAPE 2. Pour cette technique, attrapez le muscle comme vous l'avez déjà fait, puis doucement, pressez-le entre vos mains. Cela vous permet de faire sortir les toxines qui se sont accumulées dans les tissus plus profonds.

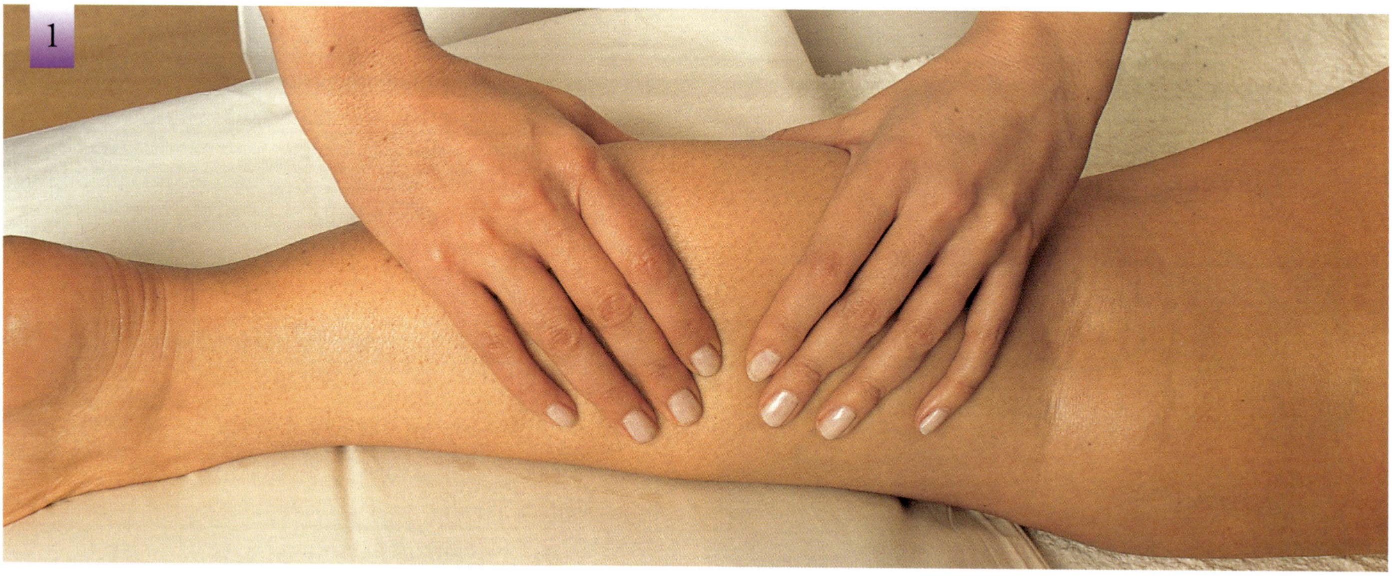

1

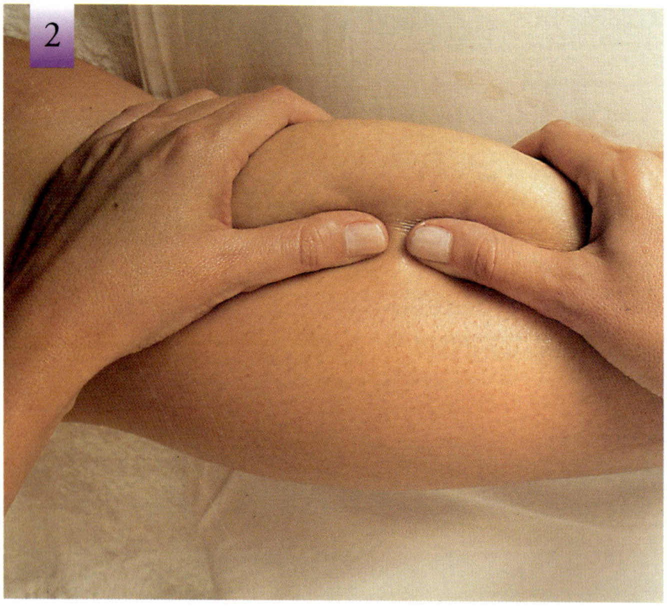

2

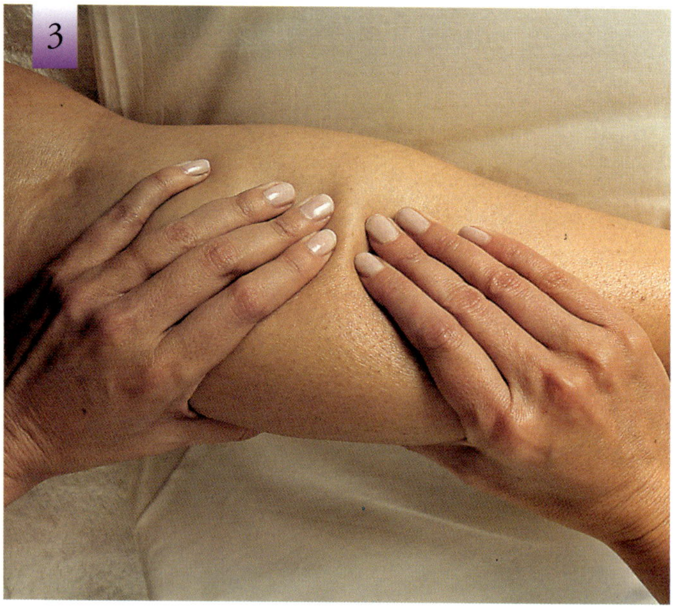

3

ROULER

ÉTAPE 3. Les muscles doivent être roulés dans les deux directions: les pouces peuvent faire rouler le muscle vers les doigts ou les doigts feront rouler le muscle vers le pouce. Placez vos deux mains à plat sur la région à traiter, puis soulevez et roulez le muscle dans les deux directions. (2, 3)

TORDRE

ÉTAPE 4. Pour un effet vraiment en profondeur, essayez la torsion. Une fois encore, ce genre de mouvement doit être appliqué sur les plus gros muscles. Le muscle est attrapé entre le pouce et les doigts, par chaque main tour à tour; tirez vers vous et tordez comme si vous essoriez une serviette ou un carré de chamois.

La torsion peut également être faite, en douceur, dans la région de l'épaule.

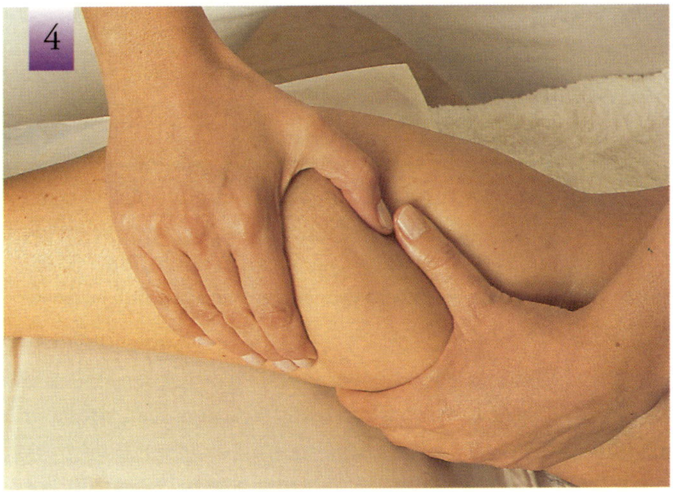

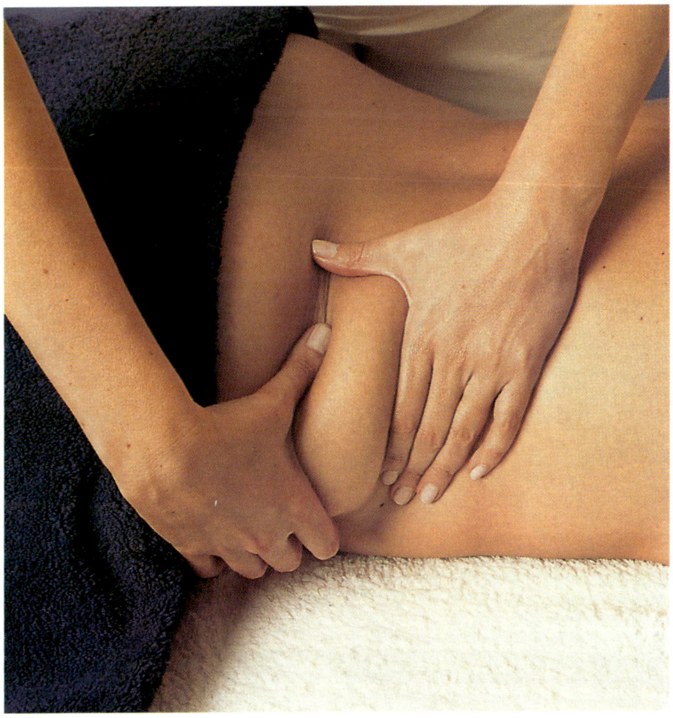

LES EFFETS THÉRAPEUTIQUES DU PÉTRISSAGE

- Un apport sanguin plus important irrigue la région traitée, apportant ainsi aux muscles des éléments nutritifs frais.
- Débarrasse les tissus plus profonds de toute accumulation de toxines.
- Élimine les dépôts graisseux.
- Améliore le tonus musculaire.

RAPPELEZ-VOUS

Assurez-vous bien d'attraper le muscle au complet, et non seulement la peau.

❖

Servez-vous de toute la surface de vos mains et NON SEULEMENT des doigts et des pouces, sinon vous risqueriez de pincer la peau et de causer de l'inconfort au receveur.

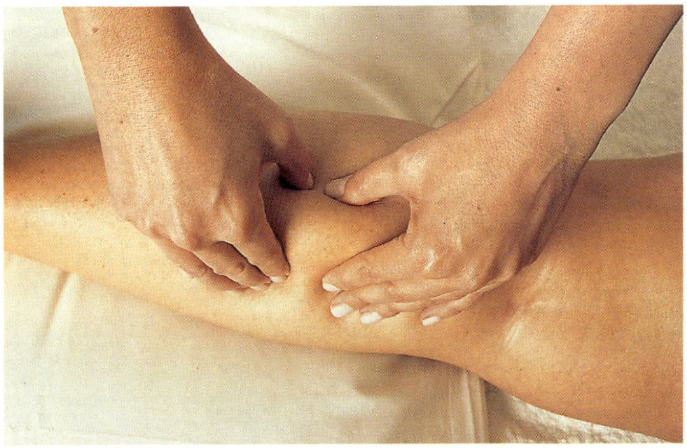

Évitez de pincer la peau lorsque vous pratiquez la technique du pétrissage.

FRICTION

Pour exécuter un mouvement de friction, on se sert généralement de la pulpe des pouces. Toutefois, le bout des doigts et les jointures peuvent aussi servir, tout comme les coudes. Cette technique est une excellente façon de trouver et de défaire les nœuds et nodules qui peuvent se former, particulièrement autour des omoplates et d'un côté ou de l'autre de la colonne vertébrale.

ÉTAPE 1. Placez la pulpe de vos pouces dans les fossettes à la base de la colonne vertébrale. Laissez vos bras bien droits et remontez doucement vers le haut en utilisant le poids de votre corps pour pénétrer dans les tissus plus épais. Pressez durant quelques secondes tout en imprimant à vos pouces un mouvement de rotation, puis relâchez la pression graduellement et déplacez légèrement vos pouces un peu plus haut dans le dos. Répétez cette pression jusqu'à ce que vous ayez atteint la base du cou.

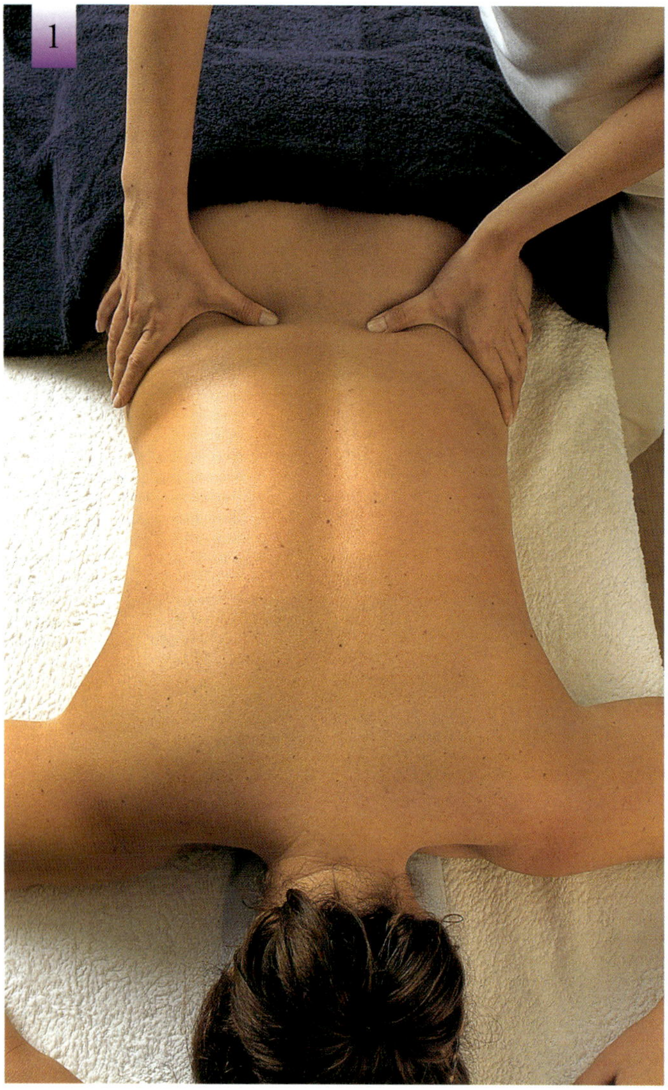

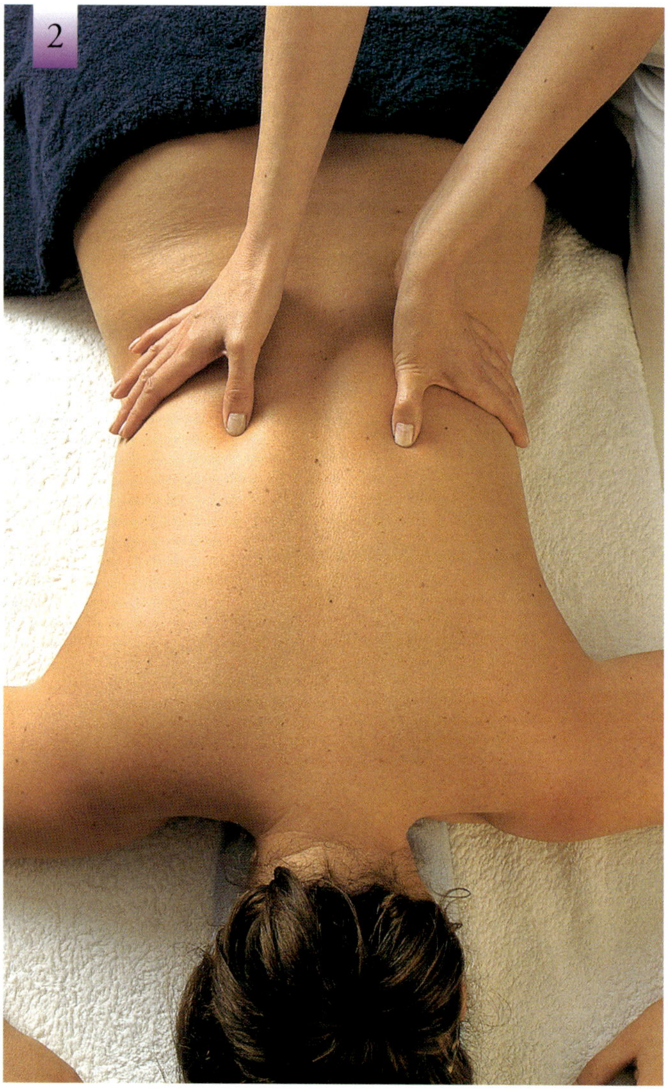

ÉTAPE 2. Pour imprimer un mouvement de friction circulaire continu, prenez la même position que précédemment. Exercez de petits mouvements circulaires profonds vers l'extérieur avec la pulpe de vos pouces en éloignant bien le muscle de la colonne. Vous aurez mal aux pouces lorsque vous atteindrez enfin la base du cou. Si vous trouvez une région pleine de nœuds, placez un pouce sur l'autre et allez-y d'une friction circulaire sur la partie nouée.

ÉTAPE 3. Vous pouvez vous servir de vos jointures pour défaire les nœuds et nodules. Avec le poing fermé, allez-y d'un mouvement circulaire des jointures.

3

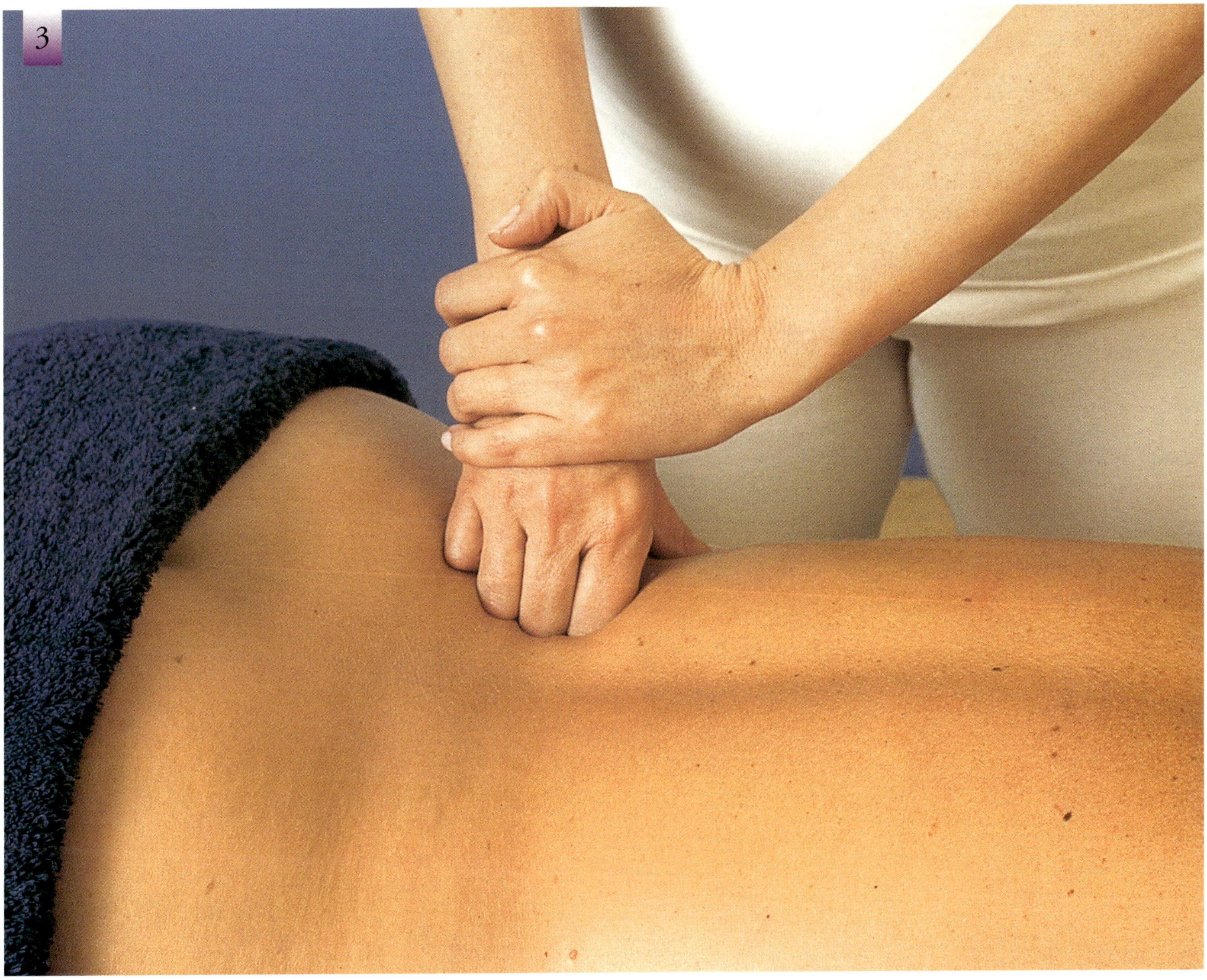

EFFETS THÉRAPEUTIQUES DE LA FRICTION

- Défait les nœuds et nodules.
- Aide l'élimination des déchets de l'organisme.
- Fait fondre les dépôts graisseux.
- Dissout les vieilles cicatrices.
- Soulage la douleur.
- Assouplit les articulations.

RAPPELEZ-VOUS

Assurez-vous de travailler les muscles en profondeur, et non seulement la peau.

❖

Évitez les mouvements saccadés et brusques. Pressez lentement dans les tissus, travaillant graduellement de plus en plus en profondeur.

❖

Servez-vous de la pulpe et non du bout des pouces, pour éviter d'enfoncer vos ongles dans la peau.

MOUVEMENTS DE PERCUSSION/TAPOTEMENT

Le tapotement consiste en une variété de mouvements par lesquels les muscles sont stimulés en utilisant diverses parties des mains, comme le tranchant, les paumes et même les poings. Les mouvements de percussion sont réservés aux régions musculaires charnues. On ne les pratique jamais dans les régions osseuses.

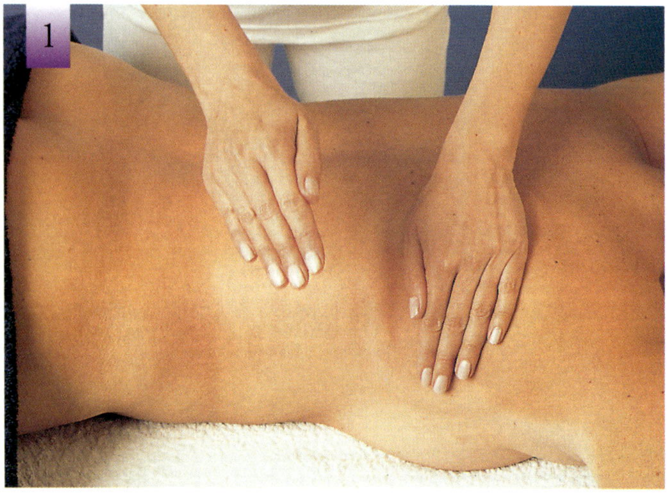

CLAQUEMENT

Mettez vos mains en coupe en recourbant vos doigts et vos pouces et allez-y de mouvements successifs rapides des deux mains sur la région traitée. (1)

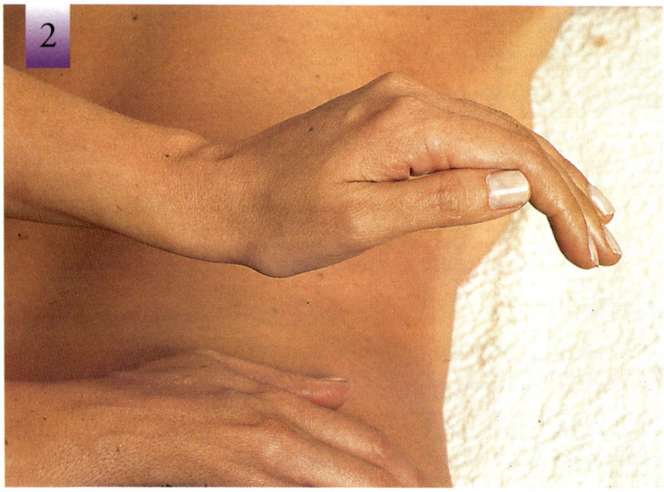

Vous entendrez un bruit sourd (pas un bruit de gifle) parce que vos mains en coupe produiront un effet de vacuum, emprisonnant l'air contre la peau avant de le libérer. S'il est exécuté correctement, le claquement ne doit pas être douloureux. (2)

EFFETS THÉRAPEUTIQUES DE LA PERCUSSION

- Améliore la circulation parce que le sang affleure à la surface.
- Améliore le tonus musculaire.
- Réduit les dépôts graisseux.
- Le claquement peut aider à dégager le mucus dans les poumons.
- Les mouvements de percussion sont stimulants et hautement bénéfiques avant une activité sportive.

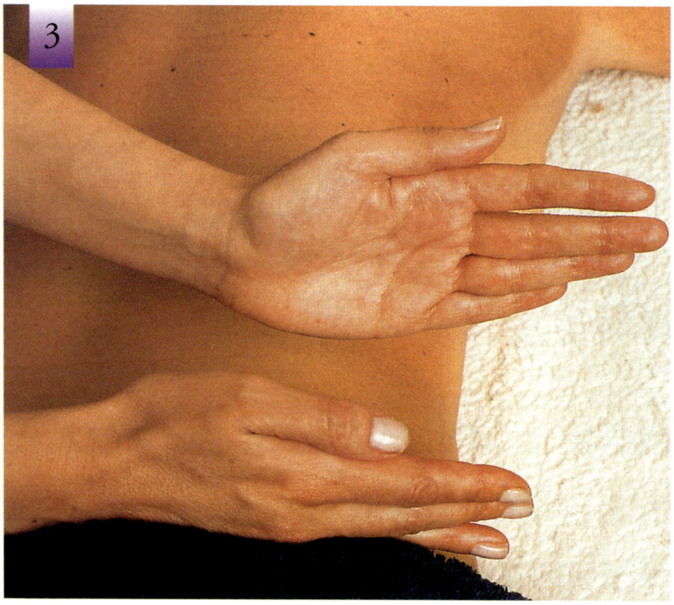

HACHURE

Pour exécuter cette manœuvre, vous devez vous servir du tranchant des mains. Veillez à ce que vos poignets soient très détendus. Placez vos mains au-dessus du corps, les pouces vers le haut avec les paumes qui se font face. Donnez ensuite de rapides petits coups rythmés de haut en bas avec chacune de vos mains alternativement. Vos mouvements doivent être légers et souples et NON brusques et lourds comme dans le karaté. (3)

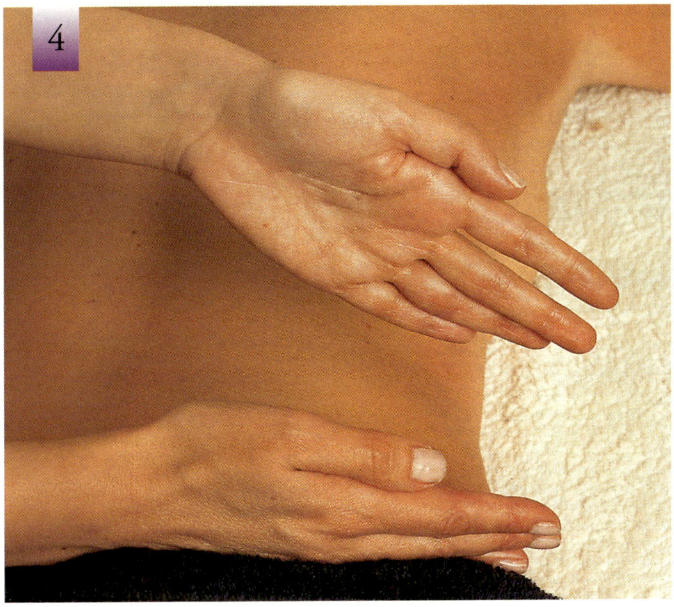

4

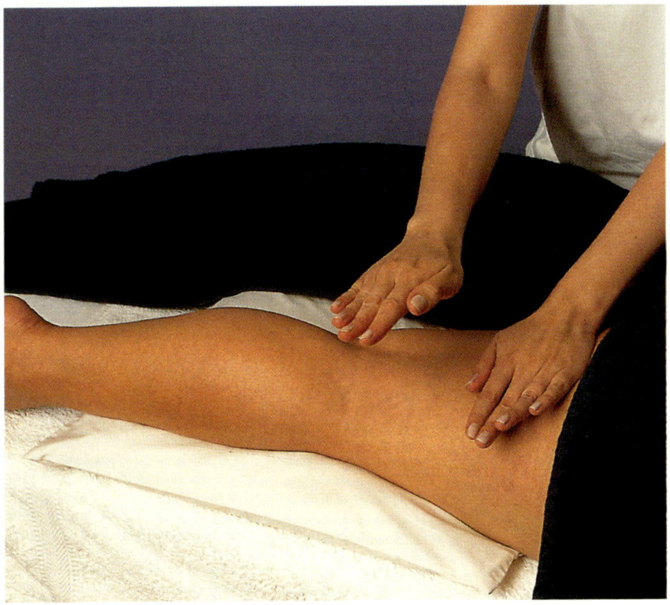

Assurez-vous que vos mains sont recourbées, plutôt qu'à plat, pour éviter de « donner la fessée » au receveur.

HACHURE LÉGÈRE

Ceci est une version plus douce de la hachure. La différence entre les deux mouvements, c'est que dans la hachure légère, vous vous servez seulement du côté extérieur des petits doigts, et non du tranchant de toute la main. L'effet de ce mouvement est beaucoup plus doux. (4)

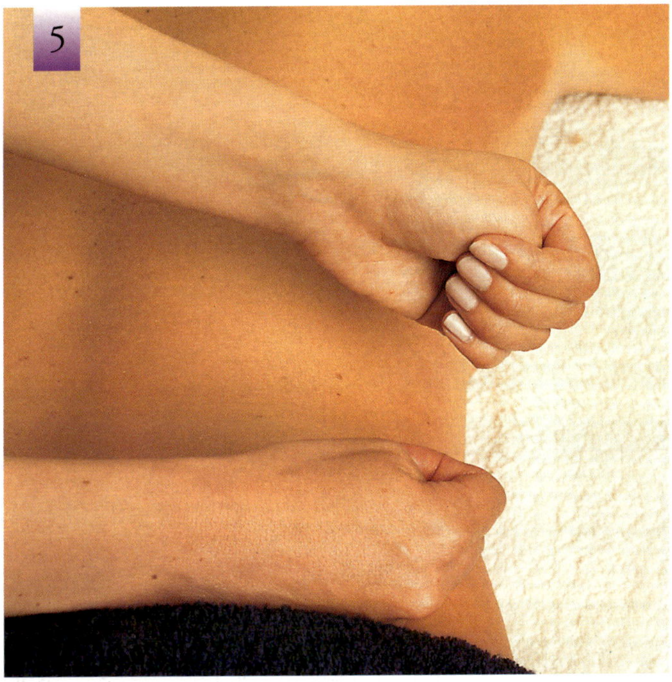

5

MARTÈLEMENT

Pour le martèlement, serrez légèrement les poings et faites-les rebondir tour à tour sur le corps en une succession de mouvements rapides. (5)

RAPPELEZ-VOUS

Évitez les régions osseuses, par exemple le tibia. Les mouvements de percussion doivent toujours être exécutés sur les régions musculaires charnues.

❖

Évitez les régions très sensibles, par exemple l'arrière du genou, le cou, les ecchymoses, les varices, etc.

❖

Pour le claquement, assurez-vous que vos mains sont recourbées et non à plat, pour éviter de fesser le receveur.

❖

Gardez vos poignets détendus et vos mouvements légers et souples pour éviter de causer quelque inconfort au receveur.

Exercices Pour vos Mains

Les exercices qui suivent vous aideront à améliorer la flexibilité et la force de vos mains tout en augmentant votre sensibilité.

Tenez une petite balle de caoutchouc dans une main et serrez puis relâchez les doigts en un mouvement répétitif sur la balle. Cet exercice vous aidera à insuffler de la force à vos mains. (1)

Pour garder vos poignets souples, exécutez des cercles dans le sens des aiguilles d'une montre, puis dans le sens contraire. (2)

Détendez vos mains et pliez chaque articulation pour refermer chaque main lentement en gardant le pouce à l'extérieur du poing. (3)

Maintenant ouvrez les doigts vers l'extérieur de manière à les étirer en les séparant autant que possible. (4)

Répétez vos mouvements de percussion sur un coussin: claquement, hachure, tapotement et martèlement, de manière à acquérir de la rapidité et une certaine adresse. (5)

Pour augmenter la sensibilité, placez une pièce de monnaie sous un magazine, fermez les yeux et essayez de « sentir » où elle se trouve. Si vous trouvez cela trop difficile, placez la pièce sous quelques feuilles de papier pour commencer puis augmentez graduellement l'épaisseur. Vous pouvez aussi essayer cet exercice: placez une mèche de cheveux sous une feuille de papier. Lorsque cela devient trop facile, augmentez la densité de cette barrière.

1

2

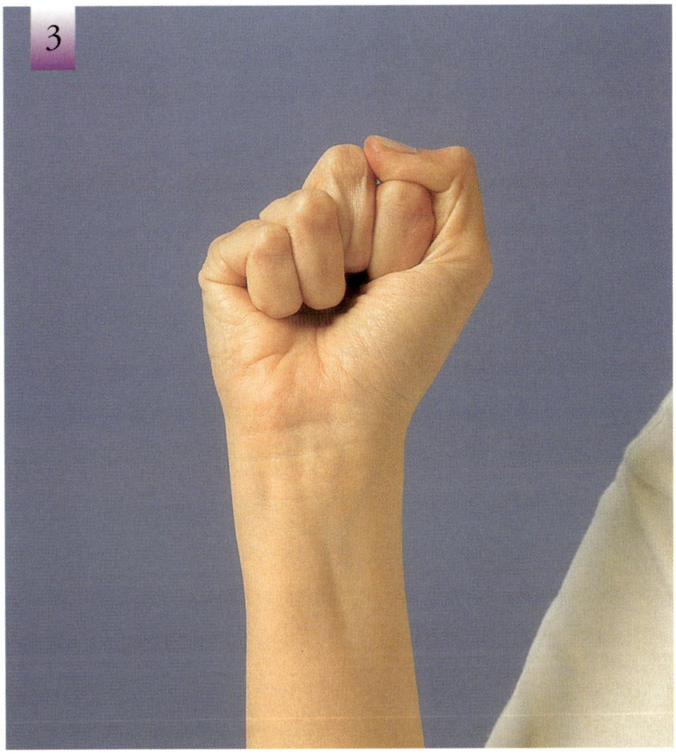

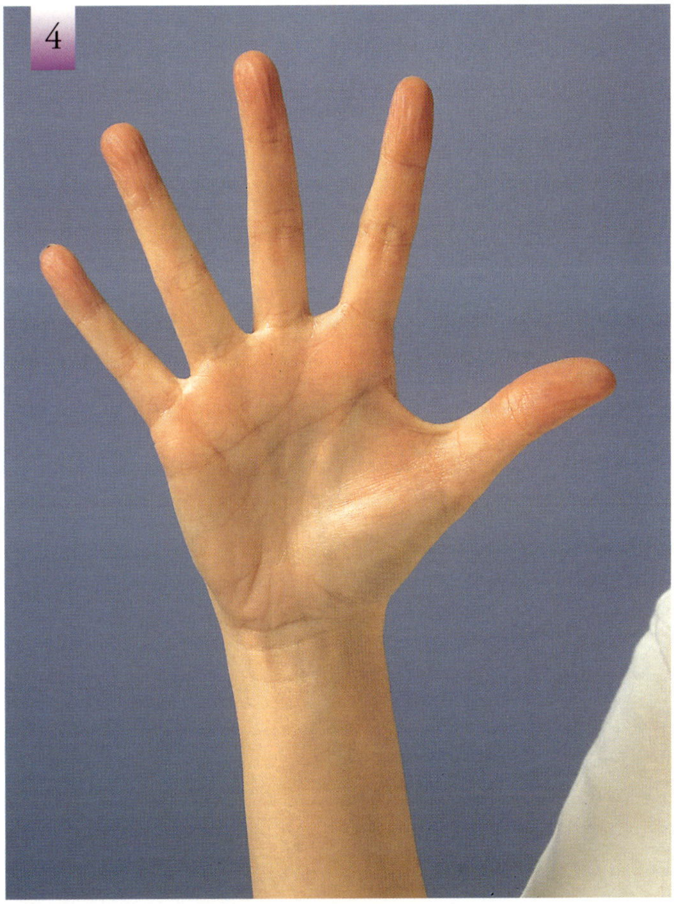

Fermez puis ouvrez chaque main pour en augmenter la flexibilité et la force.

Répétez la percussion sur un coussin pour améliorer votre rapidité et votre adresse.

massage thérapeutique étape par étape

Ce chapitre vous permettra de prodiguer un massage thérapeutique complet à vos amis et aux membres de votre famille. Un traitement complet devrait vous prendre environ une heure et demie. Toutefois, si vous disposez de peu de temps, vous pouvez choisir de masser les régions qui en ont le plus urgent besoin.

Avant de commencer le massage, veillez à créer l'environnement idéal, et assurez-vous que le receveur ne souffre d'aucune des maladies pour lesquelles le massage est contre-indiqué (voir contre-indications). Si vous avez le moindre doute, demandez l'avis d'un médecin ou d'un professionnel de la massothérapie.

Le receveur doit être couché sur le ventre avec un coussin sous les pieds pour empêcher la friction des orteils, et un autre coussin sous la tête et les épaules. Si vous avez la chance de posséder une table de massage, tout le visage peut alors reposer dans le trou pour respirer de l'anneau de tête. Certaines personnes (particulièrement les femmes bien en chair) trouvent plus confortable d'avoir un coussin sous la région des seins. Les bras doivent rester de chaque côté du corps ou pendre librement des bords de la table de massage. Couvrez complètement le receveur avec des serviettes, pour ménager sa pudeur et pour qu'il se sente bien au chaud et en sécurité.

Les Bienfaits du Massage des Jambes

- Améliore la circulation et aide à prévenir et à diminuer les varices.
- Réduit l'enflure et l'œdème des jambes et des chevilles.
- Réduit les raideurs et les crampes.
- Aide à réduire la cellulite et à dissoudre les dépôts graisseux.
- Nettoie les déchets contenus dans les tissus (par exemple l'acide lactique) après un exercice physique.
- Améliore le tonus musculaire.
- Réduit la fatigue musculaire.
- Assouplit les articulations et aide l'arthrite et les autres problèmes musculo-squelettiques.
- Réduit la pression sur le bas du dos.
- S'avère un excellent prélude aux activités sportives.

Arrière du Corps

Massage du Derrière de la Jambe

ÉTAPE 1 – Établir le contact
Abaissez les mains doucement sur la jambe à traiter et prenez quelques bonnes inspirations pour permettre aux tensions de se relâcher.

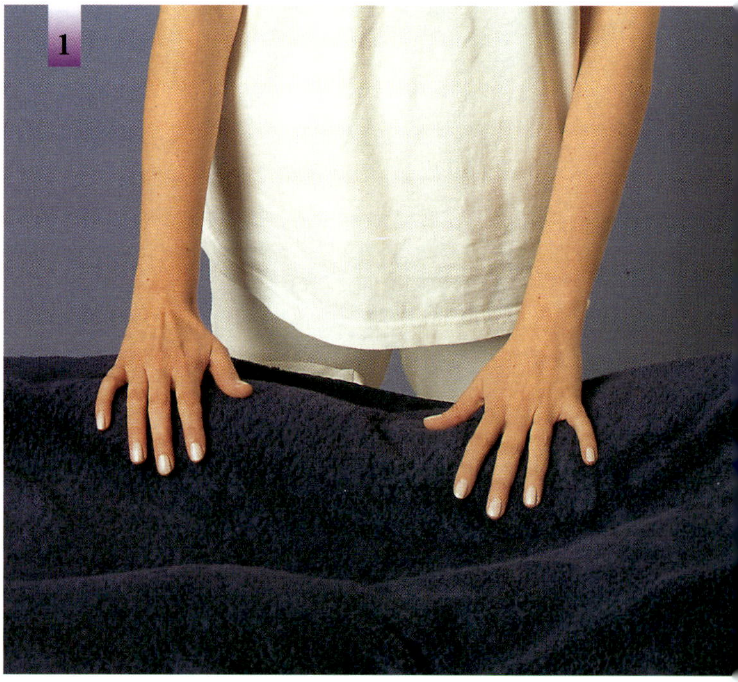

MISE EN GARDE

- En cas de thrombophlébite, NE MASSEZ PAS. Le caillot pourrait se déplacer et causer la mort.
- Ne massez pas en cas de maladie infectieuse de la peau, par exemple la gale ou la varicelle.
- Évitez les régions enflammées ou enflées (par exemple, une entorse ou une brûlure). Vous pouvez masser au-dessous et au-dessus de la région affectée.
- Évitez les cicatrices récentes.
- Faites attention aux varices: massez seulement par effleurage léger sur ces régions.

Les techniques de massage sont exactement les mêmes sur les deux jambes. Pour la clarté des illustrations, ces techniques sont appliquées sur les deux jambes.

ÉTAPE 2 – Effleurage du mollet
Placez vos mains recourbées sur l'arrière de la cheville, une main sous l'autre et remontez le mollet jusqu'à ce que vous atteigniez l'arrière du genou. Laissez ensuite glisser vos mains doucement vers le bas sur les côtés du mollet.

ÉTAPE 3 – Effleurage de la jambe
Commencez en appliquant l'huile sur toute la jambe. Placez vos mains en V sur le talon, l'une devant l'autre.

Effleurez toute la jambe en exerçant une pression ferme alors que vous remontez le long de la jambe. N'appuyez toutefois pas sur l'arrière du genou, parce que cette partie est très délicate et sensible. Quand vos mains atteindront le haut de la cuisse, laissez-les glisser l'une après l'autre jusqu'à votre point de départ avec la légèreté d'une plume. Répétez ce mouvement jusqu'à ce que vous sentiez que la jambe commence à se réchauffer et les muscles à s'assouplir.

Placez vos deux mains sur l'arrière de la cheville et effleurez d'une main en remontant jusqu'à l'arrière du genou.

Au moment où votre première main se retire, commencez l'effleurage avec l'autre main. Répétez ce mouvement une main après l'autre. Massez lentement pour un traitement relaxant et avec plus de vigueur pour un effet stimulant. (3)

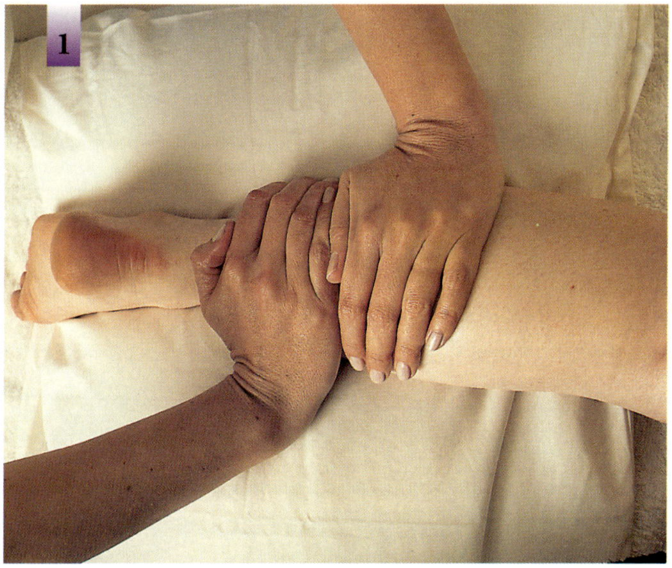

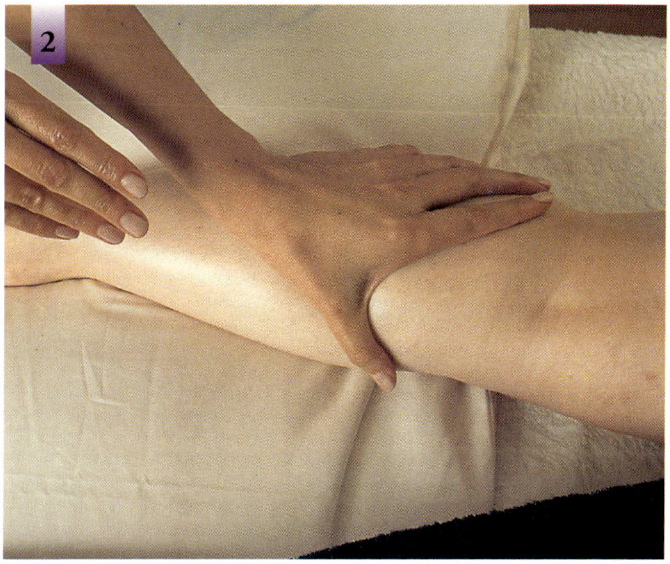

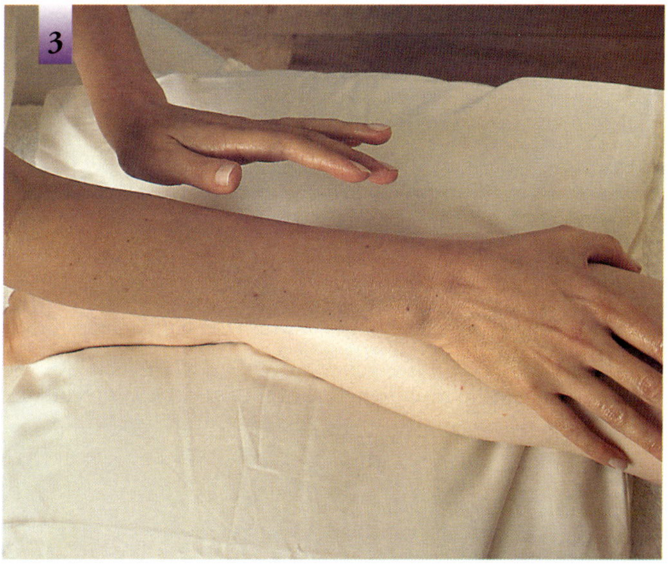

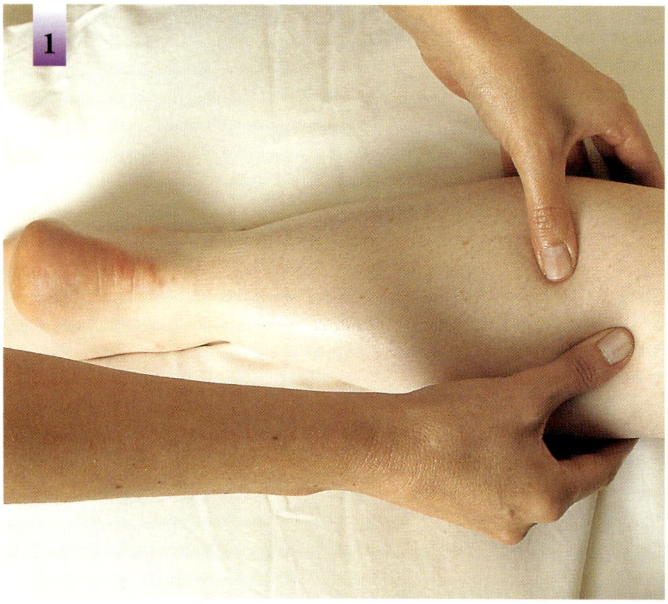

ÉTAPE 4 – Friction douce du mollet
Placez les deux pouces juste au-dessus du talon et faites de petits mouvements circulaires vers l'extérieur, utilisant un pouce après l'autre. Glissez doucement en redescendant jusqu'à la cheville sans exercer de pression. Ce mouvement aide à décongestionner le mollet et aide à le préparer pour un travail un peu plus en profondeur. (1)

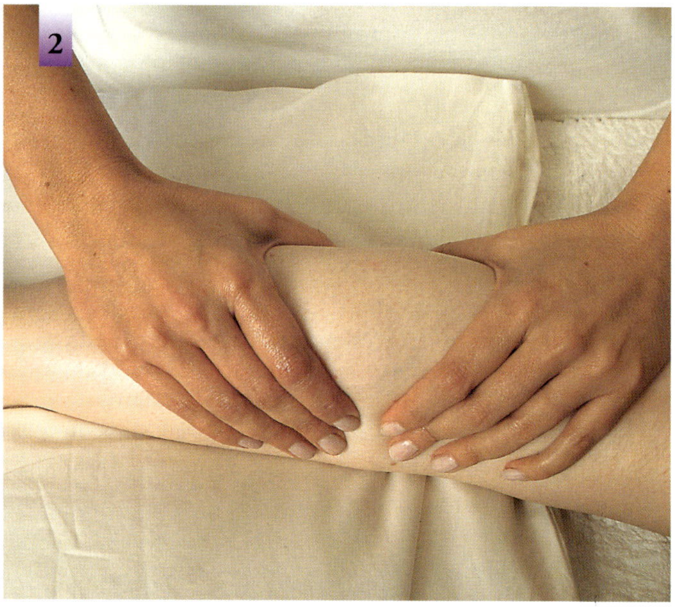

ÉTAPE 5 – Attraper et comprimer le mollet
À partir du côté, placez les deux mains à plat sur le mollet et attrapez et comprimez doucement les muscles en les éloignant de l'os. Rappelez-vous d'utiliser toute votre main pour éviter de pincer avec le pouce et les doigts. Imaginez que vous êtes en train d'exprimer toutes les toxines accumulées dans les couches plus profondes. (2)

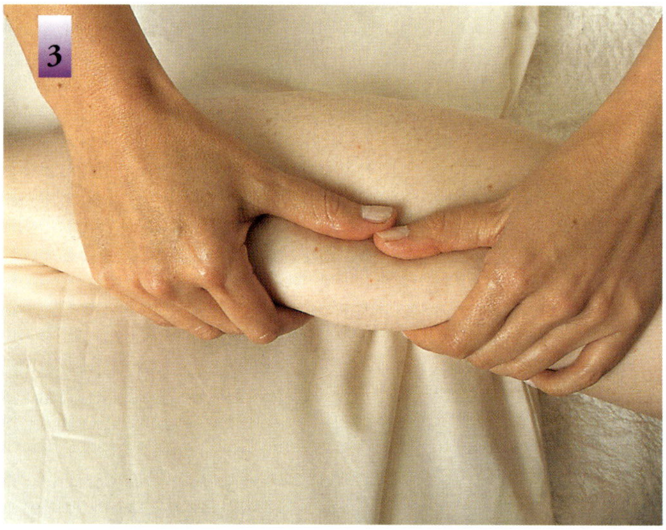

ÉTAPE 6 – Attraper et rouler le mollet
Dans la même position, servez-vous de vos pouces pour attraper et rouler le muscle loin de vous vers vos doigts. Puis relevez et roulez le muscle vers vos pouces. Ces mouvements feront augmenter la quantité de sang et de nutriments qui circulent dans les muscles. (3)

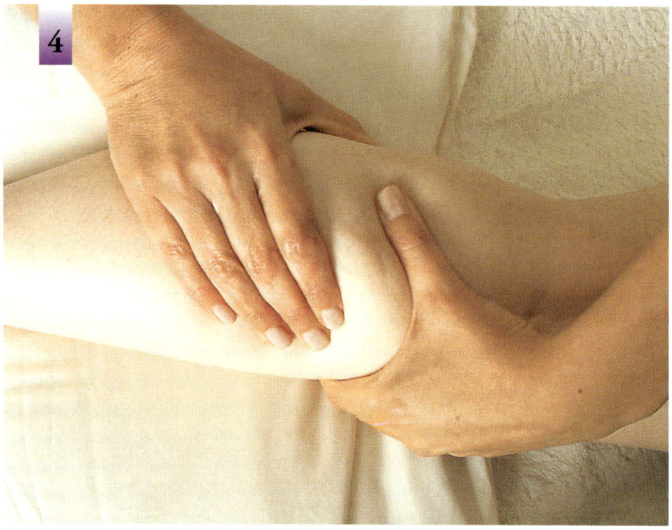

ÉTAPE 7 – Torsion du mollet
Pour un effet vraiment désintoxicant, servez-vous de chacune de vos mains alternativement pour tirer le muscle vers vous comme si vous tordiez une serviette. (4)

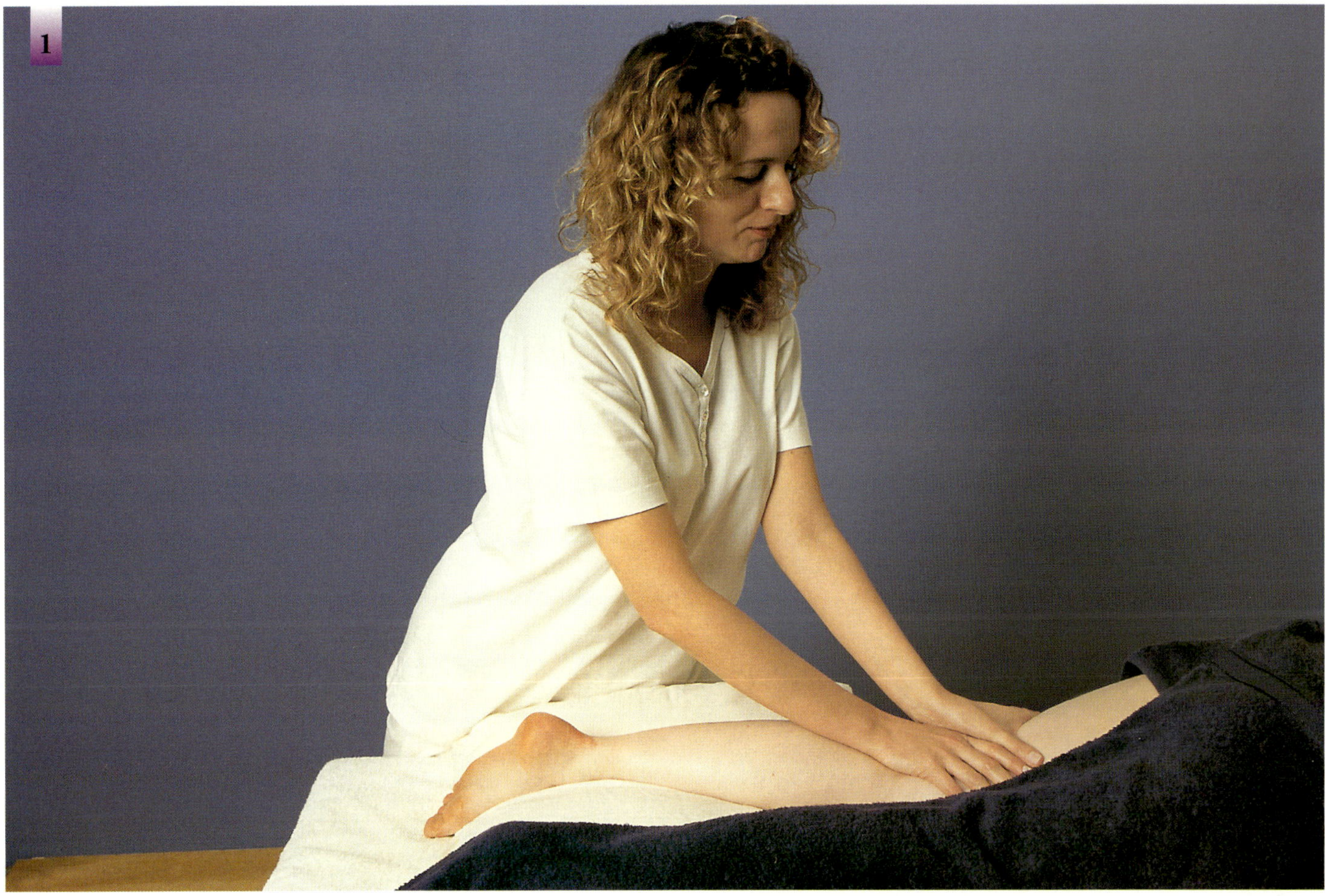

ÉTAPE 8 – Effleurage de la jambe
Massez toute la jambe pour déloger les déchets qui ont été libérés dans la région de l'aine, de sorte qu'ils puissent être éliminés. (1)

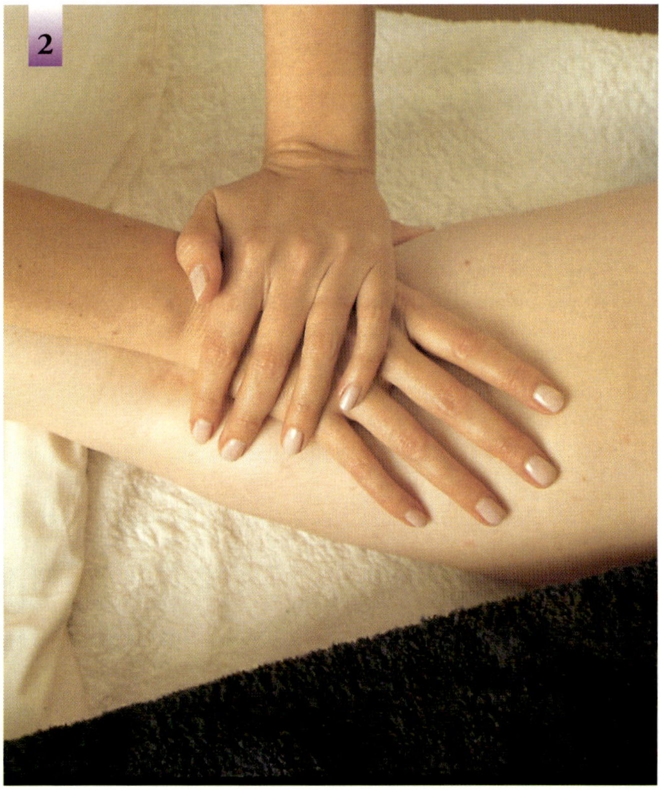

ÉTAPE 9 – Effleurage de la cuisse
Massez la cuisse du genou jusqu'à l'aine en appliquant une pression ferme, puis redescendez avec la légèreté d'une plume. Pour plus de profondeur, appliquez une pression du talon de la main. Ces mouvements préparent la cuisse aux manœuvres plus profondes. (2)

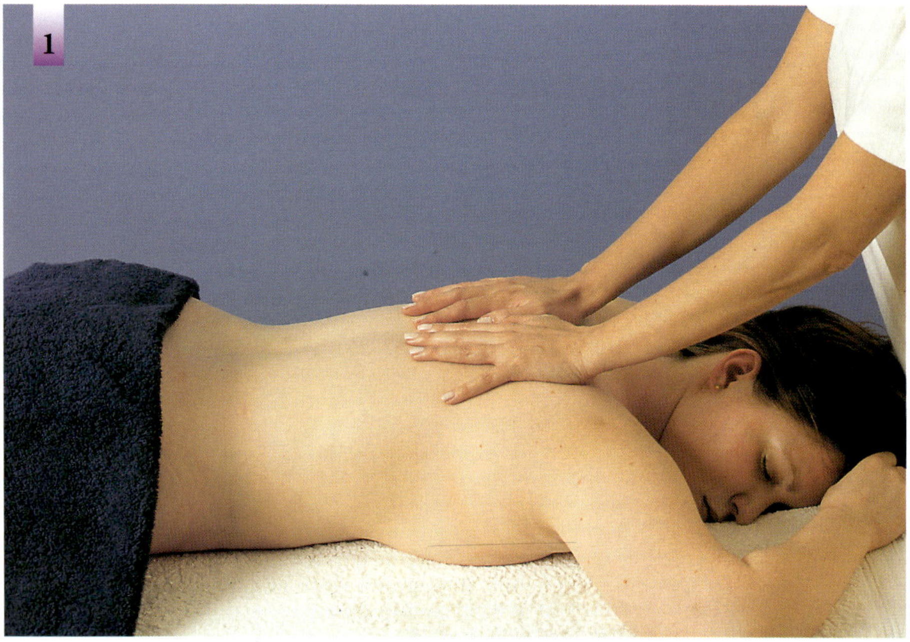

ÉTAPE 14 – Effleurage de tout le dos
Placez-vous à la tête du receveur et placez vos mains sur le haut des épaules. Massez lentement jusqu'au bas du dos et sur les fesses. Ramenez doucement vos mains avec la légèreté d'une plume. (1)

ÉTAPE 15 – La touche finale: massage du bout des doigts
En vous servant seulement du bout de vos doigts, de façon à toucher à peine la peau, massez très lentement et légèrement en descendant de chaque côté de la colonne vertébrale. En atteignant le bas du dos, retirez vos doigts doucement et remontez vers la région du cou. Faites en sorte que la pression exercée soit de plus en plus légère à chaque répétition. (2)

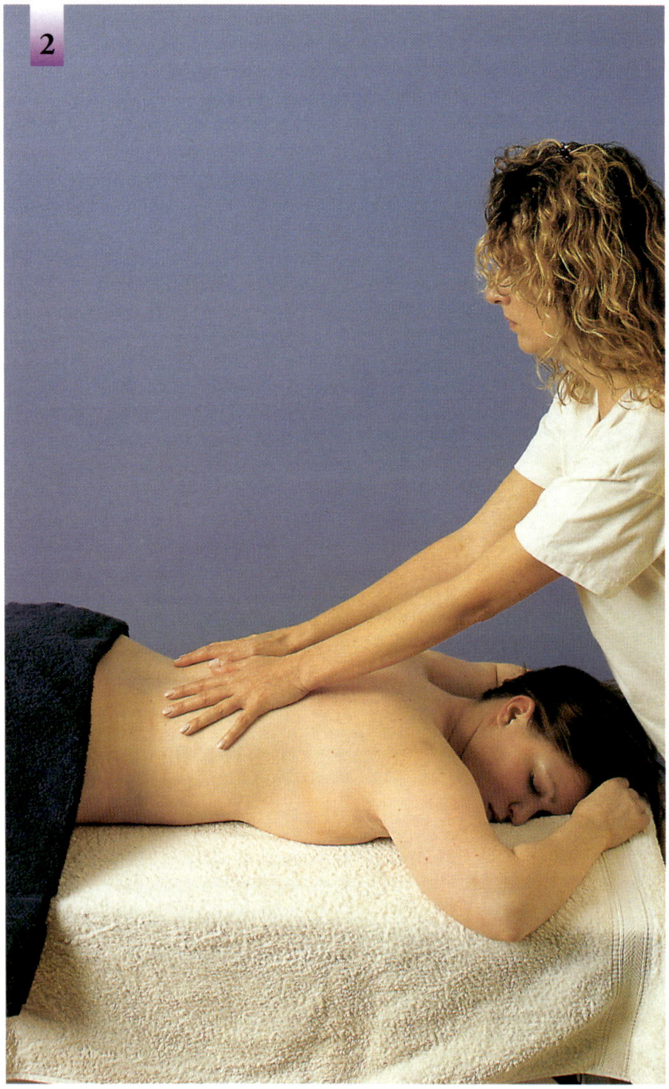

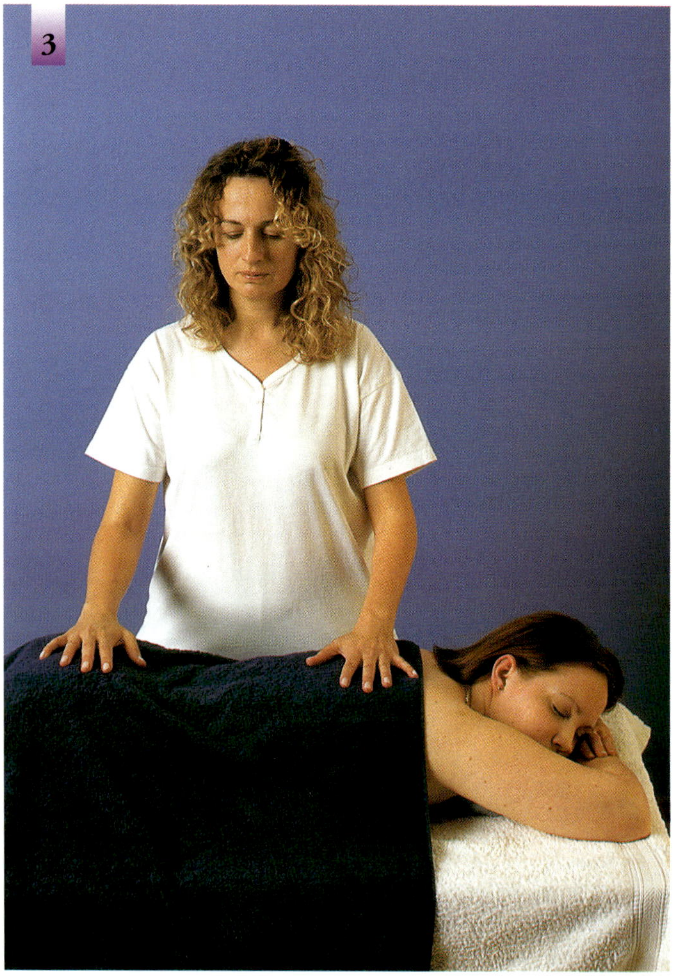

Couvrez complètement le dos, puis laissez reposer vos mains intuitivement sur le dos. (3)

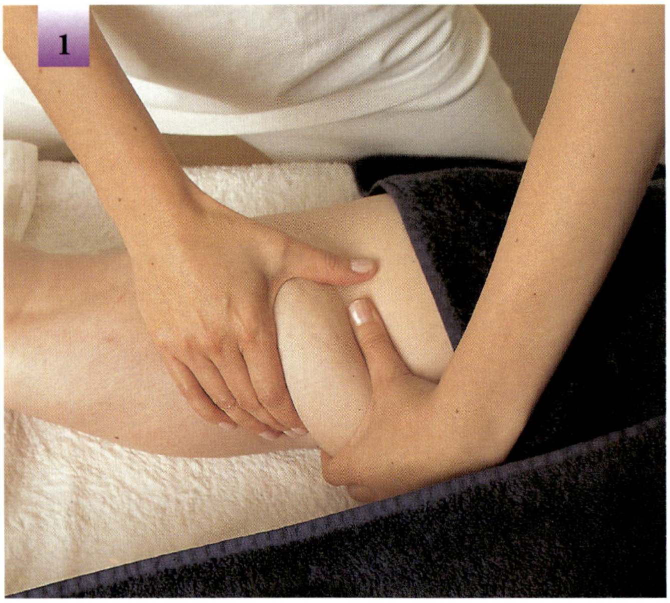

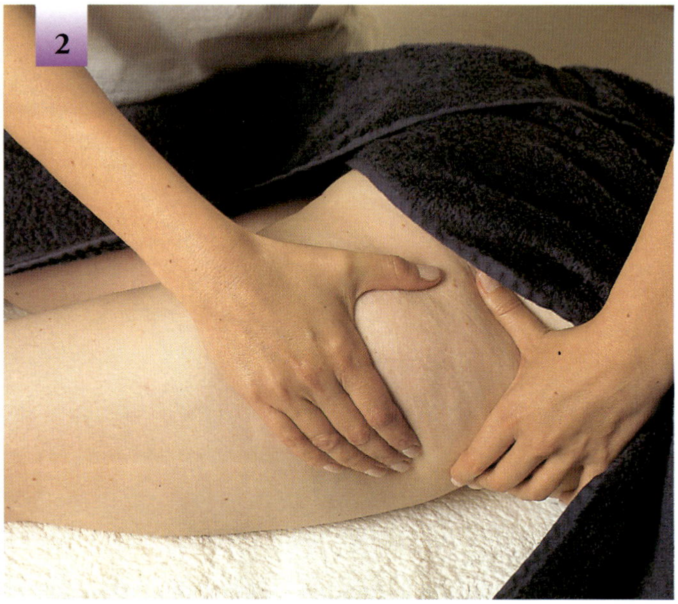

ÉTAPE 10 – Pétrissage de la cuisse
Tordez l'intérieur de la cuisse en pressant légèrement, parce qu'il s'agit d'une région sensible. (1)

Tordez l'extérieur de la cuisse de façon plus ferme et avec plus de force. Accordez une attention particulière aux dépôts graisseux et à la cellulite qui se seraient accumulés dans les cuisses. (2)

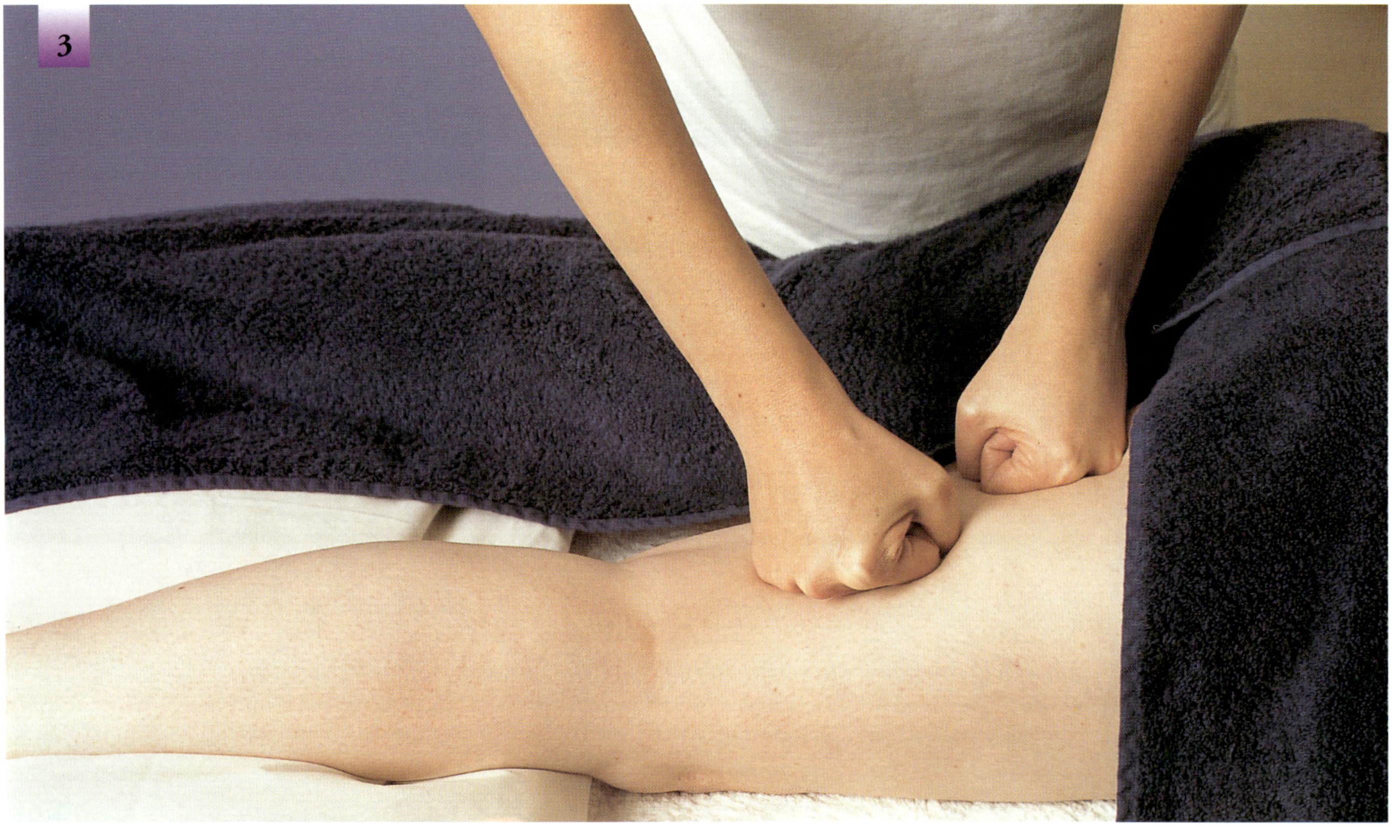

ÉTAPE 11 – Massage de la cuisse avec les jointures
Fermez vos poings et servez-vous de vos jointures dans un mouvement circulaire pour dissoudre les dépôts graisseux. (3)

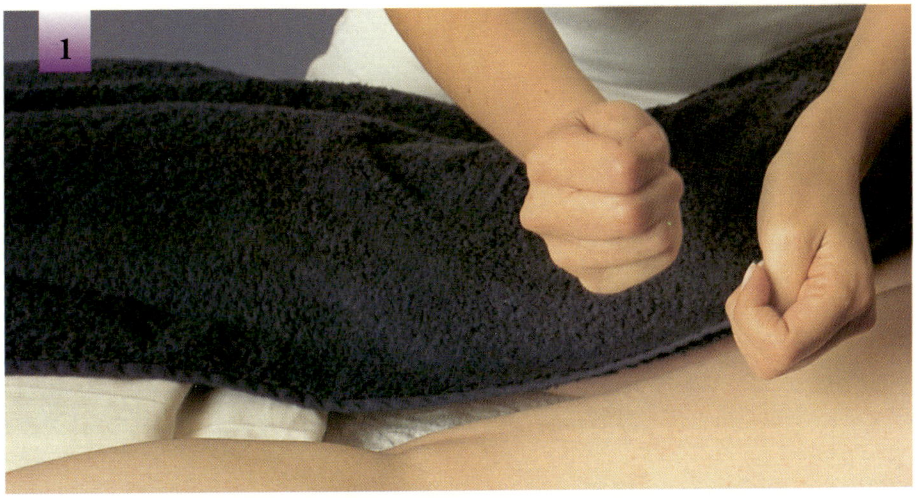

ÉTAPE 12 – Martèlement de la cuisse
Toujours avec vos poings légèrement fermés, martelez les cuisses en utilisant alternativement vos deux poings en mouvements rapides. (1)

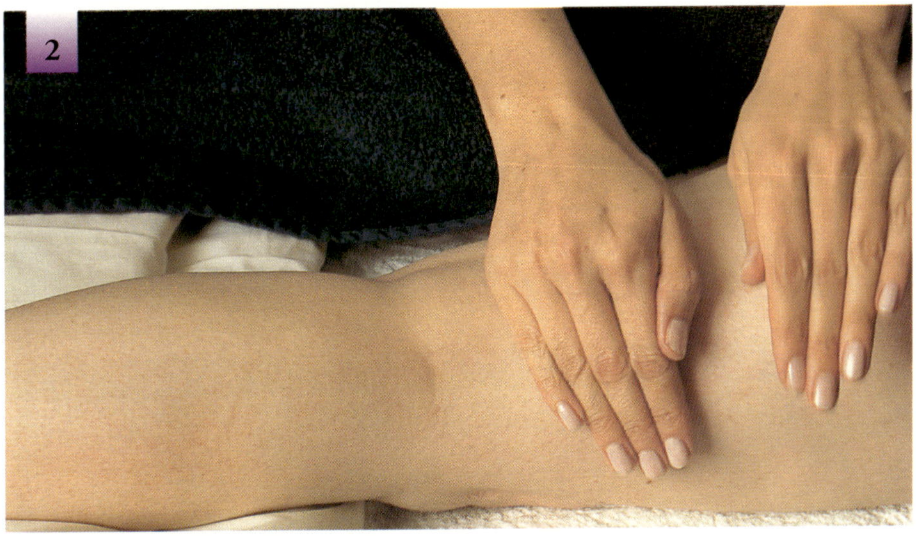

ÉTAPE 13 – Tapotement de la jambe
Mettez vos mains en coupe en joignant vos doigts et vos pouces, puis abaissez-les sur la jambe en mouvements successifs rapides. Vous devriez entendre un son creux lorsque vous tapotez tout l'arrière de la jambe, en évitant la région sensible au creux du genou. (2)

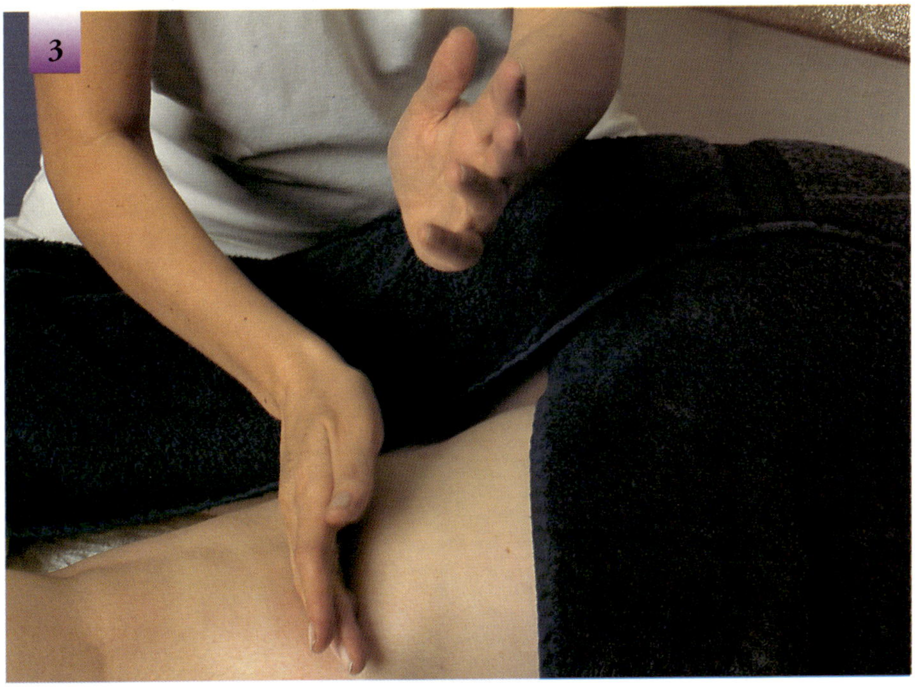

ÉTAPE 14 – Hachure de la jambe
Avec le tranchant de vos mains, exécutez des mouvements rythmiques de haut en bas. Servez-vous de vos deux mains alternativement en travaillant très rapidement du haut vers le bas de la jambe. Pensez à garder vos poings très souples et à faire des mouvements légers et dynamiques. (3)

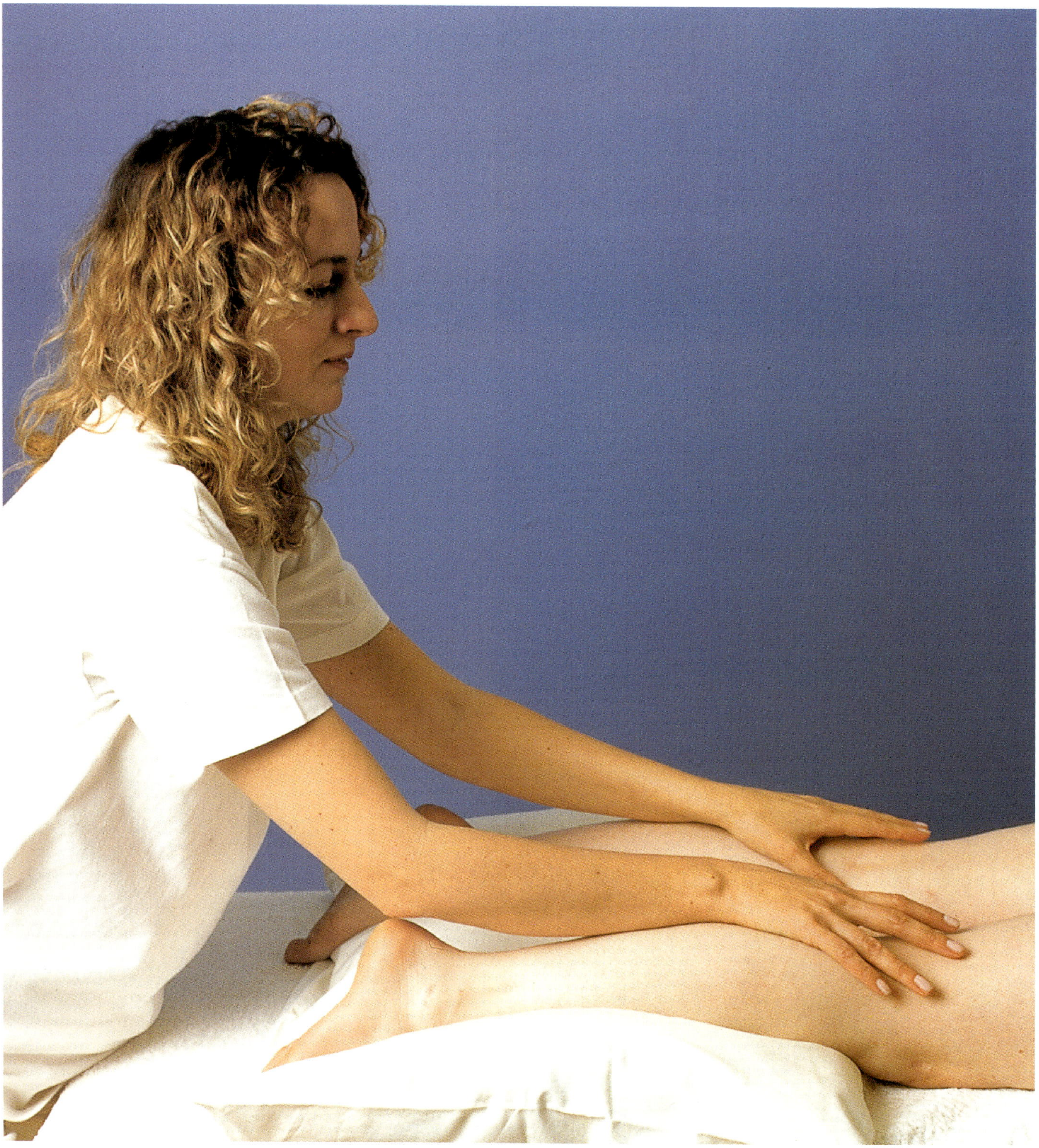

ÉTAPE 15 – La touche finale: léger effleurage du bout des doigts
Massez doucement les deux jambes en descendant à partir du haut de la cuisse jusqu'à la cheville, en vous servant seulement du bout de vos doigts pour permettre aux jambes de se détendre complètement. Laissez reposer vos mains sur les talons puis relevez-les doucement en vous retirant. Répétez sur l'autre jambe.

MASSAGE DU DOS ET DES ÉPAULES

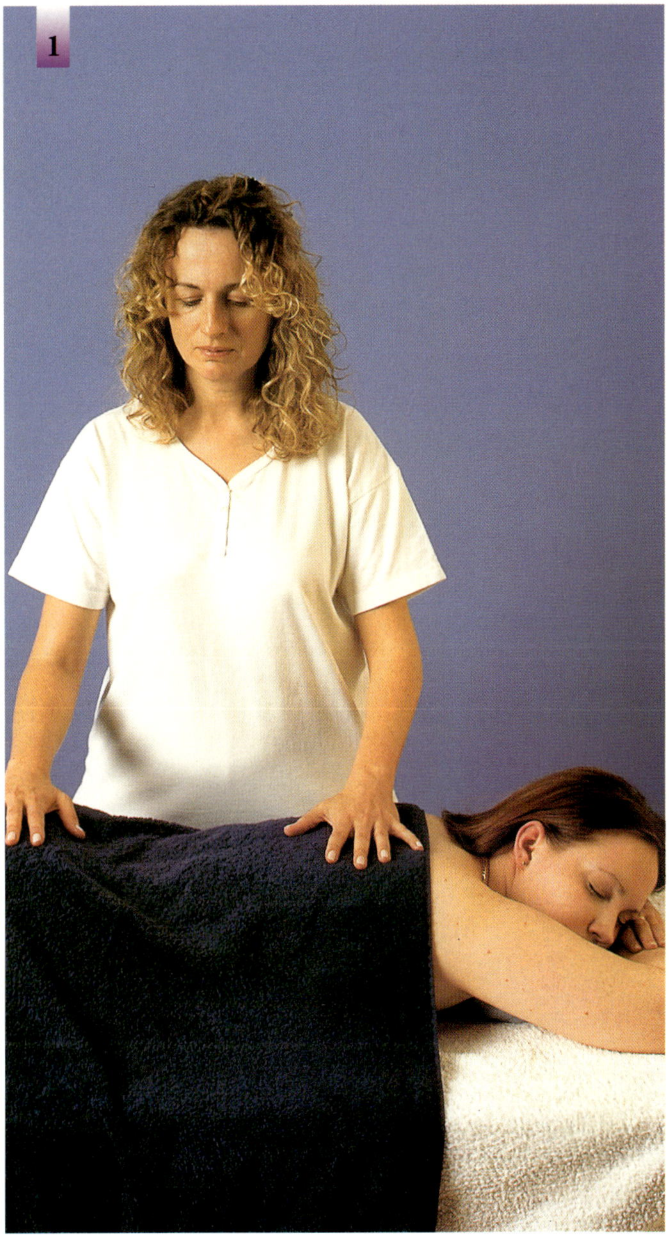

LES BIENFAITS DU MASSAGE DORSAL

• Il a un effet très bénéfique sur le système nerveux. Il permet une diminution du stress et procure un sentiment profond de relaxation.
• Il règle les problèmes d'insomnie.
• Les muscles tendus se relâchent, les maux de dos et les problèmes d'épaules douloureuses sont soulagés.
• Il améliore les problèmes reliés aux bronches, dont l'asthme, parce que la respiration devient plus profonde grâce au massage du haut du dos qui décongestionne les poumons.
• Il réduit les dépôts graisseux.
• Il donne plus de tonus musculaire.
• Il améliore la circulation, renforce le cœur et réduit la pression sanguine.
• Il aide l'élimination des déchets produits par le corps.

MISE EN GARDE

• En cas de maladie de peau avec danger d'infection, par exemple la rougeole et l'impétigo, ne massez pas.
• Évitez les cicatrices récentes.
• En présence de bosses suspectes, il faut demander l'avis d'un médecin.
• Évitez les régions enflées ou enflammées.
• Si le mal de dos est très grave, il faut consulter un médecin ou un ostéopathe qualifié.

ÉTAPE 1 – Établir le contact
Placez vos deux mains sur le dos et prenez quelques bonnes inspirations pour sentir la tension s'évanouir doucement. (1)

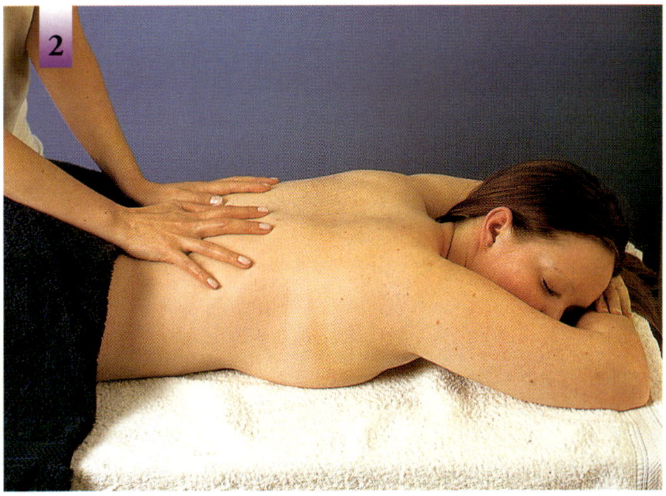

ÉTAPE 2 – Effleurage de tout le dos
Installez-vous d'un côté du receveur, rabattez la serviette et huilez le dos avec des mouvements de massage. Placez vos deux mains paumes à plat sur le bas du dos, de chaque côté de la colonne vertébrale, les doigts pointant vers le haut. (2)

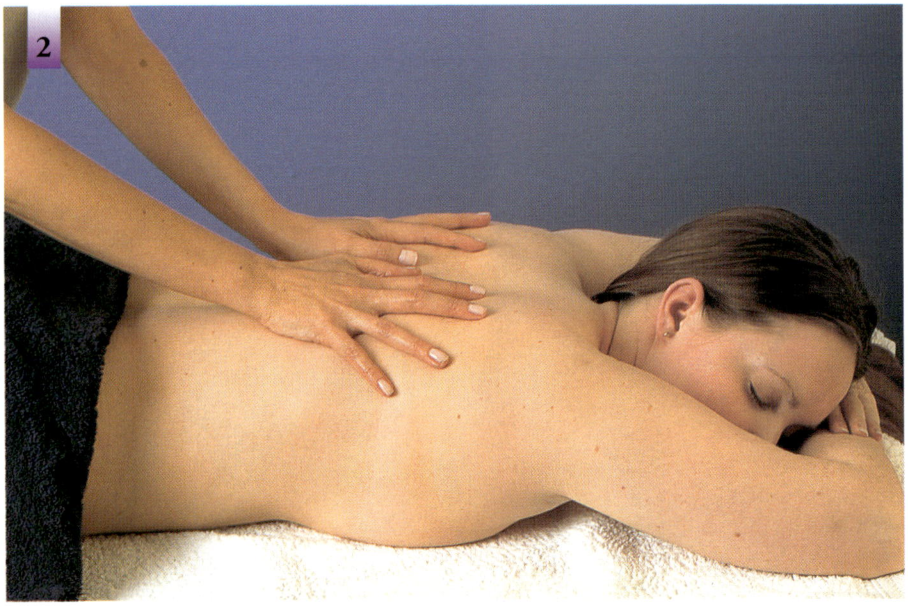

Massez fermement en remontant le dos et lorsque vos mains atteindront le haut du dos, écartez-les vers l'extérieur sur les épaules.

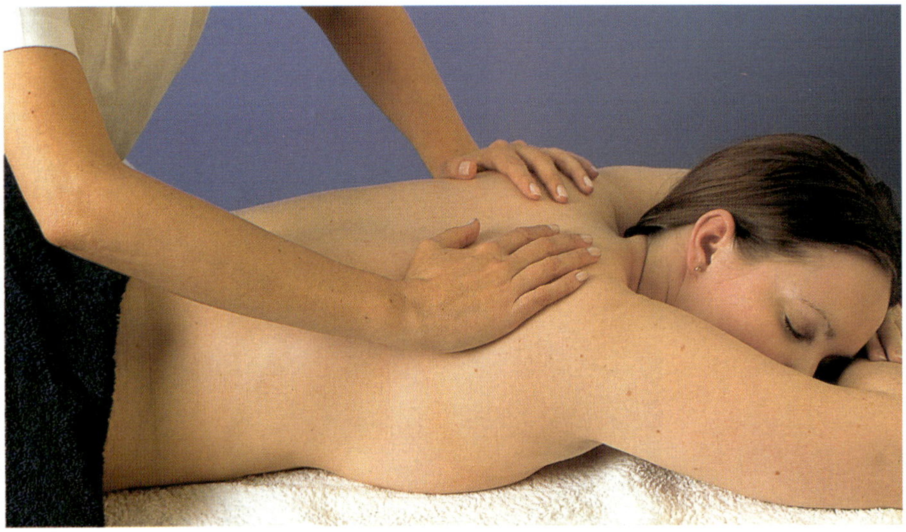

Faites-les ensuite glisser, sans exercer de pression, en redescendant jusqu'à votre point de départ. Si le receveur souhaite une pression plus ferme, alors penchez-vous sur votre mouvement de façon à ce que tout votre corps y participe.

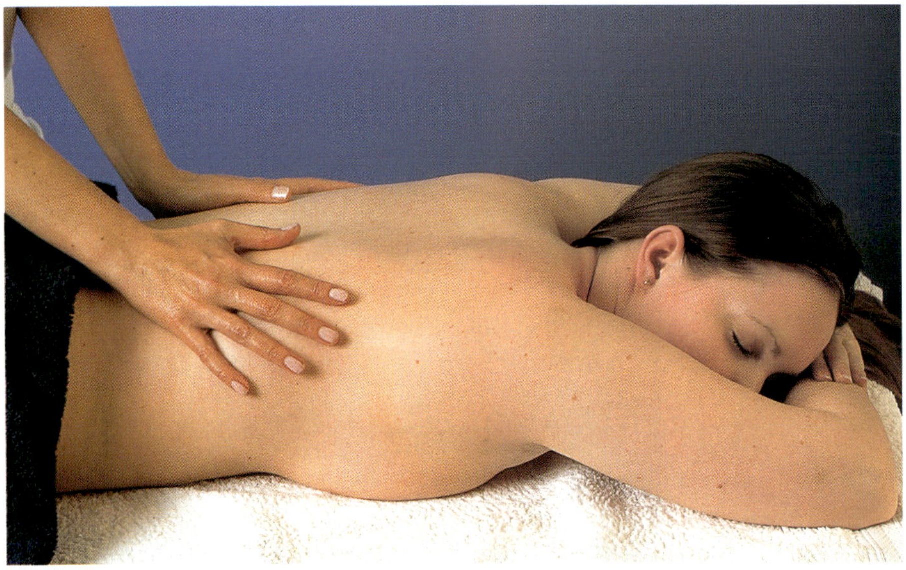

Répétez vos mouvements d'effleurage plusieurs fois jusqu'à ce que le receveur soit totalement détendu.

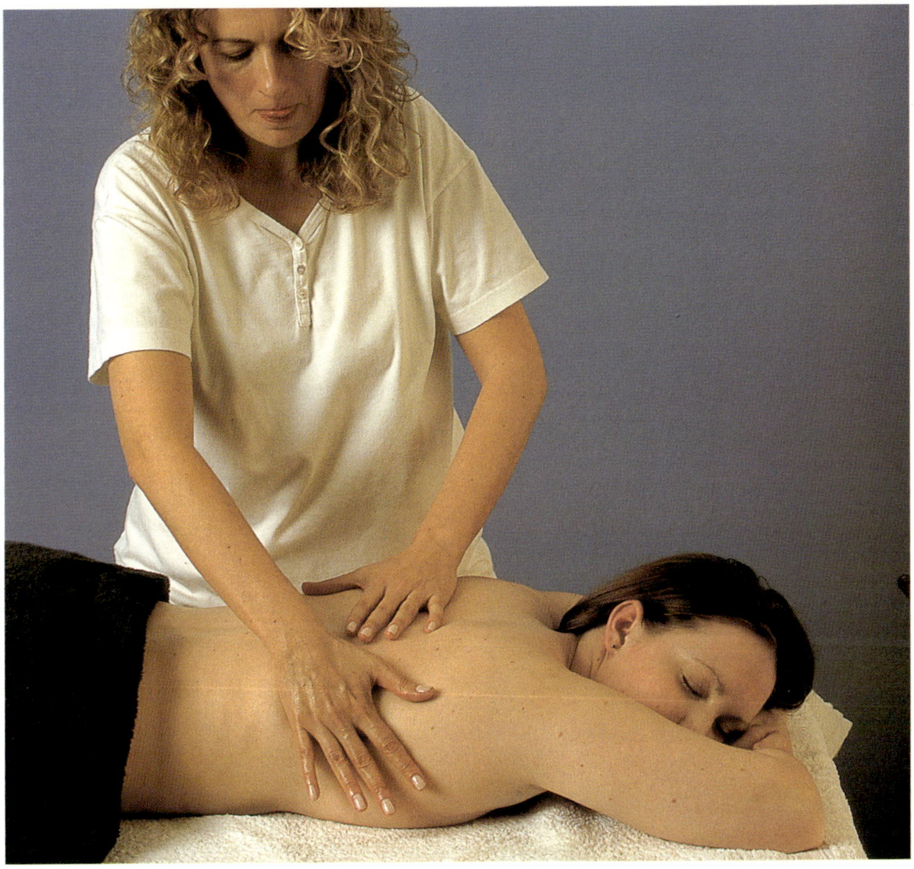

ÉTAPE 3 – Effleurage circulaire des deux côtés du dos

Toujours à partir d'un côté, placez vos deux mains paumes à plat du côté opposé du haut du dos, avec une main légèrement plus haute que l'autre.

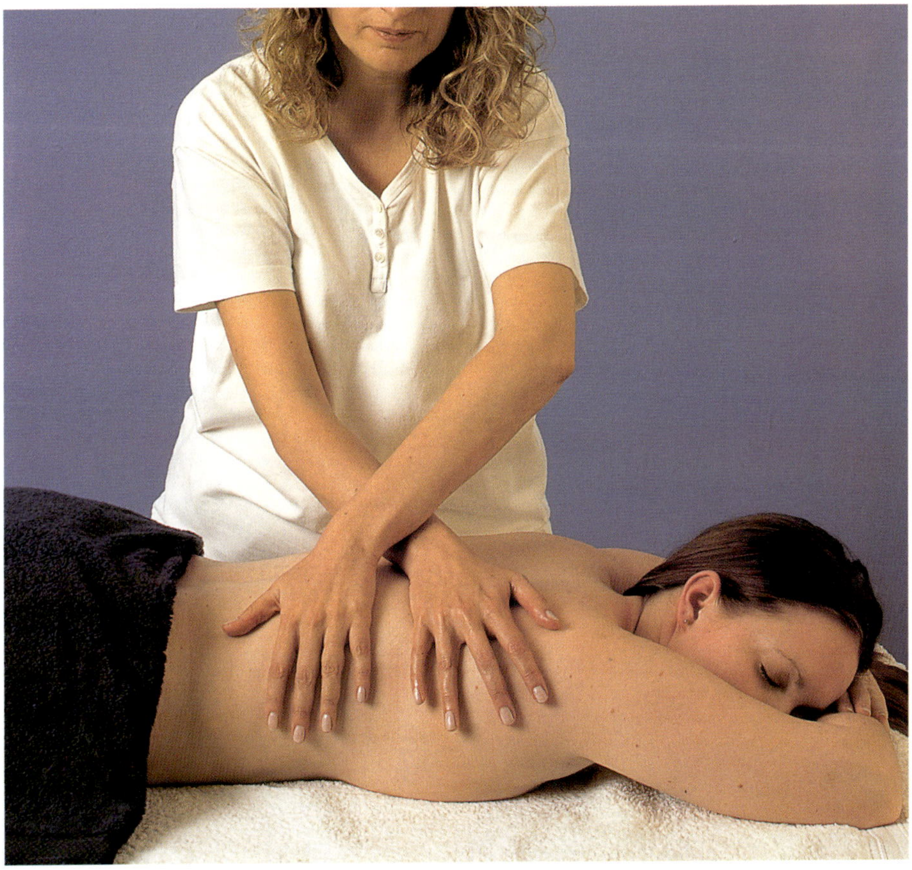

Massez en grands mouvements circulaires, une main après l'autre, en descendant vers les fesses, puis en remontant. Répétez de l'autre côté du dos.

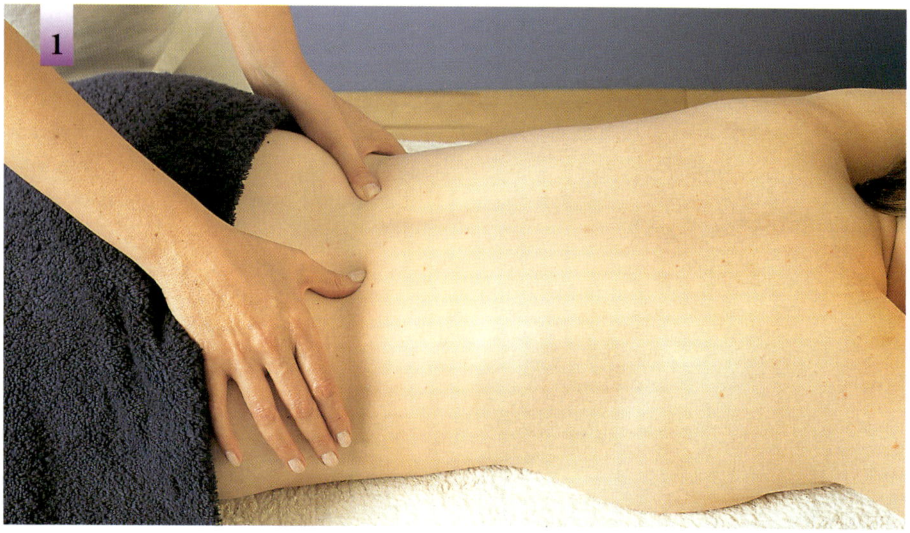

ÉTAPE 4 – Friction des muscles spinaux
Placez la pulpe des pouces dans les deux fossettes qui sont généralement visibles à la base de la colonne vertébrale. (1)

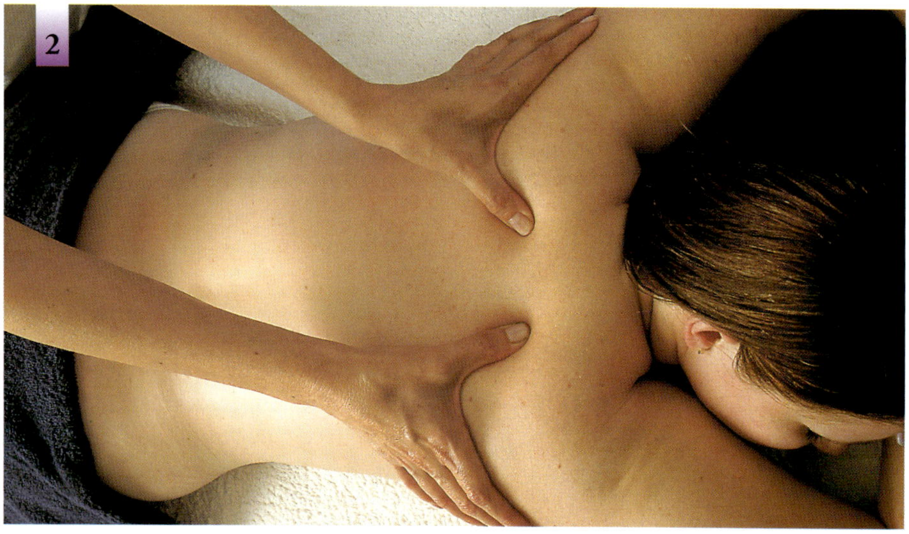

Avec des petits mouvements circulaires vers l'extérieur, travaillez en remontant jusqu'au cou. (2) Essayez de maintenir la même distance entre vos pouces en remontant vers le haut sur les muscles de la colonne vertébrale. Si vous rencontrez des nœuds ou des nodules, placez un pouce sur l'autre et appliquez une friction circulaire sur la région en pressant aussi fort que le confort du receveur le permet. Arrivé au cou, laissez vos mains glisser jusqu'à votre point de départ sans aucune pression.

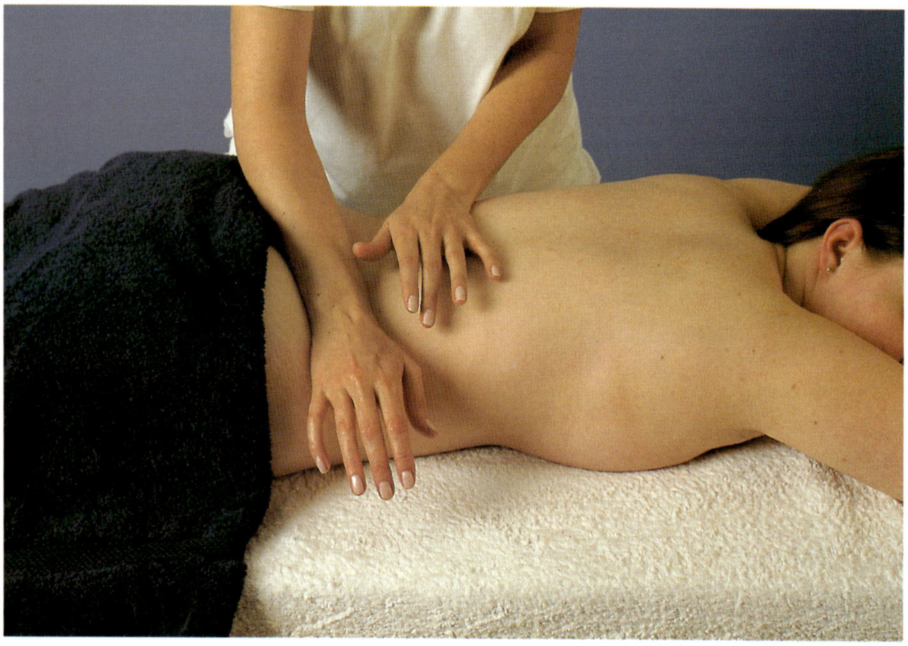

ÉTAPE 5 – Massage des deux côtés du dos avec le talon de la main
Cette technique vous permet de mieux assouplir les muscles du dos et de le débarrasser de toutes les toxines libérées par la friction. Placez les deux mains paumes vers le bas du côté opposé de la colonne vertébrale, mais pas directement sur la colonne. Avec le talon de chacune de vos mains alternativement, l'une suivant l'autre de près, travaillez de haut en bas du dos en poussant vers le bas. Commencez le mouvement avec le talon de votre main et poursuivez-le avec votre avant-bras. Répétez ces mouvements de l'autre côté du dos.

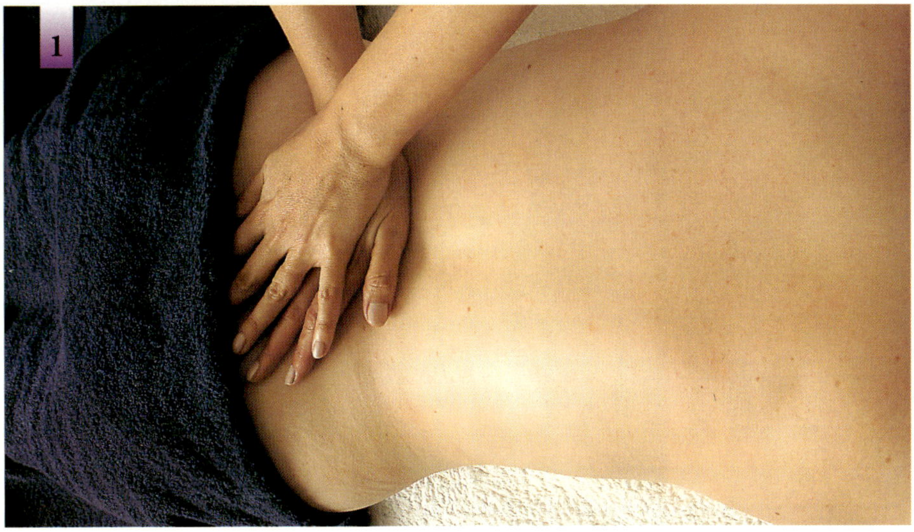

ÉTAPE 6 – Effleurage du bas du dos et de la région des fesses

Placez une main par-dessus l'autre sur l'une des fesses. Imprimez de larges cercles huit fois de suite, puis recommencez sur l'autre fesse. (1, 2)

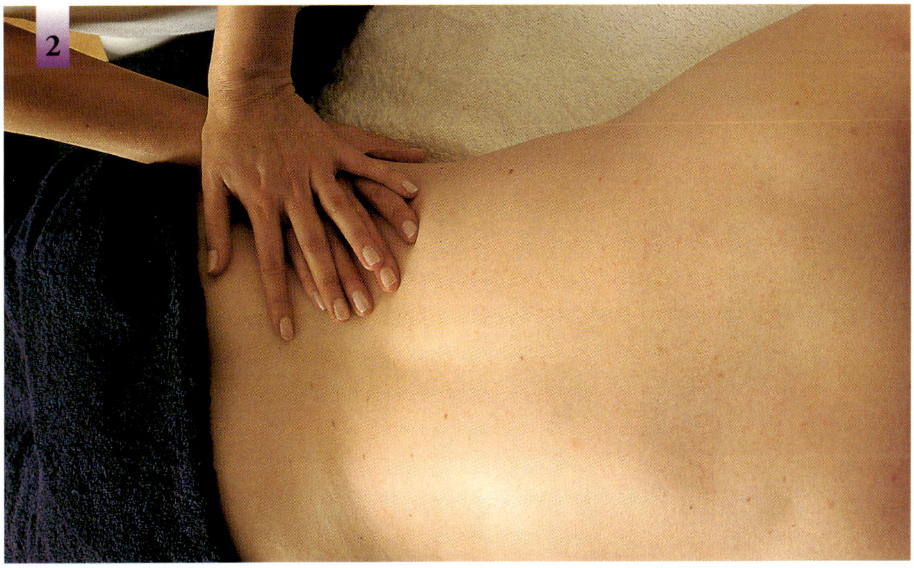

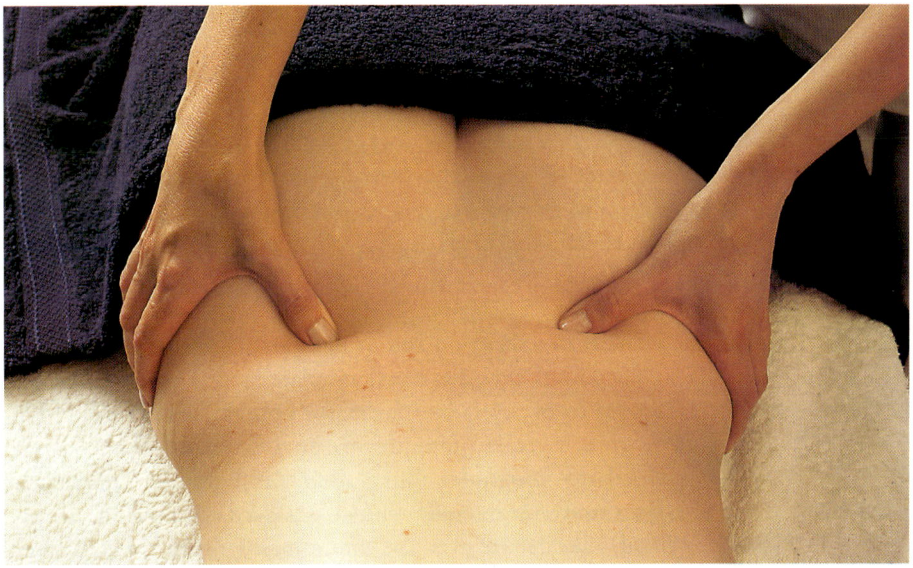

ÉTAPE 7 – Friction du haut du bassin

Localisez les fossettes à la base de la colonne vertébrale, et avec la pulpe de vos pouces, frictionnez le haut du bassin en larges mouvements circulaires.

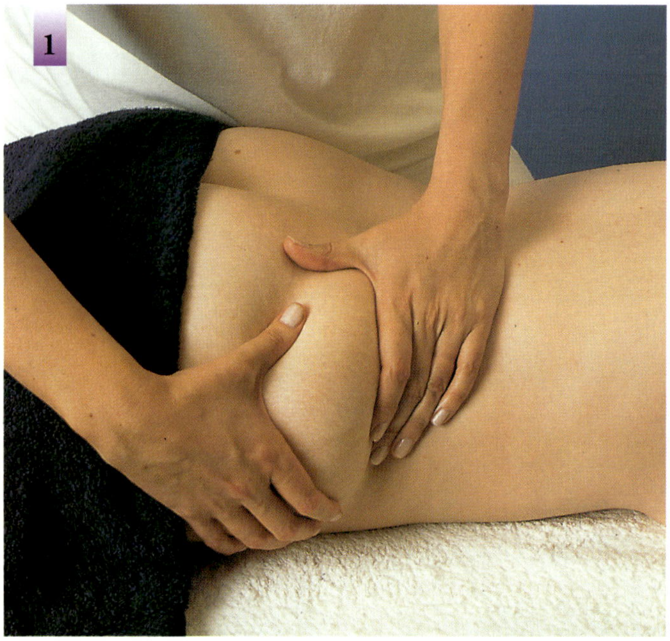

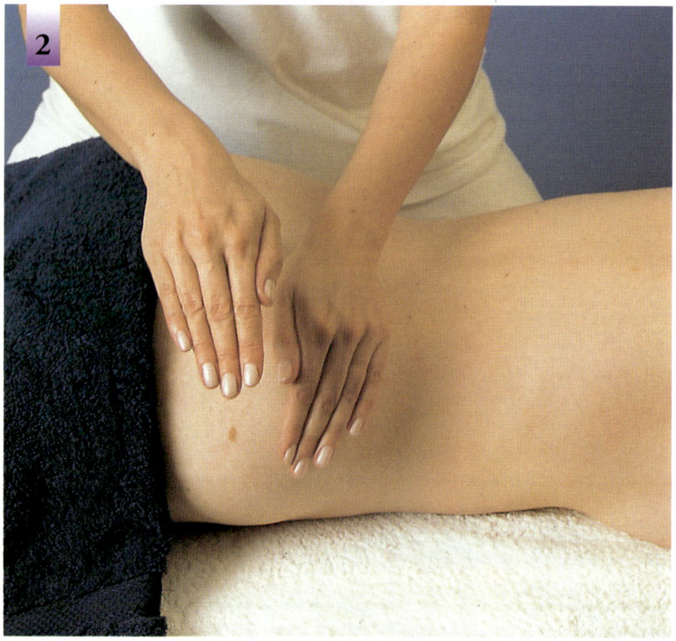

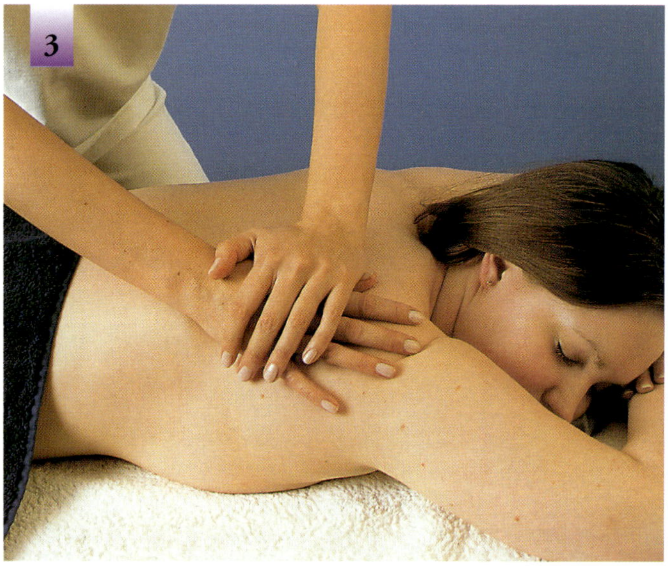

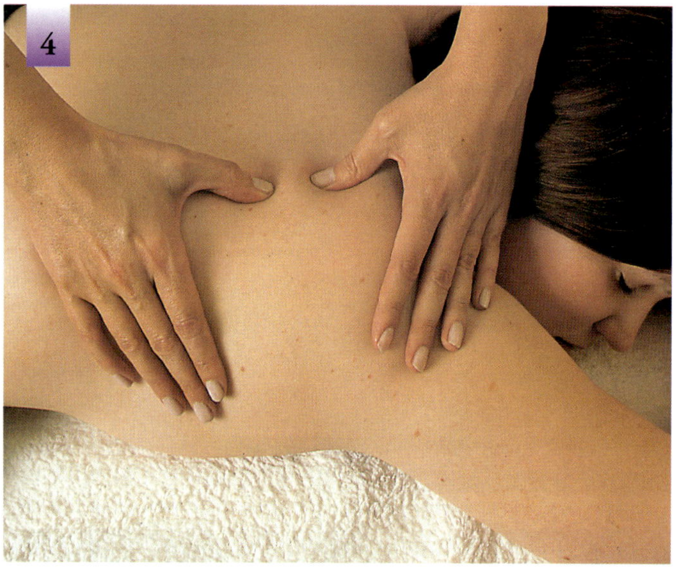

ÉTAPE 8 – Pétrissage des fesses et de la taille
En vous servant de vos deux mains alternativement, pétrissez toute la région des fesses et de la taille. Il y a habituellement beaucoup de chair dans cette région. (1)

ÉTAPE 9 – Percussions, hachure et martèlement des fesses et de la taille
Les mouvements de percussion aident à améliorer le tonus dans cette région. Tapotez les fesses et la taille minutieusement puis laissez vos poings souples pour procéder au martèlement. (2) Vous pouvez y aller de martèlements, hachures, ou tapotements.

ÉTAPE 10 – Effleurage des épaules
Effleurez en remontant vers les épaules, tout en recouvrant les fesses et le bas du dos avec la serviette. Pour réchauffer et détendre les épaules, placez une main à plat sur l'autre et imprimez des mouvements circulaires d'effleurage sur et autour des omoplates. (3)

ÉTAPE 11 – Friction autour des omoplates
Vous pouvez travailler sur l'omoplate la plus près de vous ou, si vous trouvez cela plus facile, sur l'omoplate la plus éloignée de vous. Avec la pulpe de vos pouces, exercez des frictions circulaires profondes tout autour des bords de l'omoplate. Vous trouverez de nombreux nœuds dans cette région. Il vous faudra les défaire avec des mouvements de friction. Répétez ensuite sur l'autre omoplate. (4)

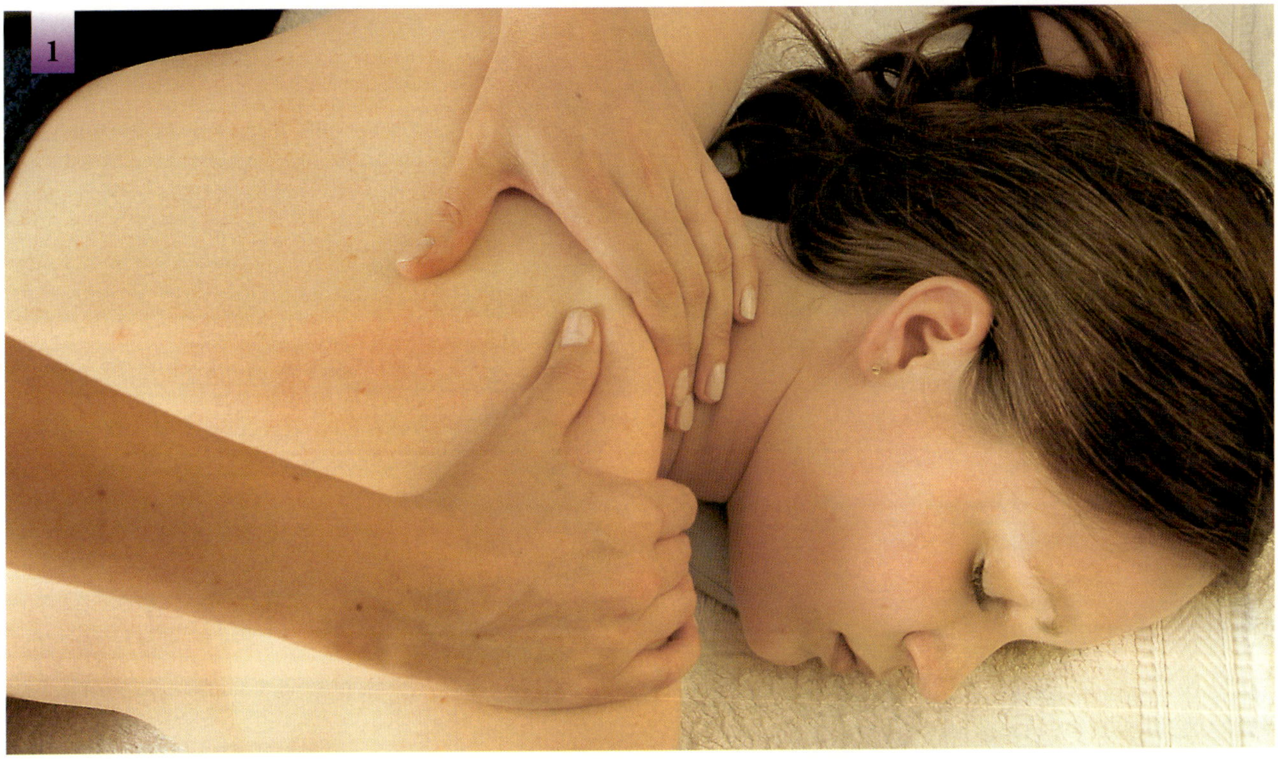

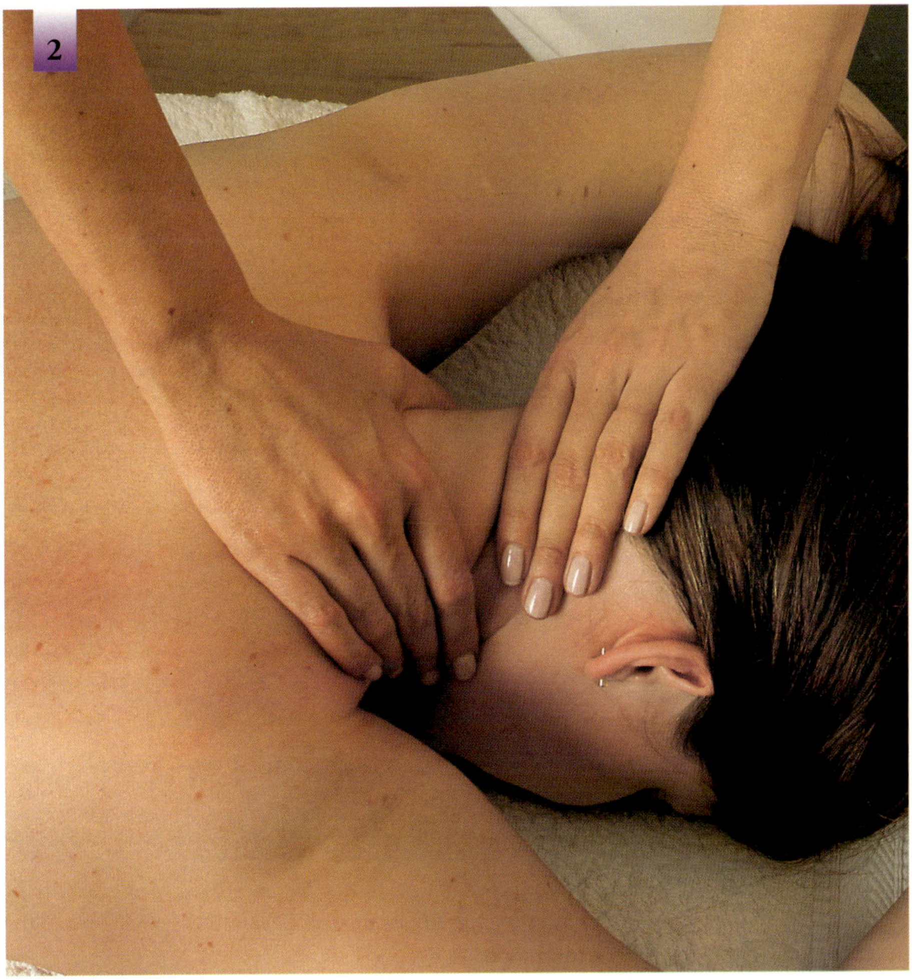

ÉTAPE 12 – Pétrissage des épaules
Pour enlever les tensions restantes, tordez le haut des deux épaules en attrapant autant de muscle que vous le pouvez avec chacune de vos mains alternativement. Procédez lentement et en douceur. (1)

ÉTAPE 13 – Massage du cou
Si vous travaillez sur une table de massage, il vous sera facile de masser le cou, parce que le receveur pourra placer son visage dans le trou à cette fin. Sinon, placez une petite serviette roulée ou un coussin sous la tête et demandez-lui de mettre ses mains au-dessus de sa tête pour redresser l'arrière du cou. Attrapez les muscles et serrez lentement et doucement pour dissiper toute raideur dans le cou. C'est une région qu'il est indispensable de masser, surtout si le receveur souffre de maux de tête ou de migraine. (2)

DEVANT DU CORPS

MASSAGE DU PIED

Demandez au receveur de se retourner. Placez un coussin ou un oreiller sous la tête et un autre pour supporter les genoux, ce qui diminue la pression sur le bas du dos. Découvrez seulement le pied sur lequel vous désirez travailler en premier.

BIENFAITS DU MASSAGE DU PIED

- Améliore la circulation.
- Réduit l'enflure, particulièrement autour des chevilles.
- Soulage et prévient les crampes.
- Réduit les raideurs et améliore la flexibilité des articulations des chevilles et des orteils.
- Traite tout le corps. Selon la réflexologie, tous les organes et parties du corps se retrouvent en miniature sur le pied.
- Élimine les toxines.

MISE EN GARDE

- En cas de maladie infectieuse comme le pied d'athlète ou les verrues plantaires, évitez cette région, car vous pourriez la propager. Les huiles essentielles pures d'arbre à thé ou de citron peuvent être appliquées avec un coton-tige sur les régions affectées.
- Faites attention aux cors et aux ampoules: s'ils sont douloureux, évitez d'y toucher.
- Ne massez pas les articulations enflées ou enflammées (par exemple, la goutte du gros orteil), car vous pourriez provoquer de la douleur et aggraver l'inflammation.
- Évitez les cicatrices récentes. Mais vous pouvez frictionner les vieilles cicatrices.
- Ne pressez pas trop sur les varices ou là où la peau est mince et fait facilement des bleus (par exemple chez les diabétiques).

ÉTAPE 1 – Établir le contact
Pour commencer, découvrez un pied et prenez-le doucement entre vos mains. Fermez les yeux et prenez quelques bonnes inspirations en permettant aux tensions de déserter votre corps. (1)

ÉTAPE 2 – Effleurage du pied
Veillez toujours à n'utiliser qu'une infime quantité d'huile lorsque vous traitez les pieds. Trop d'huile vous empêcherait de tenir le pied convenablement. Pensez aussi à empoigner le pied fermement, pour éviter de chatouiller le receveur. En vous servant de vos deux mains, massez bien tout le pied fermement du bout des orteils jusqu'en haut, en incluant le dessus, les côtés et le dessous du pied. Quand vous atteindrez la cheville, glissez vos mains autour puis revenez aux orteils sans exercer de pression. (2)

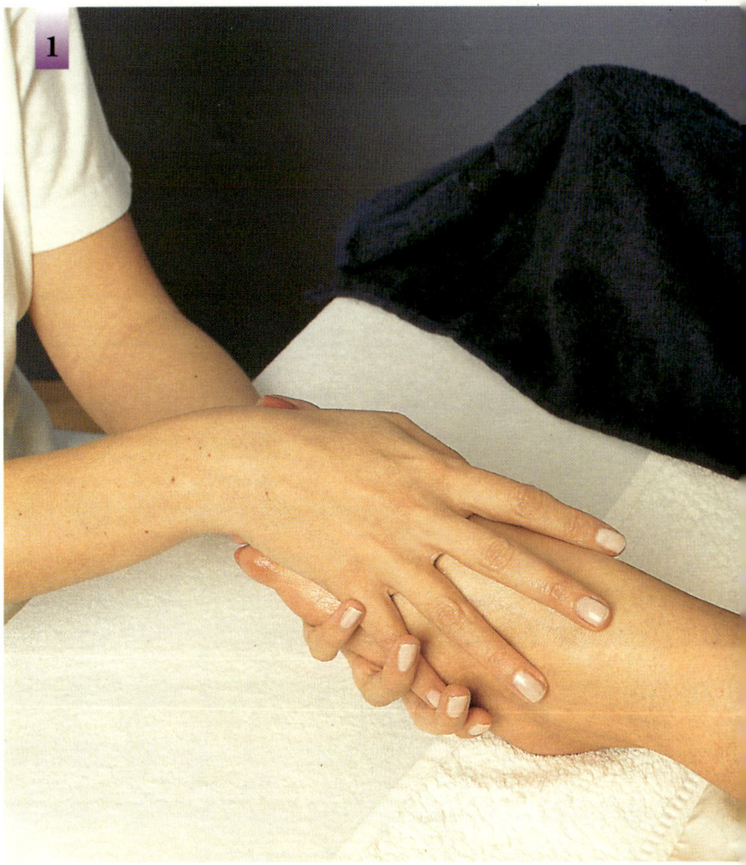

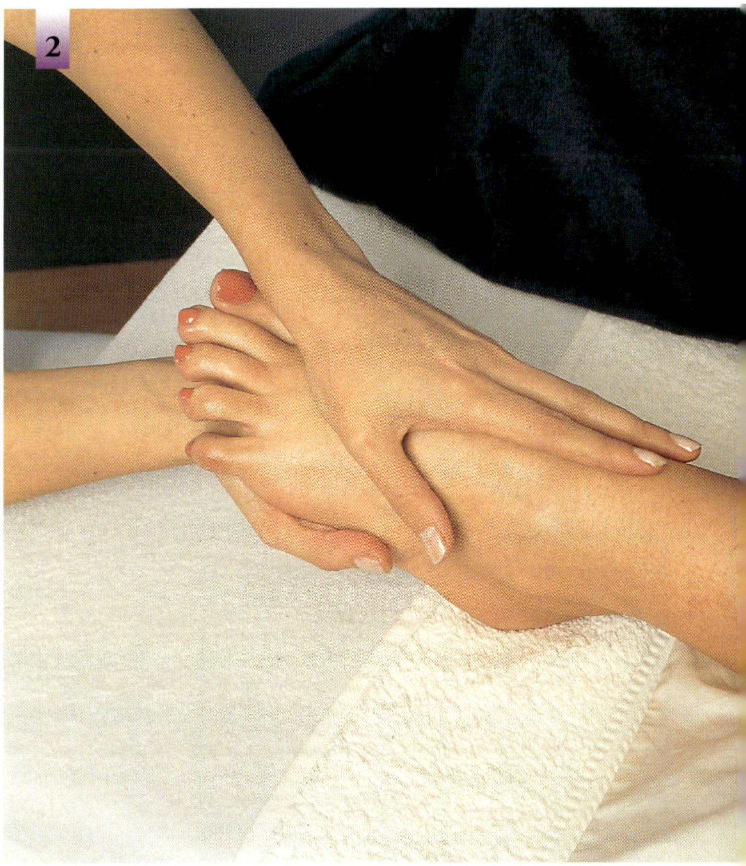

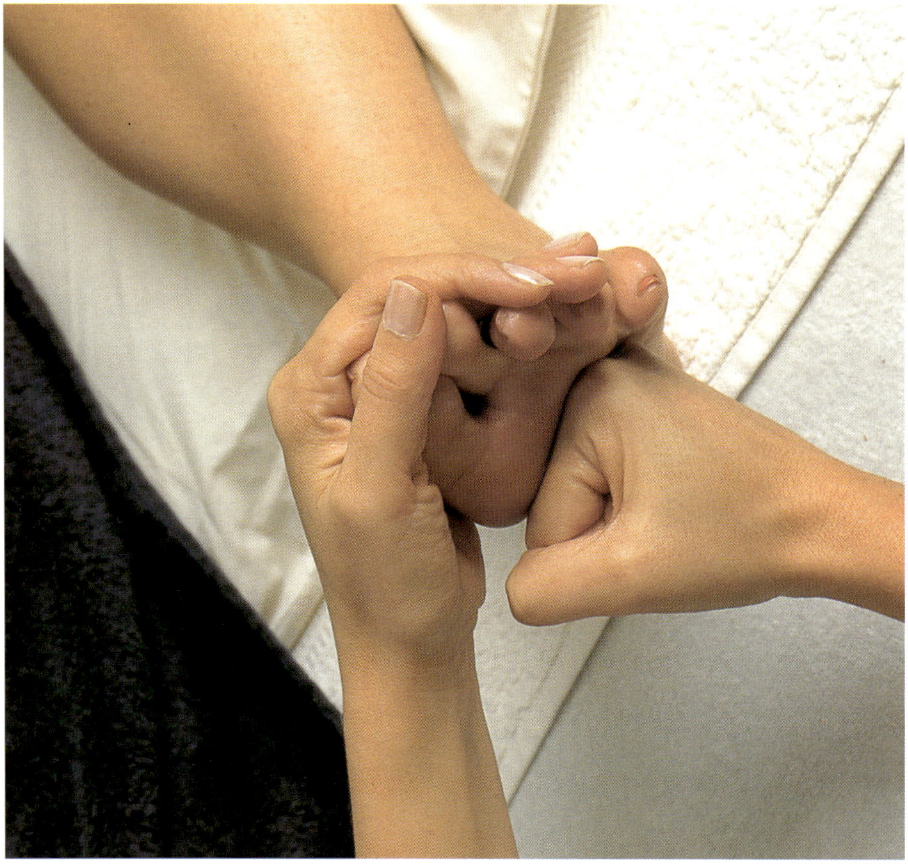

ÉTAPE 3 – Torsion du métatarse
Entourez le pied avec une main, les doigts sur le dessus, le pouce en dessous. Fermez le poing de l'autre main et placez-le sur la partie charnue de la plante du pied. En mouvements circulaires, travaillez de la plante du pied jusqu'au talon. Ces mouvements aident à attendrir les chairs et à détendre la plante du pied.

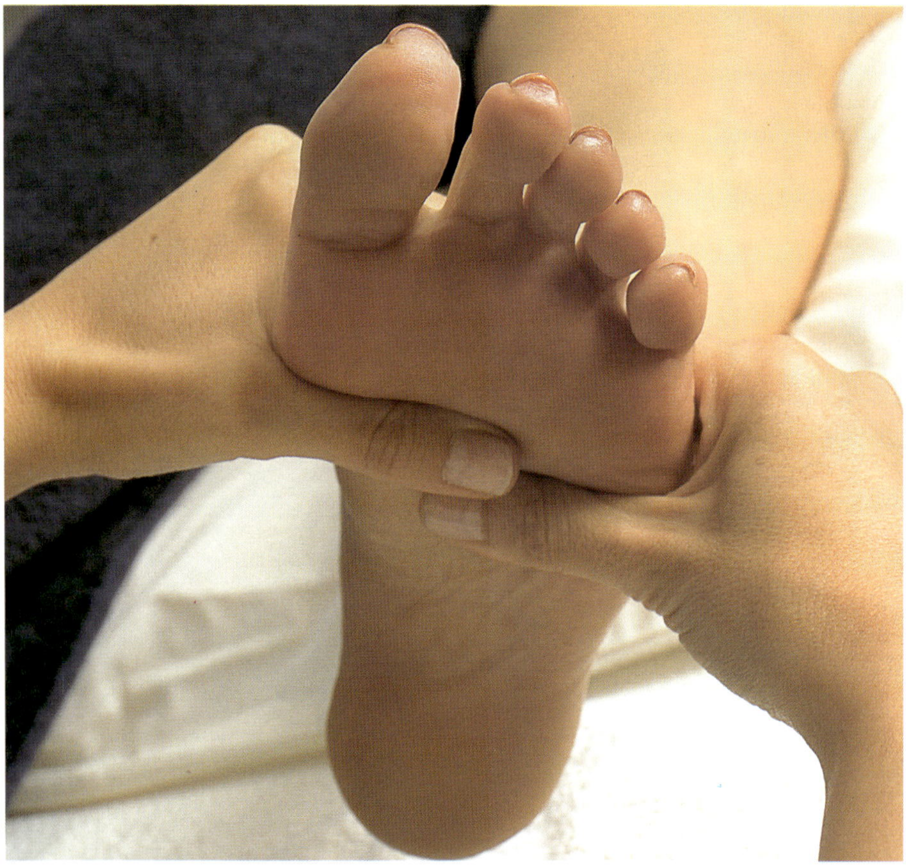

ÉTAPE 4 – Ouverture du pied
Placez vos pouces à plat sur la plante du pied, les doigts sur le dessus. Il faut que l'un des pouces soit légèrement plus haut que l'autre. Écartez les pouces jusqu'aux bords du pied puis ramenez-les à la position de départ. Répétez ce mouvement de la base des orteils jusqu'au talon, puis revenez à votre position de départ. Sentez le pied s'ouvrir sous vos doigts.

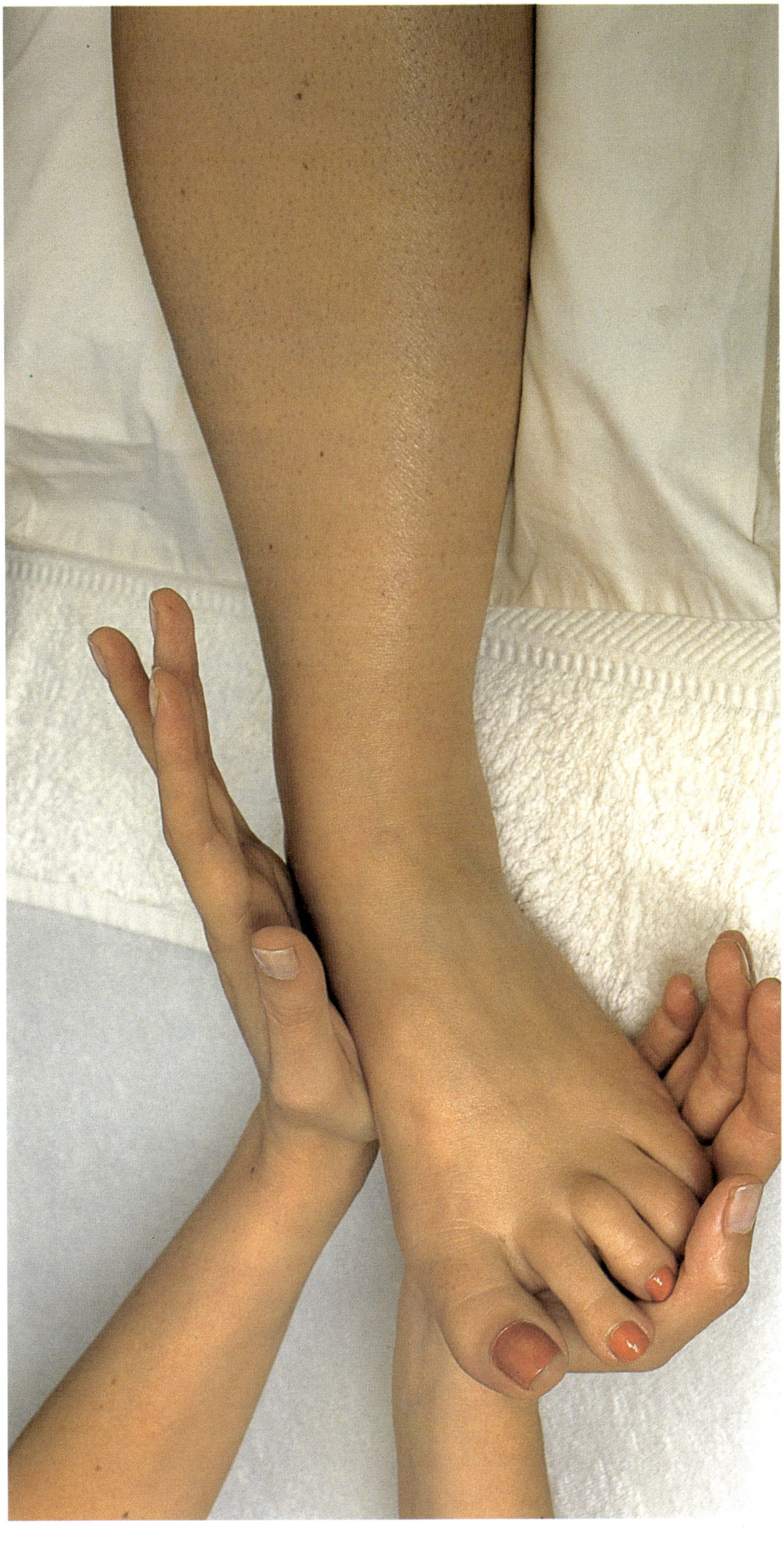

ÉTAPE 5 – Massage de l'intérieur du pied

Non seulement ce mouvement permet au pied de se détendre plus à fond, mais il permet aussi à la colonne vertébrale de s'assouplir: en réflexologie des pieds, la colonne se situe à l'intérieur du pied. Attrapez le talon du pied dans une main, et avec le talon de l'autre main, massez fermement vers l'intérieur du pied en travaillant du gros orteil vers le talon.

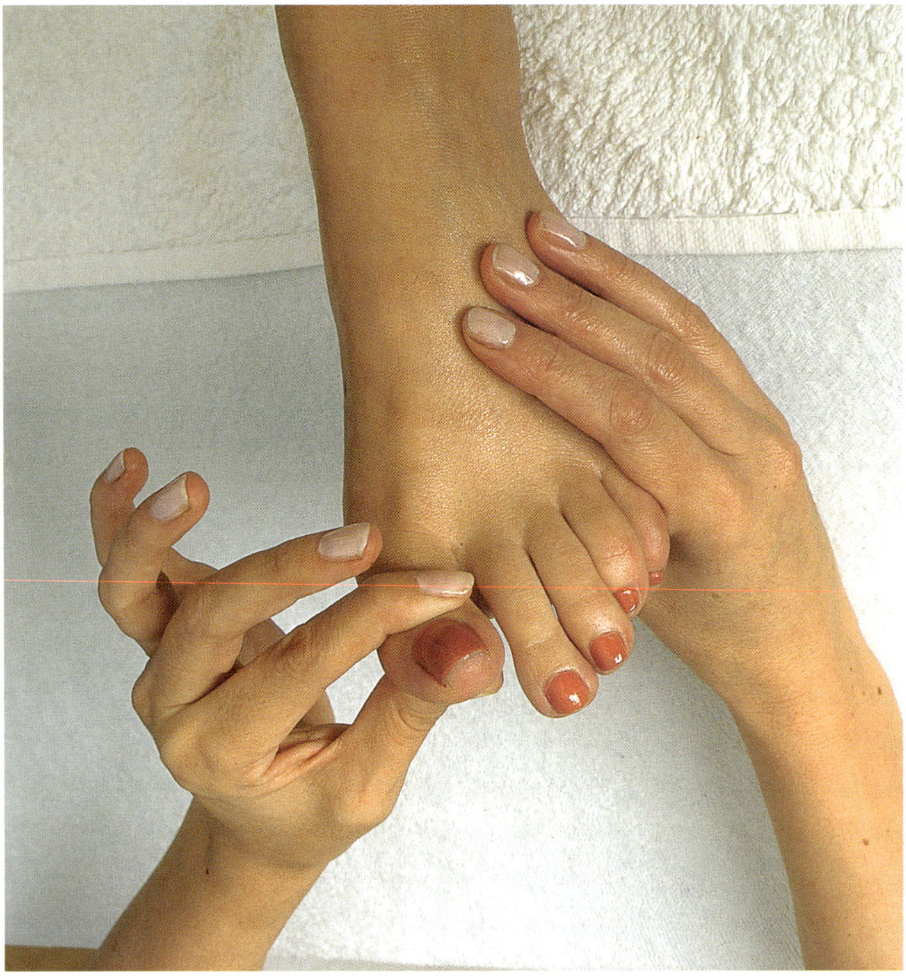

ÉTAPE 6 – Orteils
Massez les articulations des orteils, au bout et à la base, avec de petits mouvements circulaires de friction, pour les assouplir.

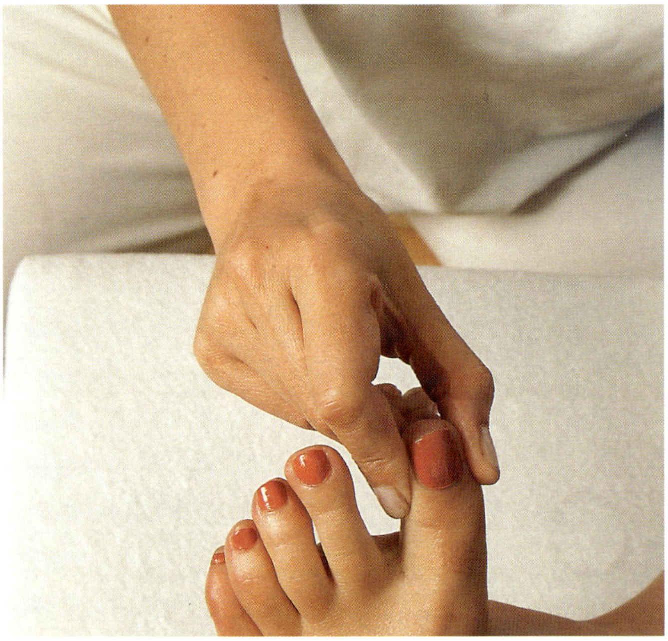

Ensuite, en le tenant entre le pouce et l'index, étirez lentement chaque orteil individuellement.

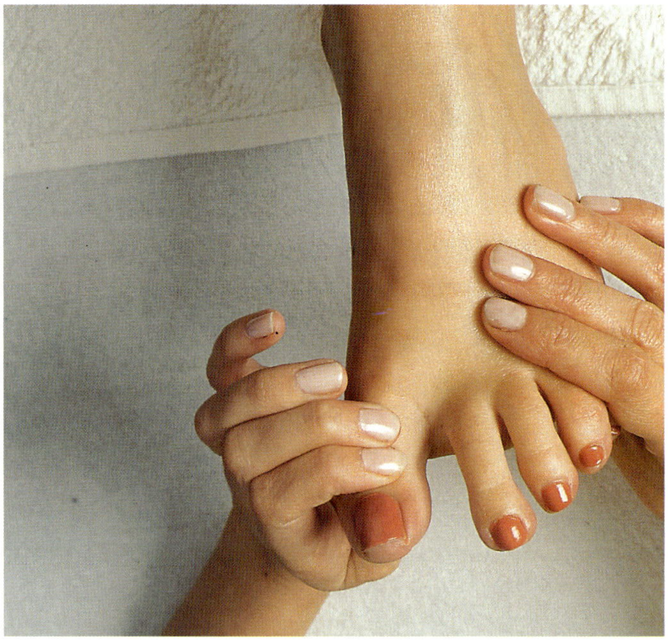

Faites ensuite tourner chaque orteil dans le sens des aiguilles d'une montre et dans le sens contraire. Ces mouvements en amélioreront grandement la flexibilité.

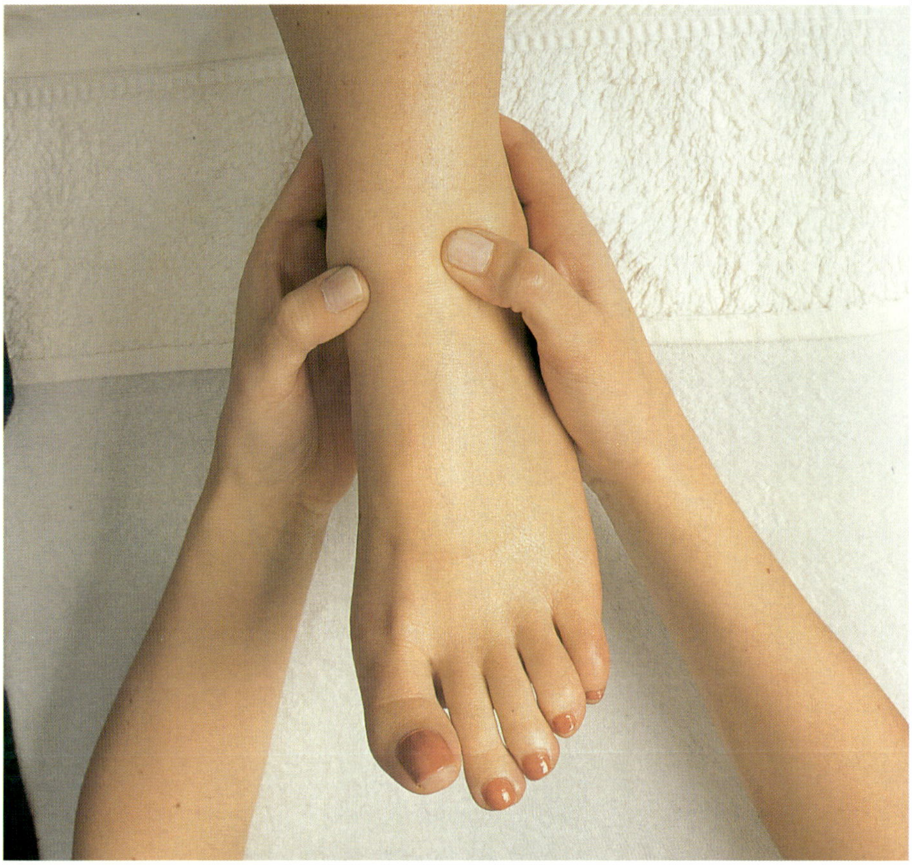

ÉTAPE 7 – Assouplissement de la cheville
Avec vos deux pouces, massez tout autour de l'articulation de la cheville en petits mouvements circulaires et profonds de friction. Si vous rencontrez des régions « grumeleuses », travaillez alors en profondeur pour dissoudre les vieux tissus cicatrisés et pour éliminer les dépôts de déchets.

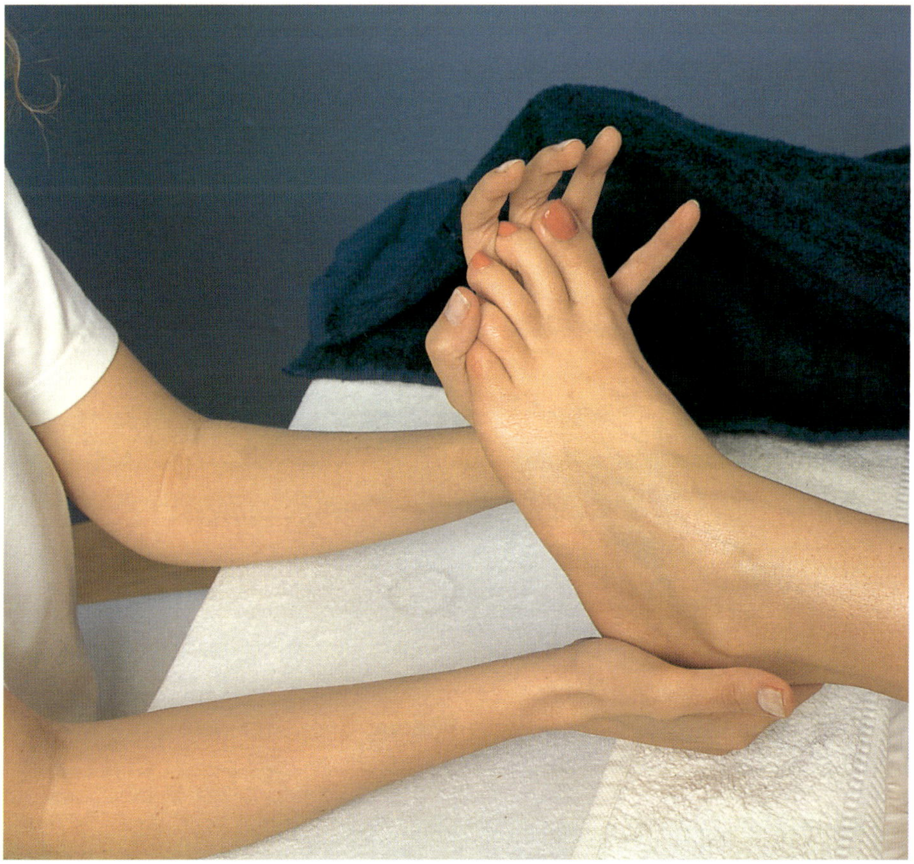

ÉTAPE 8 – Rotation de la cheville
En supportant d'une main le talon du pied, attrapez doucement le haut du pied avec l'autre main. Faites tourner la cheville lentement plusieurs fois dans une direction, puis dans l'autre, pour en assurer la mobilité. Cette technique devrait être appliquée avec précaution s'il y a un problème avec le tendon d'Achille.

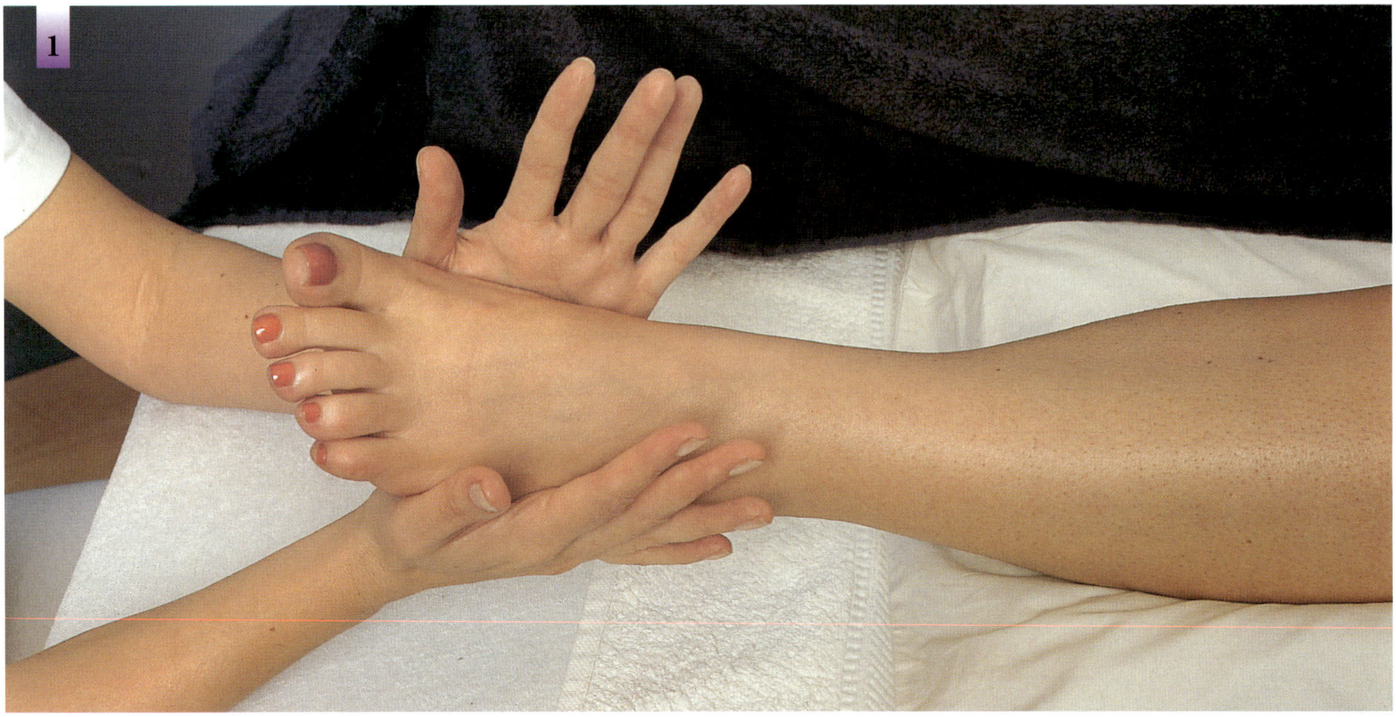

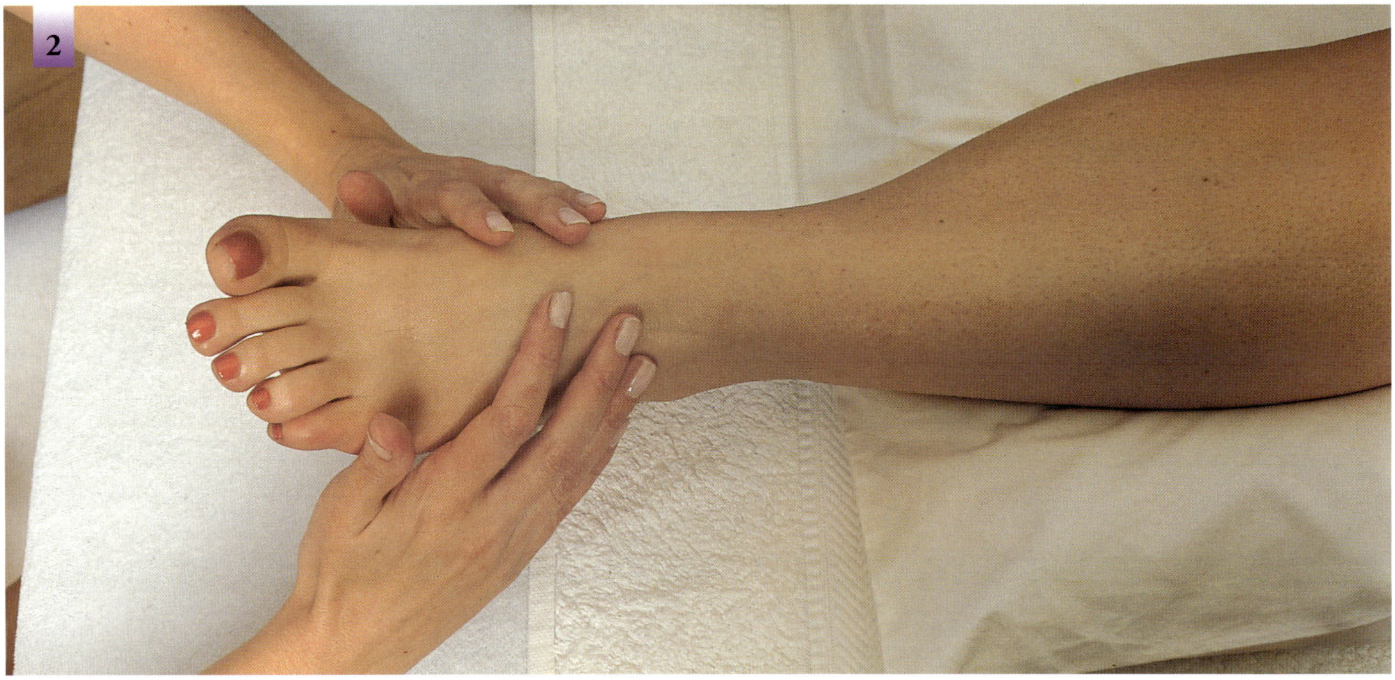

ÉTAPE 9 – Vibrations du pied
Placez les paumes de vos mains de chaque côté du pied. L'une de vos mains doit être légèrement plus haute que l'autre. Déplacez rapidement chacune de vos mains tour à tour, de haut en bas des côtés du pied. Travaillez le long des bords du pied du talon aux orteils, puis dans le sens inverse. Ce mouvement est excellent pour stimuler la circulation, pour relâcher les tensions et augmenter la mobilité du pied. (1, 2)

ÉTAPE 10 – La touche finale: effleurage
En vous servant seulement du bout des doigts de vos deux mains, massez le pied lentement et doucement à partir des orteils, autour de l'os de la cheville et dans le sens inverse. Attrapez ensuite le pied entre vos deux mains et serrez très doucement.

MASSAGE DU DEVANT DE LA JAMBE

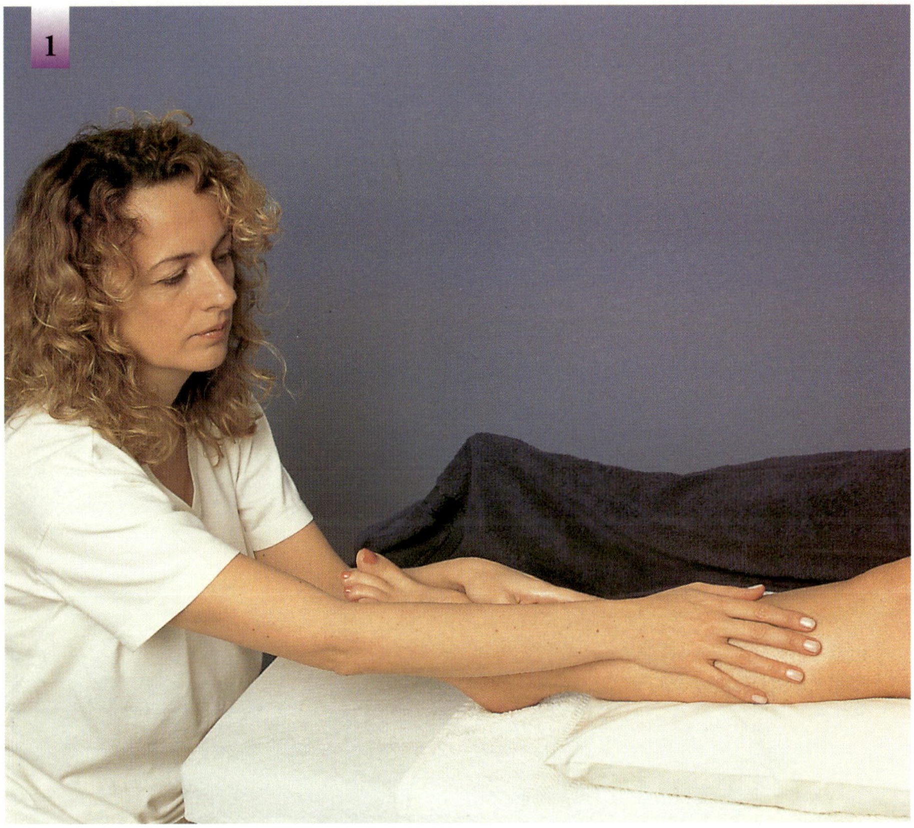

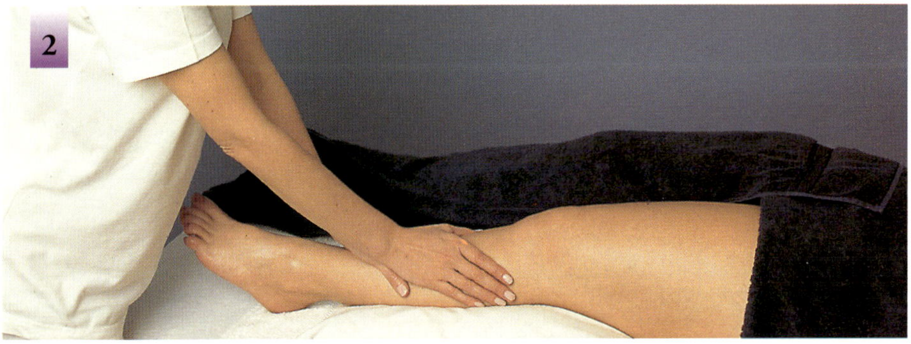

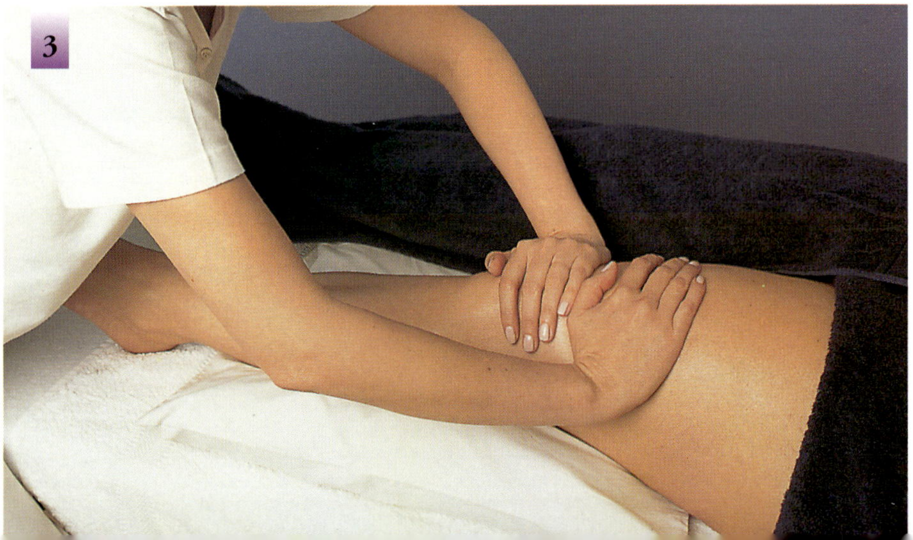

MISE EN GARDE

• Ne massez jamais en présence de thrombophlébite, car le caillot pourrait bouger et causer la mort.

• Faites attention aux varices à un stade avancé. Procédez seulement à un effleurage TRÈS DOUX: un massage ferme pourrait aggraver l'inflammation et la douleur.

• Évitez les cicatrices récentes.

• Ne massez JAMAIS DIRECTEMENT une région enflammée ou enflée de la jambe, par exemple en cas de bursite. Le massage sera bénéfique au-dessus et au-dessous de la région affectée.

• Vérifiez toujours toute bosse suspecte, enflure, grain de beauté, etc.

• Ne massez jamais en présence d'une maladie infectieuse de la peau telle la gale.

• Apportez une attention particulière à la partie avant de la jambe, parce qu'il s'agit d'une région osseuse très sensible. Les personnes âgées, les diabétiques et les individus qui prennent certains médicaments comme les stéroïdes et les médicaments qui éclaircissent le sang peuvent avoir la peau mince et être enclins à se faire des bleus.

ÉTAPE 1 – Établir le contact
Pour commencer, placez les deux mains sur le devant de la jambe et prenez quelques bonnes inspirations. (1)

ÉTAPE 2 – Effleurage de la jambe
Massez fermement en remontant à partir de la cheville jusqu'au haut de la cuisse, puis redescendez doucement en laissant glisser vos mains le long des côtés. Veillez à n'appliquer qu'une légère pression sur la cuisse, vos mains moulant les contours de la jambe. Vous pouvez exécuter l'effleurage avec vos mains en forme de V, une main devant l'autre. (2)

Effleurez avec vos mains en coupe, une main devant l'autre alternativement. (3)

ÉTAPE 3 – Effleurage de la partie inférieure de la jambe

Placez vos deux mains en forme de V sur l'avant de la cheville. Effleurez avec une main en remontant sur l'avant de la jambe.

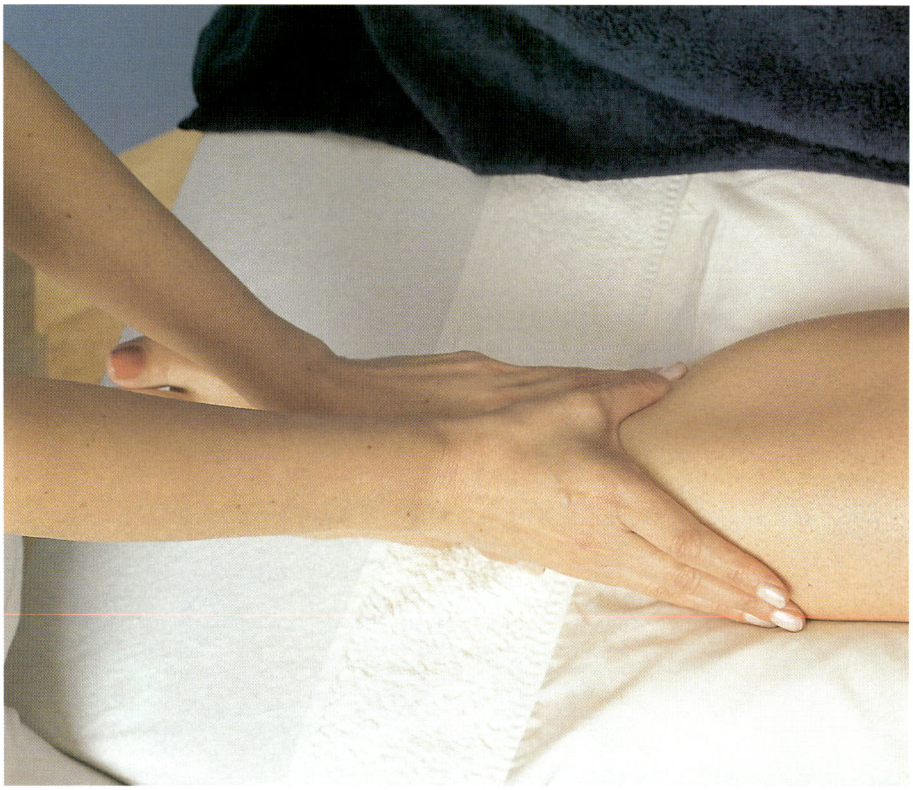

Quand votre première main atteindra le genou, relevez-la et commencez l'effleurage avec l'autre main. Faites très attention, car cette région osseuse de la jambe est souvent très sensible, particulièrement où la peau est mince.

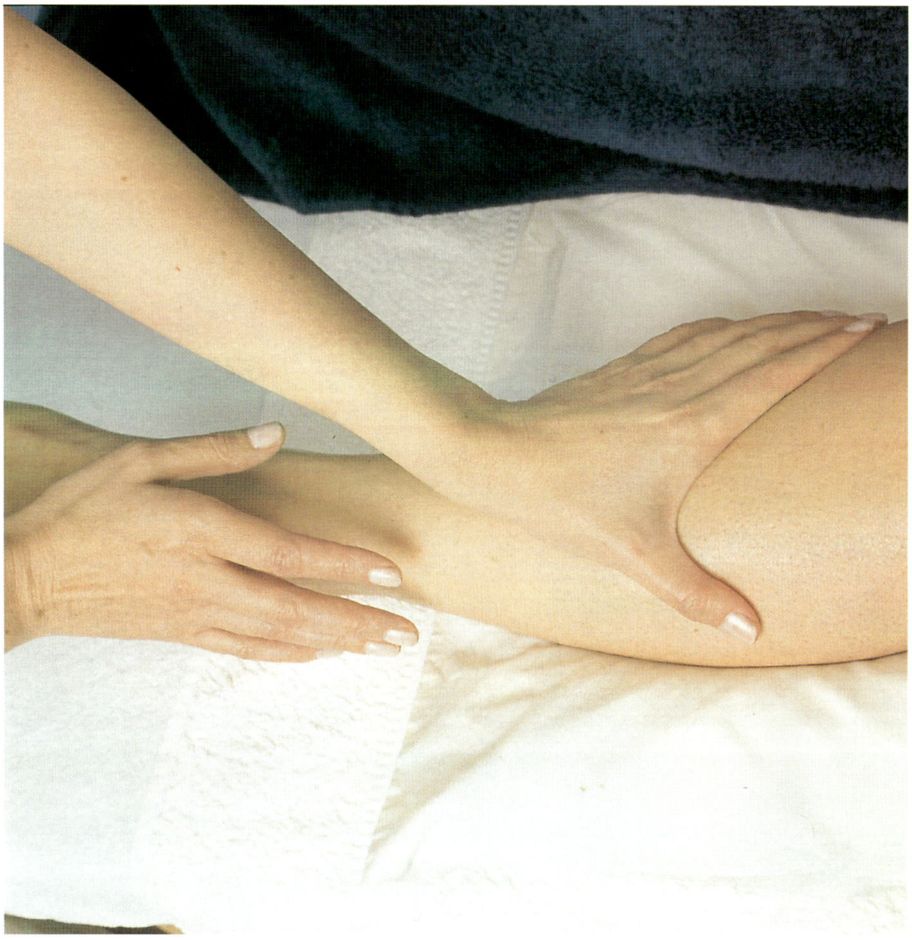

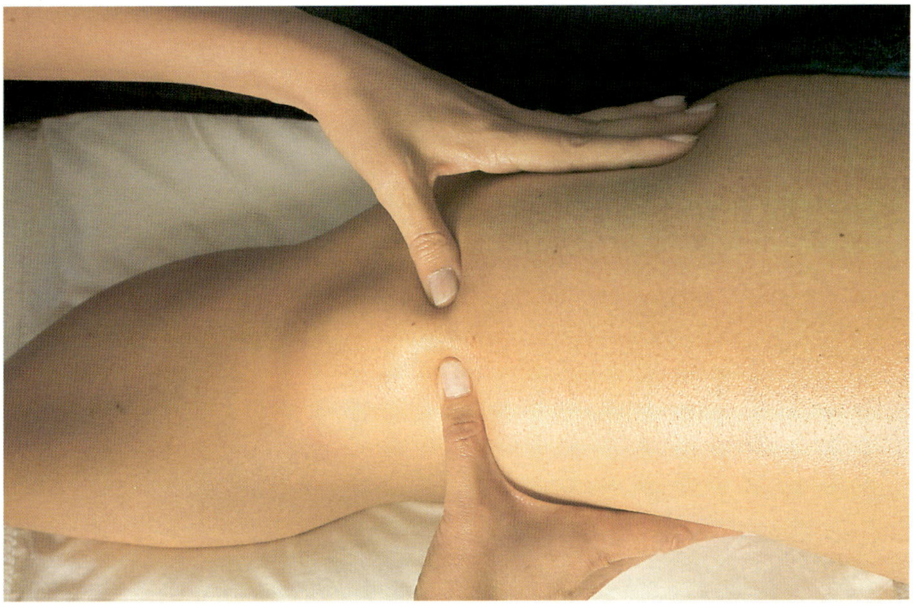

ÉTAPE 4 – Encerclement de la rotule avec les pouces
Placez vos pouces juste au-dessous de l'articulation du genou. Glissez-les doucement autour du genou, un de chaque côté, jusqu'à ce qu'ils se rencontrent au-dessus du genou.

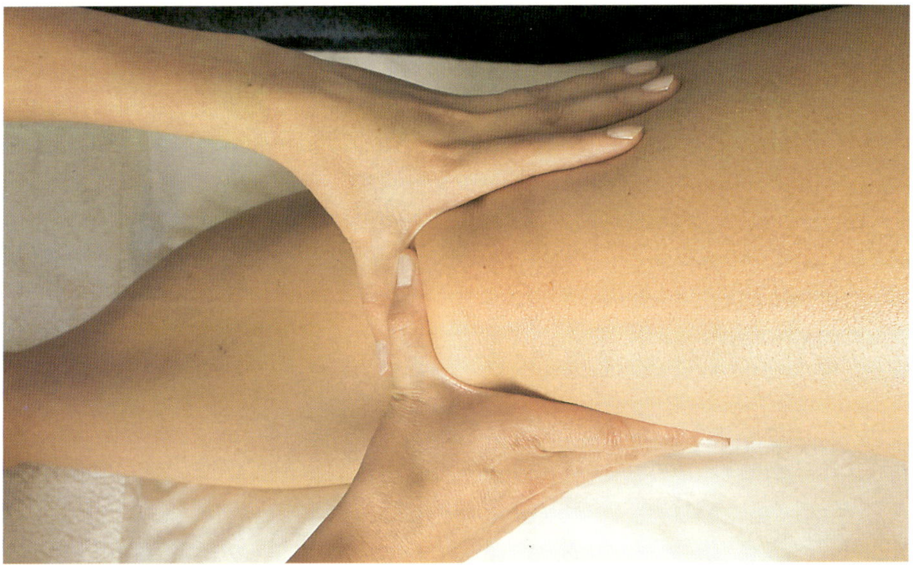

Faites un autre cercle en sens inverse, jusqu'à ce que vos pouces se rencontrent sous le genou.

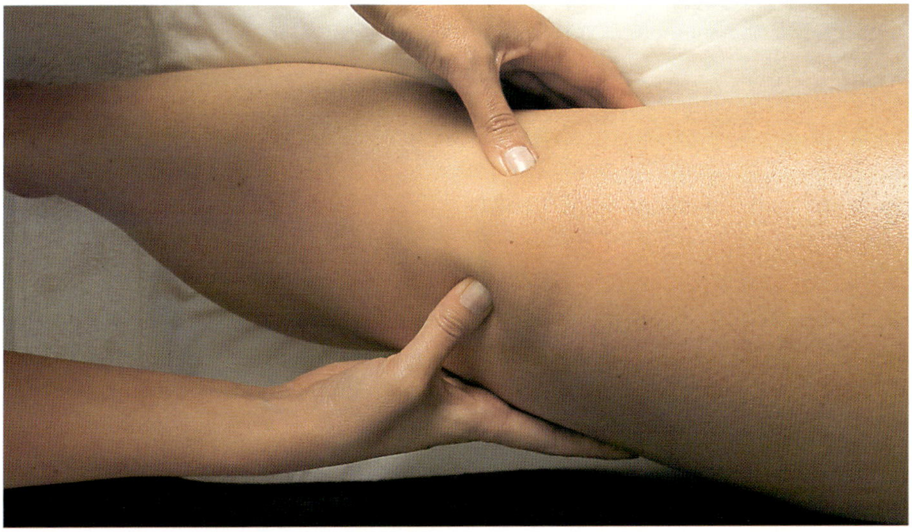

ÉTAPE 5 – Assouplissement de la rotule
Servez-vous de la pulpe de vos pouces pour travailler tout autour de la rotule en petits mouvements circulaires de friction. Cette technique est excellente pour l'arthrite du genou ou pour dissoudre les vieux tissus cicatrisés, tout en donnant plus de mobilité aux articulations. Si le genou est enflammé, rappelez-vous de ne pas masser DIRECTEMENT cette région: massez les muscles au-dessous et au-dessus pour dissiper en douceur tout liquide présent.

ÉTAPE 6 – Effleurage de la cuisse
Placez vos mains juste au-dessus du genou et effleurez fermement le devant de la cuisse. Pour une meilleure pression, massez avec les talons des mains. Revenez à la position de départ en laissant glisser vos mains en douceur.

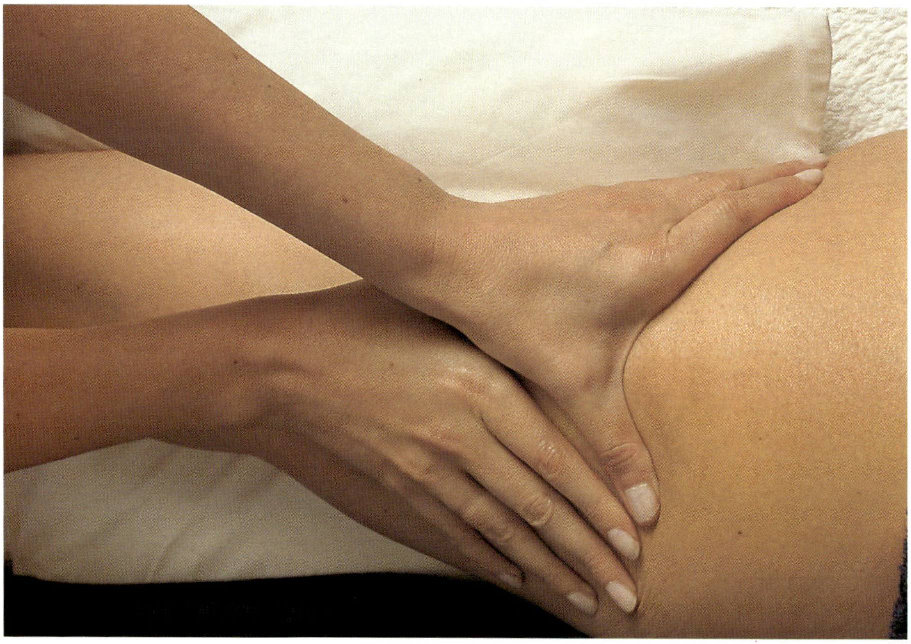

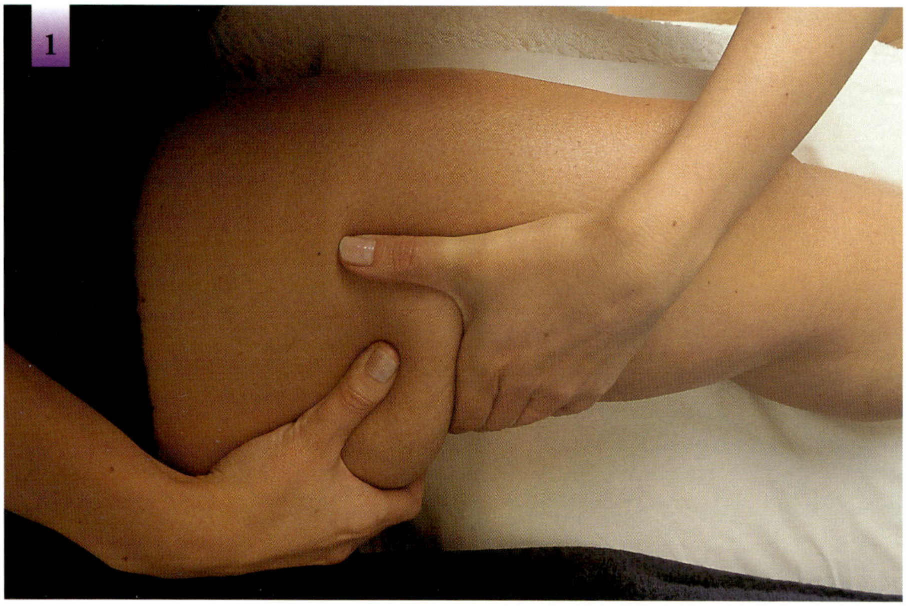

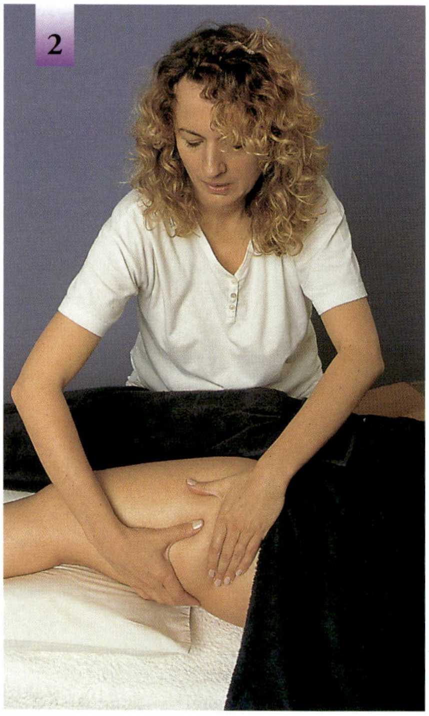

ÉTAPE 7 – Pétrissage de la cuisse
Placez les mains à plat sur la cuisse et tordez les muscles en utilisant vos deux mains alternativement. Massez doucement les muscles très sensibles de l'intérieur de la cuisse. (1)

Alors que vous pétrissez l'extérieur de la cuisse, travaillez du côté opposé du receveur pour un maximum de confort. Ces mouvements vous permettent de faire remonter à la surface les toxines enfouies plus profondément, tout en délogeant et en éliminant les dépôts graisseux. Vous devriez noter une réelle amélioration du tonus musculaire, tout comme de l'apparence de la cuisse, après un certain temps. (2)

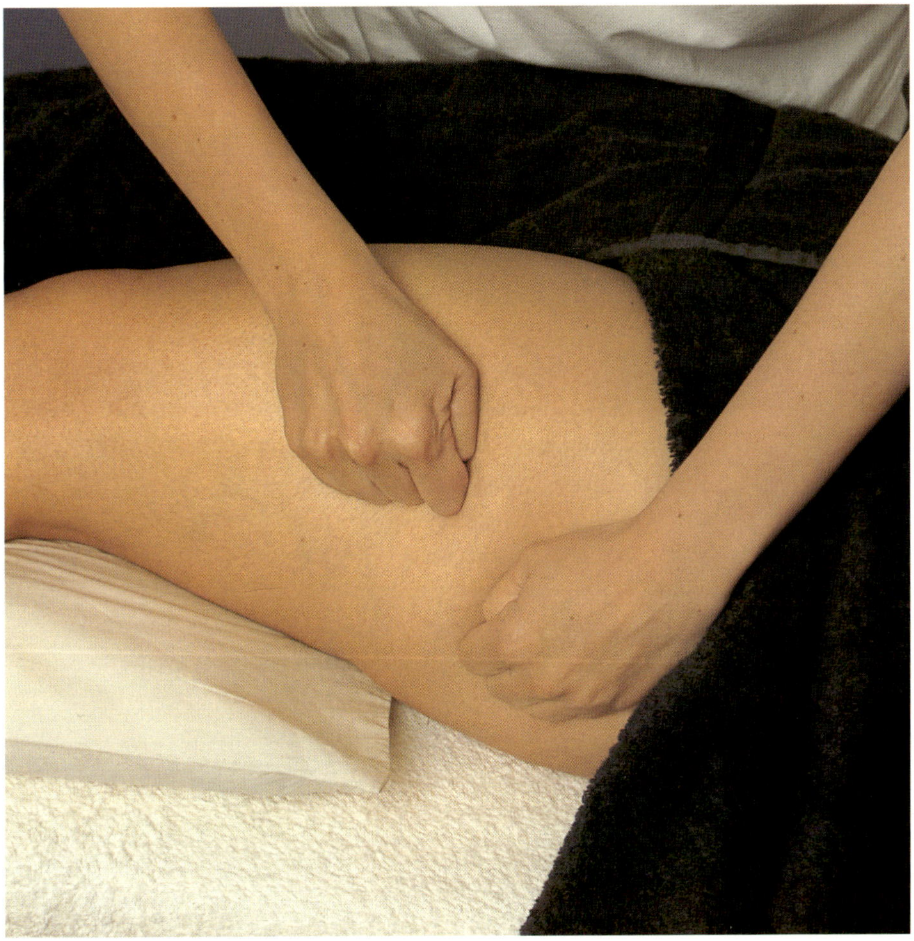

ÉTAPE 8 – Massage de la cuisse avec les jointures
Pour dissoudre les dépôts graisseux et la cellulite dans les régions affectées, fermez vos poings et servez-vous de vos jointures en mouvements circulaires.

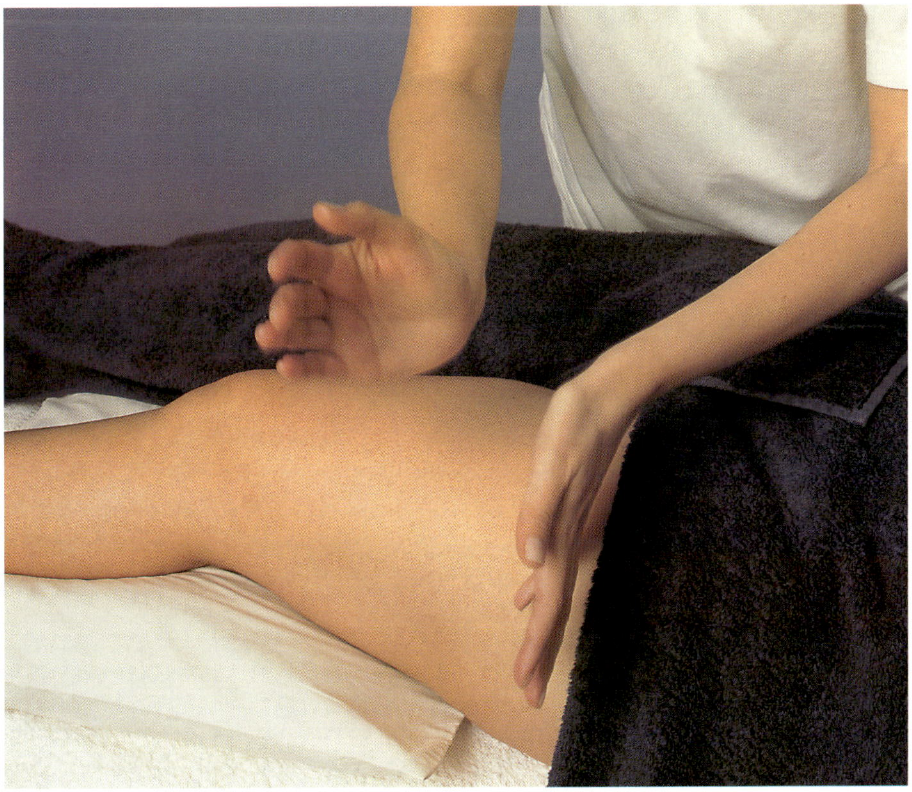

ÉTAPE 9 – Tapotement de la cuisse
Lorsque vous travaillez sur le devant de la jambe, les mouvements de percussion doivent être réservés à la cuisse en évitant la partie inférieure de la jambe, trop osseuse et sensible. Tapotez, hachurez et martelez la cuisse pour améliorer la circulation, déloger les dépôts graisseux et assurer un meilleur tonus musculaire.

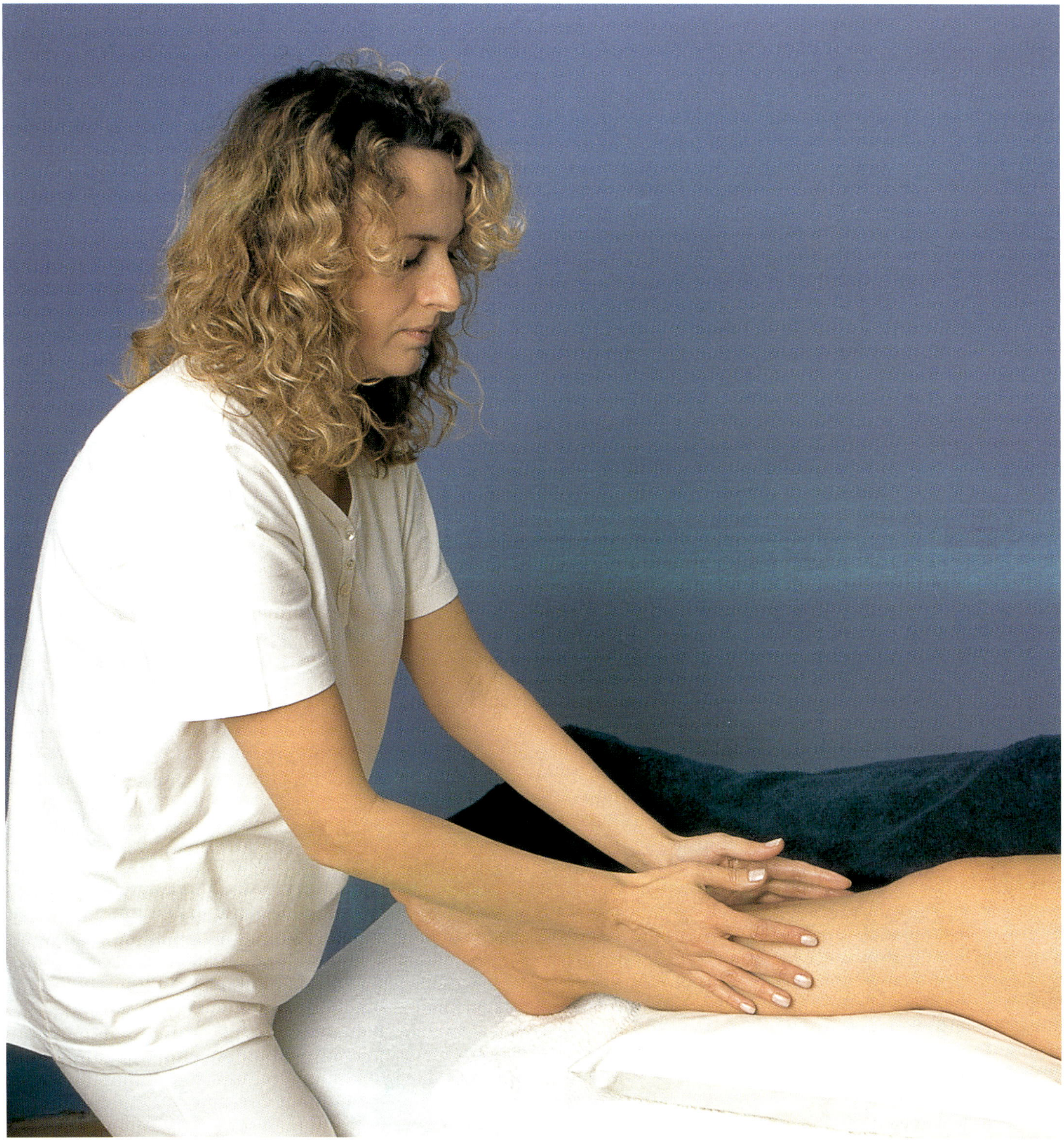

ÉTAPE 10 – La touche finale: effleurage de la jambe
Massez toute la jambe à partir de la cheville jusqu'au haut de la cuisse pour vous assurer que toutes les toxines restantes sont parfaitement dissipées. Graduellement, diminuez la pression jusqu'à ce que le bout de vos doigts touche à peine la peau. Laissez reposer vos mains sur le pied et serrez-le doucement avant de les retirer lentement et en douceur. Répétez au complet sur l'autre jambe.

MASSAGE DE L'ABDOMEN

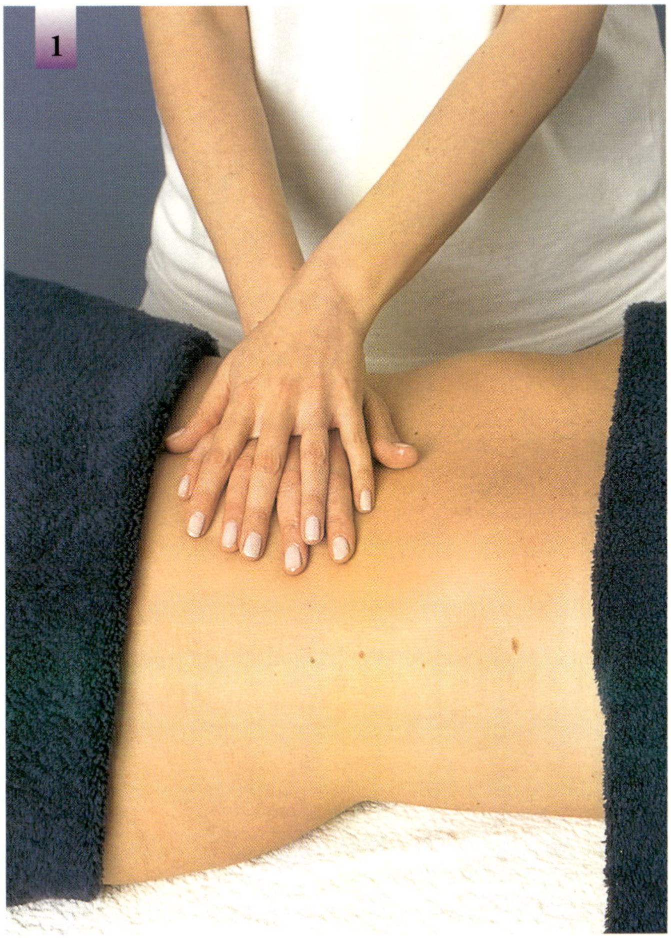

BIENFAITS D'UN MASSAGE ABDOMINAL

• Aide à améliorer les problèmes digestifs tels la constipation, le syndrome du côlon irritable et les flatulences.
• Aide à restaurer le tonus musculaire de sorte que l'abdomen s'aplatisse et que les organes internes puissent être retenus en position normale.
• Les vergetures et contractures de cicatrices peuvent être prévenues ou réduites à un minimum.
• La rétention d'eau, qui se produit souvent durant le syndrome prémenstruel, peut être empêchée.
• Les tensions sont soulagées et les émotions qui sont emmagasinées dans l'abdomen peuvent être ramenées à la surface et relâchées.

MISE EN GARDE

• Durant la grossesse. S'il y a un risque ou des antécédents de fausse couche, prenez garde durant les trois premiers mois. Le massage est excellent durant la grossesse, car il permet un lien étroit entre parent et enfant et calme autant la mère que le bébé.
• Évitez les cicatrices récentes.
• Ne massez jamais l'abdomen en présence d'une maladie inflammatoire comme une gastrite.
• Ne massez jamais l'abdomen en présence d'une maladie de peau infectieuse ou de toute bosse suspecte.
• Si la vessie est pleine, demandez au receveur de passer aux toilettes avant de lui faire un massage du ventre.
• Évitez de converser et de rire, sinon les muscles se contracteront, rendant le massage de l'abdomen très ardu.

ÉTAPE 1 – Établir le contact
Mettez vos mains à plat sur le nombril, l'une par-dessus l'autre, et prenez quelques bonnes inspirations. (1)

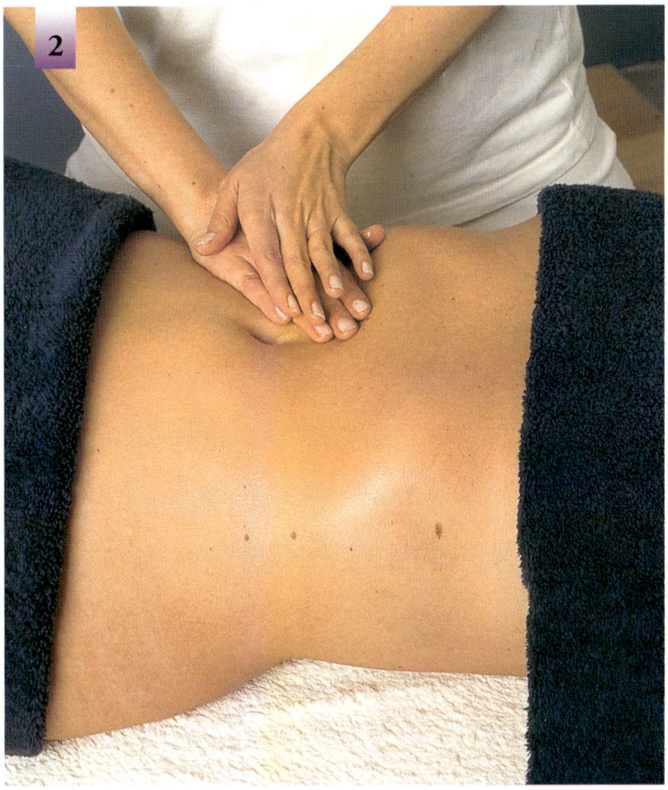

ÉTAPE 2 – Effleurage circulaire: une main par-dessus l'autre
Installez-vous du côté droit du receveur pour pouvoir masser autour du côlon, dans la bonne direction. Une main par-dessus l'autre, commencez à imprimer des cercles sur l'abdomen lentement et en douceur, dans le sens des aiguilles d'une montre. Graduellement, augmentez la largeur des cercles de manière à masser tout l'abdomen. À mesure que le receveur se détend, vous pourrez augmenter la profondeur et l'intensité de l'effleurage. (2)

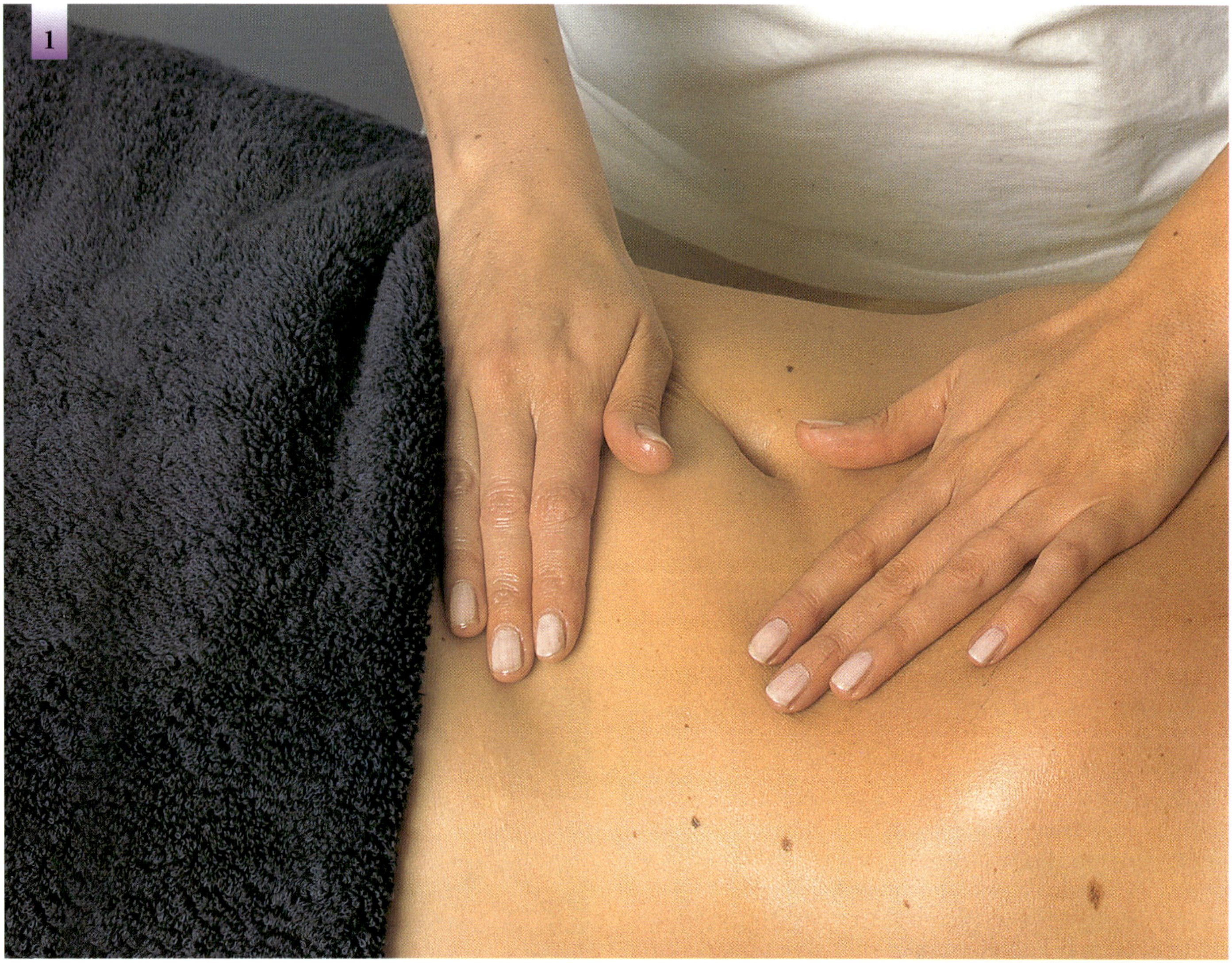
1

ÉTAPE 3 – Effleurage circulaire: une main à la suite de l'autre
Maintenant, massez l'abdomen en mouvements circulaires, une main à la suite de l'autre, toujours dans le sens des aiguilles d'une montre. Commencez avec votre main droite. (1)

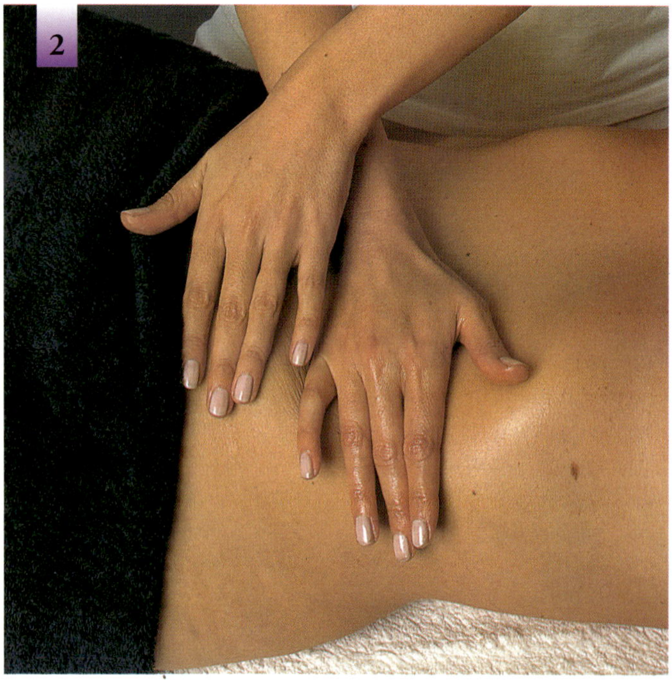
2

Alors que vous massez en faisant des cercles, vos bras vont se croiser et vous devrez soulever une main en douceur pour la passer par-dessus l'autre. (2)

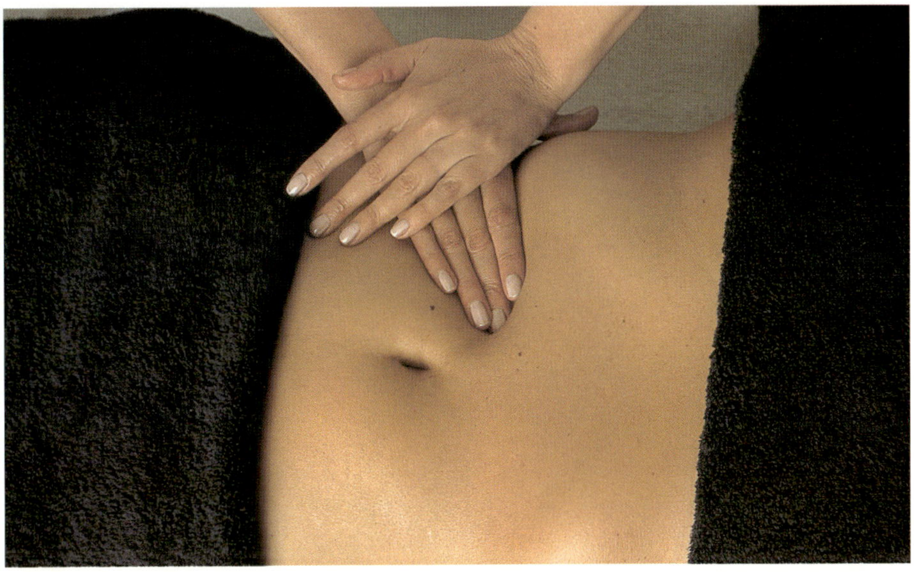

ÉTAPE 4 – Massage du côlon
Les mouvements circulaires de friction sont particulièrement efficaces pour soulager la constipation. Placez votre main droite au bas du côté droit de l'abdomen. Placez l'autre main par-dessus la première pour plus de stabilité. En vous servant de la surface plane de vos trois doigts du milieu, exécutez de petits mouvements circulaires de friction en suivant le côlon.

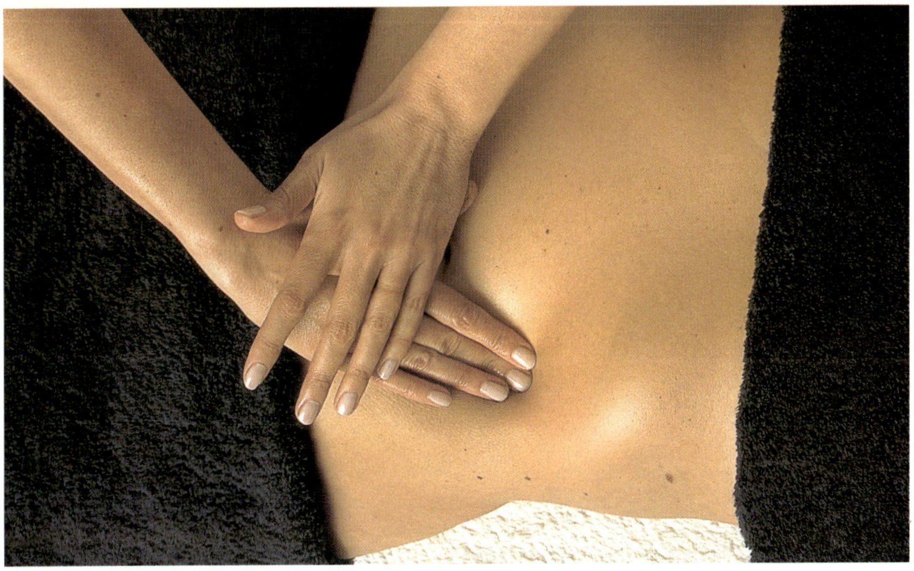

Travaillez du côté droit de l'abdomen (côlon ascendant), puis en travers de l'abdomen, au-dessus du nombril (côlon transversal).

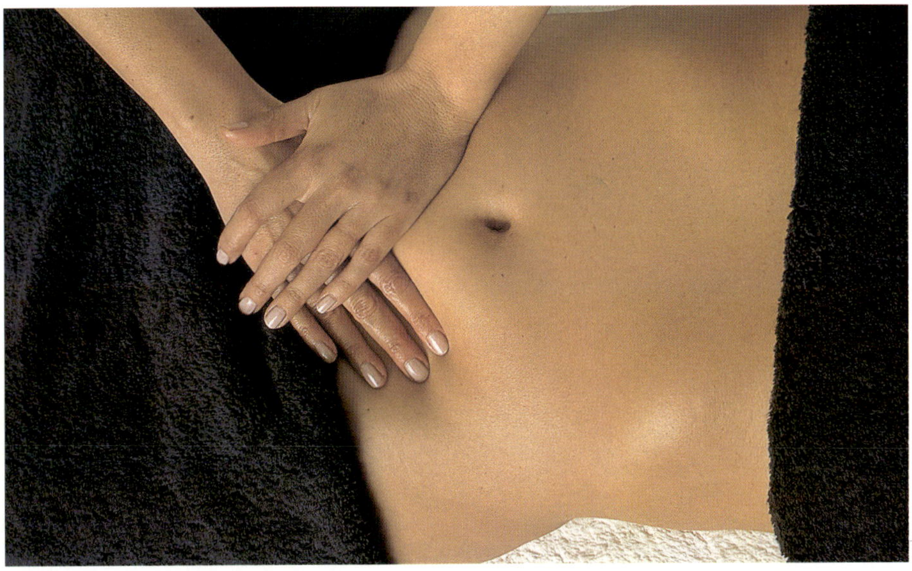

Travaillez ensuite du côté gauche de l'abdomen (côlon descendant), puis en travers de l'abdomen, sous le nombril (côlon transversal).

ÉTAPE 5 – Drainage de l'abdomen
Cette technique est excellente en cas de ballonnements ou de rétention d'eau, qui peuvent être particulièrement pénibles avant les règles.

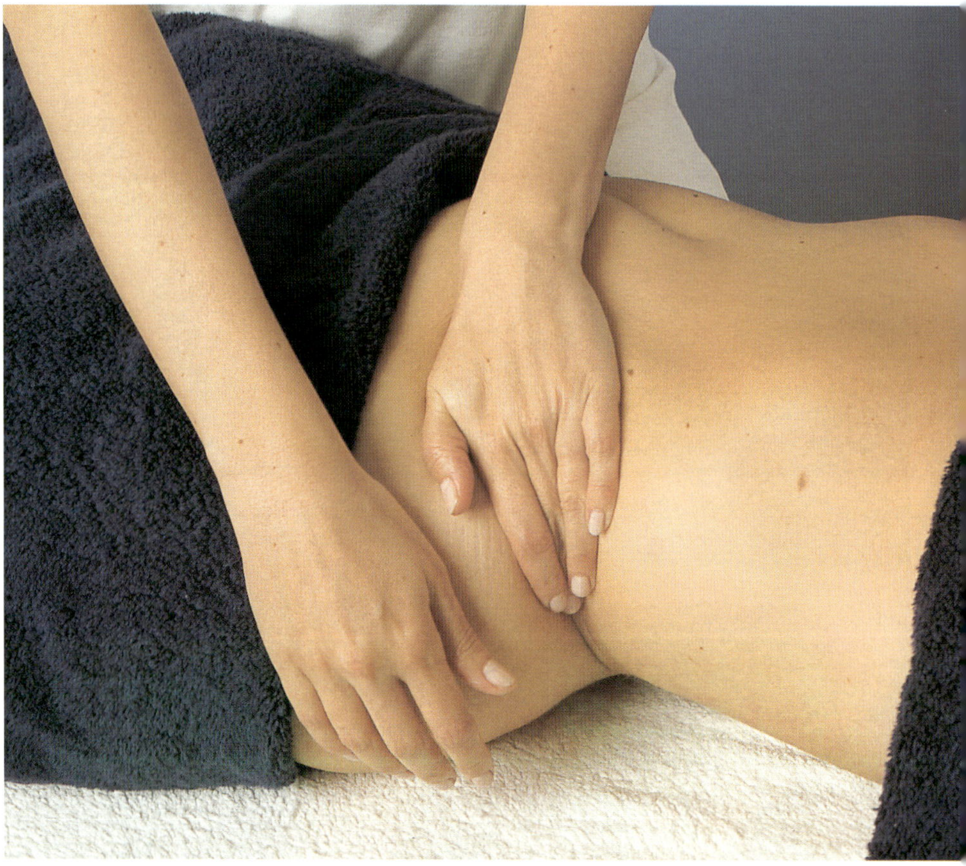

Avec une main, allez le plus loin possible sur le côté de l'abdomen, puis lentement et en douceur, remontez le côté de l'abdomen. Repoussez ensuite en diagonale en travers de l'abdomen, en direction de la vessie. Lorsque vous soulevez une main, répétez le mouvement avec l'autre main. Cette manœuvre soulage énormément et fait autant de bien au dos qu'à l'abdomen.

Répétez de l'autre côté de l'abdomen. Vous pouvez également drainer les deux côtés de l'abdomen en même temps, tel qu'illustré ici.

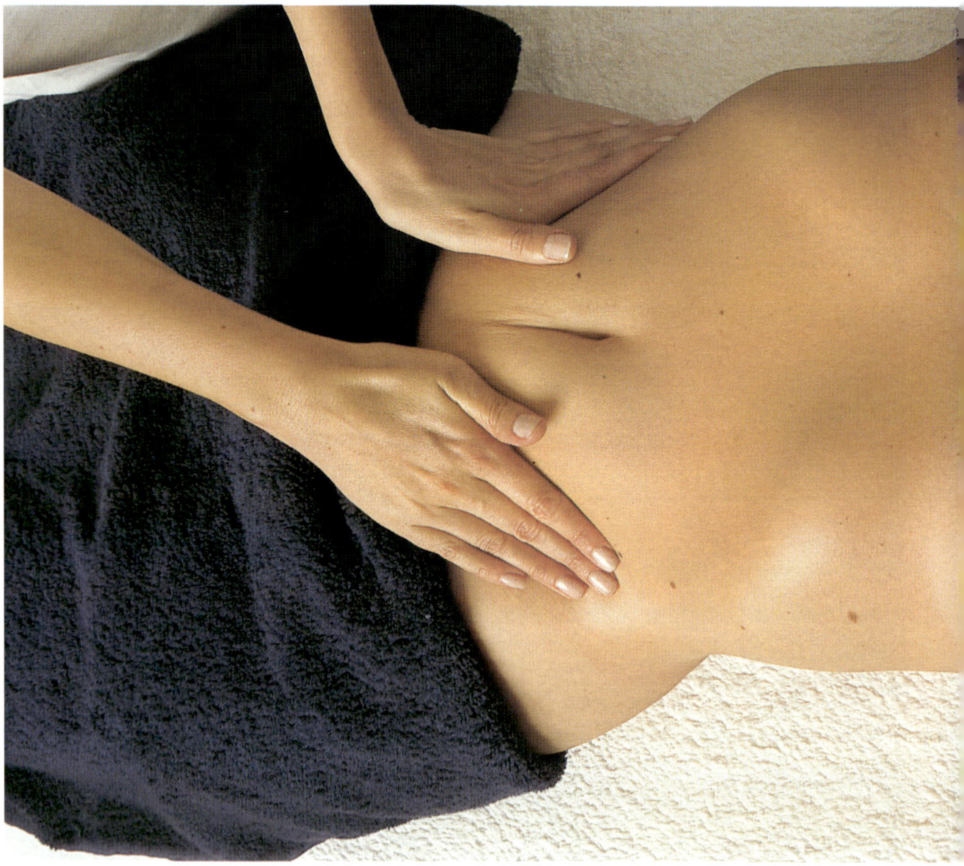

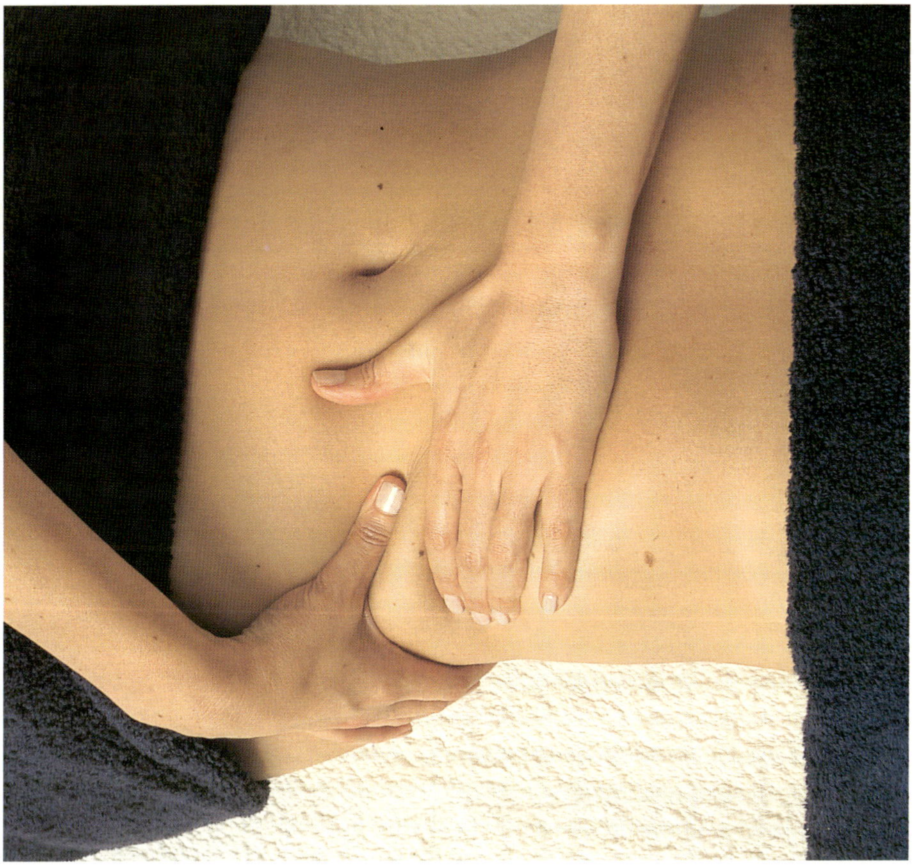

ÉTAPE 6 – Pétrissage de l'abdomen
Pétrissez en douceur la région de la taille et des hanches, en serrant puis en relâchant la chair alternativement, pour éliminer les toxines et détruire les dépôts adipeux.

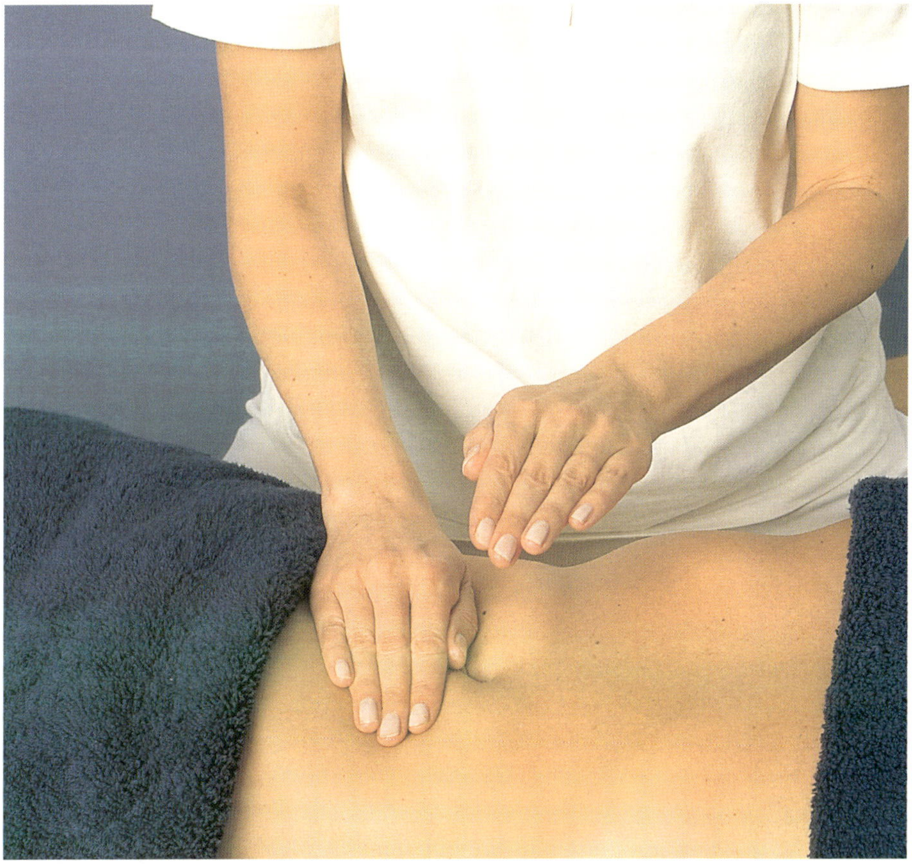

ÉTAPE 7 – Percussion et hachures en douceur
Tapotez l'abdomen pour augmenter le tonus musculaire et pour stimuler le côlon. Bien entendu, les mouvements de percussion doivent être TRÈS doux, puisque l'abdomen est une région très sensible. Évitez de tapoter en cas de grossesse, d'inflammation ou d'irritation dans l'abdomen. On peut également, si nécessaire, procéder par hachures ou hachures légères.

ÉTAPE 8 – Massage du bout des doigts
Répétez l'effleurage, une main après l'autre, en vous servant de la pulpe de vos doigts à la place de toute la main. Laissez vos mouvements devenir de plus en plus légers jusqu'à ce que vous touchiez à peine la peau.

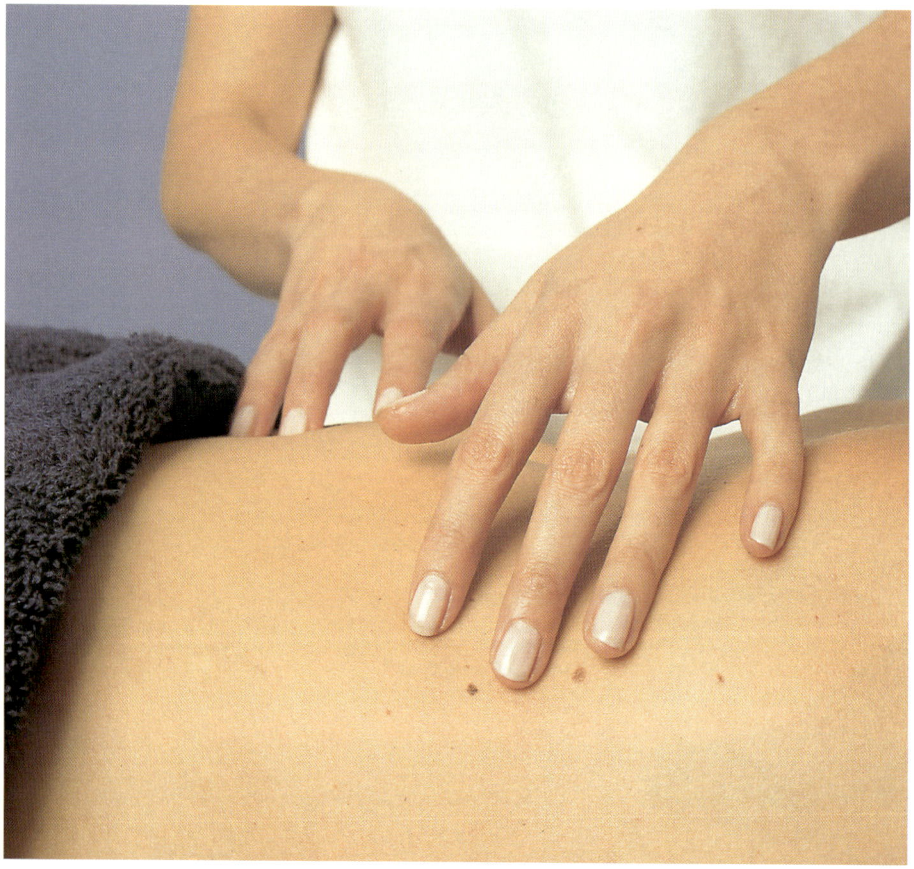

ÉTAPE 9 – La touche finale: mains au repos sur le nombril
Laissez reposer vos mains une par-dessus l'autre sur le nombril; vous sentirez monter la chaleur. Laissez-les là un moment jusqu'à ce que vous notiez que le receveur respire plus lentement et profondément. Soulevez-les ensuite doucement en emportant toutes les tensions loin du corps.

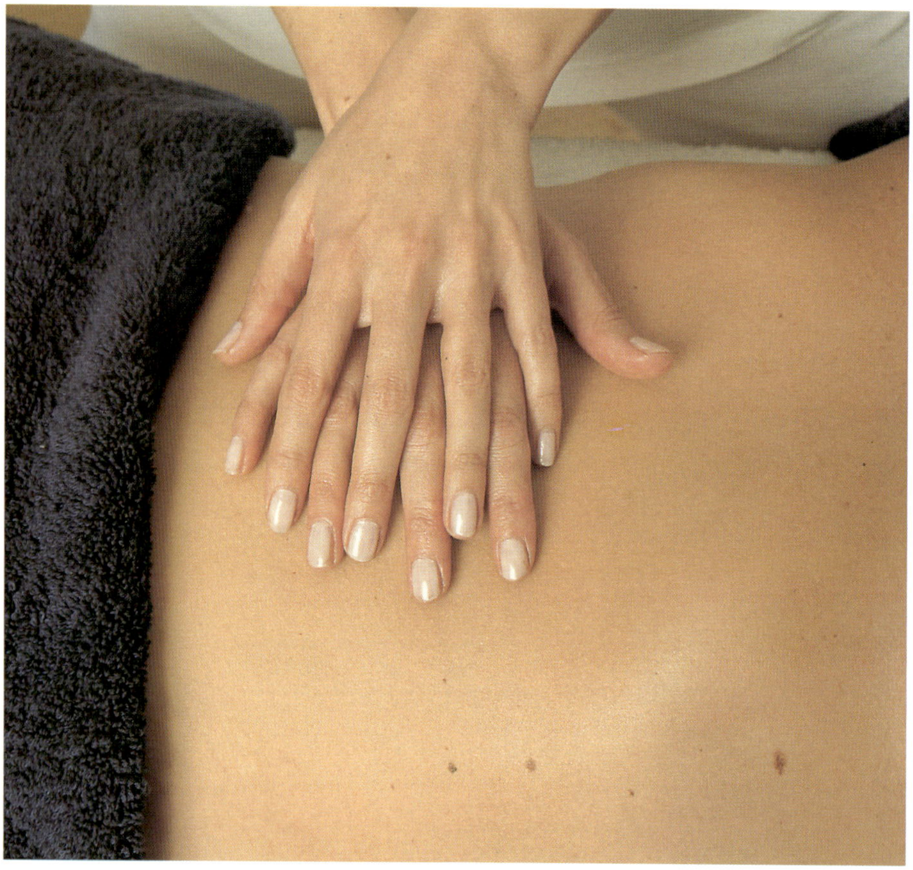

MASSAGE DU BRAS ET DE LA MAIN

BIENFAITS DU MASSAGE DU BRAS ET DE LA MAIN

- Améliore la circulation.
- Augmente la mobilité des articulations; utile pour les problèmes d'arthrite, de rhumatismes, ou encore pour les vieilles blessures sportives.
- Réduit l'enflure des bras.
- Aide à évacuer les déchets contenus dans les tissus.
- Améliore le tonus musculaire.
- Constitue un traitement pour tout le corps. Selon la réflexologie des mains, toutes les parties du corps sont reproduites en miniature dans les mains.
- Soulage les tensions et aide à évacuer les émotions bloquées.
- Soulage l'épicondylite, les entorses, tensions et blessures dues à un usage abusif.

MISE EN GARDE

- Ne massez jamais des articulations enflées ou enflammées. Travaillez au-dessus et au-dessous de la région affectée.
- Évitez les cicatrices récentes. Les vieilles cicatrices peuvent être massées.
- Faites attention à la région délicate de l'intérieur du coude.
- Examinez toujours les bosses et autres aspérités.
- Attention aux maladies de peau infectieuses.

ÉTAPE 1 – Établir le contact
Placez doucement les deux mains sur le bras. En inspirant, vous sentirez la tension s'estomper dans la main et le bras. (1)

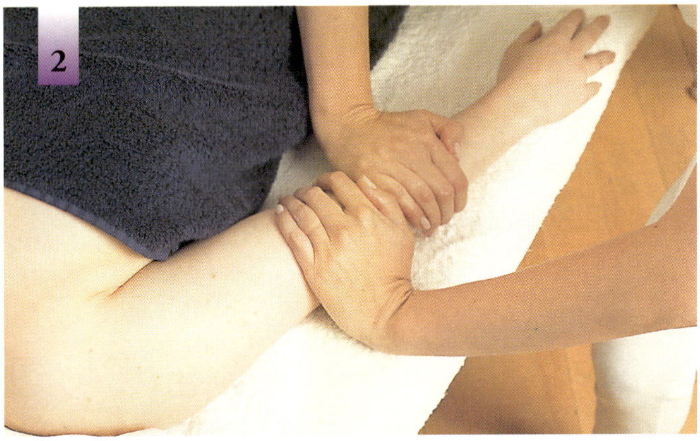

ÉTAPE 2 – Effleurage du bras
Placez vos mains en coupe sur le poignet du receveur et massez fermement en remontant jusqu'à l'épaule. (2)

Quand vous atteindrez le haut du bras, ouvrez vos mains et faites-les glisser avec légèreté jusqu'à votre point de départ. (3)

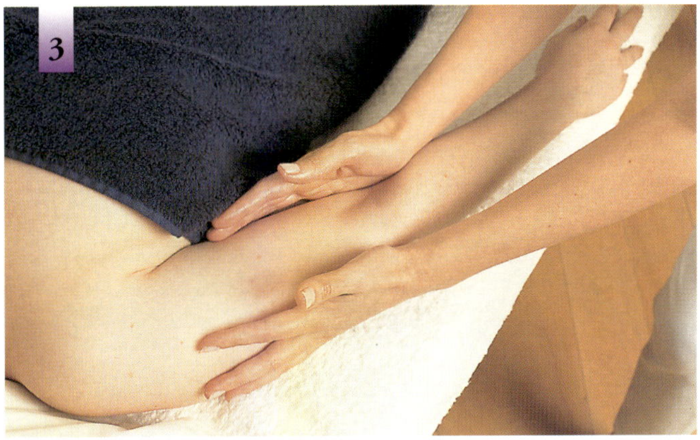

Vous pouvez également effleurer un bras avec une main. Prenez soin de supporter l'avant-bras d'une main pendant que vous pratiquerez l'effleurage de l'autre main. Laissez-la ensuite glisser vers le bas pour recommencer avec l'autre main. Cette technique vous permet de masser aisément les deux côtés du bras.

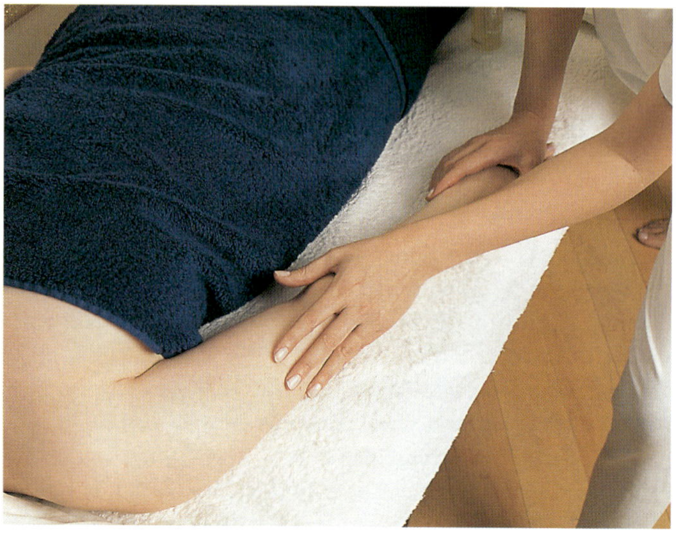

ÉTAPE 3 – Friction de l'épaule
Servez-vous de vos deux pouces pour exécuter de lents mouvements circulaires tout autour de l'épaule, pour augmenter la mobilité de l'articulation et pour dissoudre les vieux tissus cicatrisés.

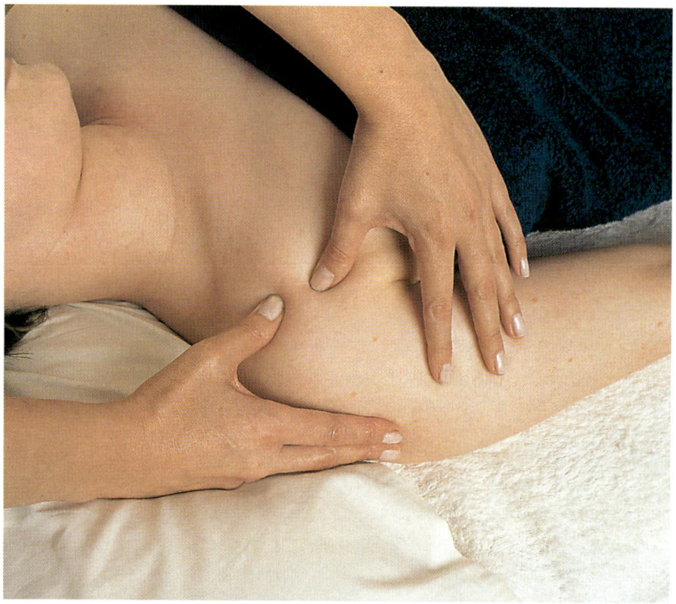

ÉTAPE 4 – Pétrissage du haut du bras
Travaillez des deux mains pour serrer en cadence et ramenez le muscle à vous afin de libérer tous les déchets qui se sont accumulés dans les tissus.

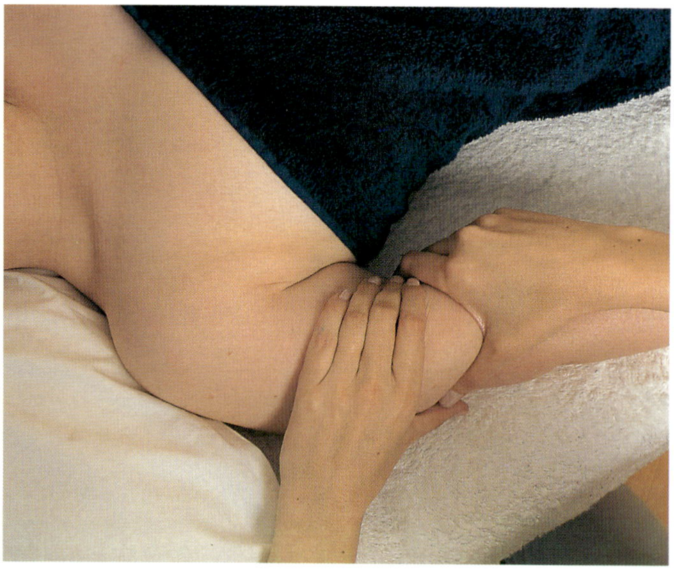

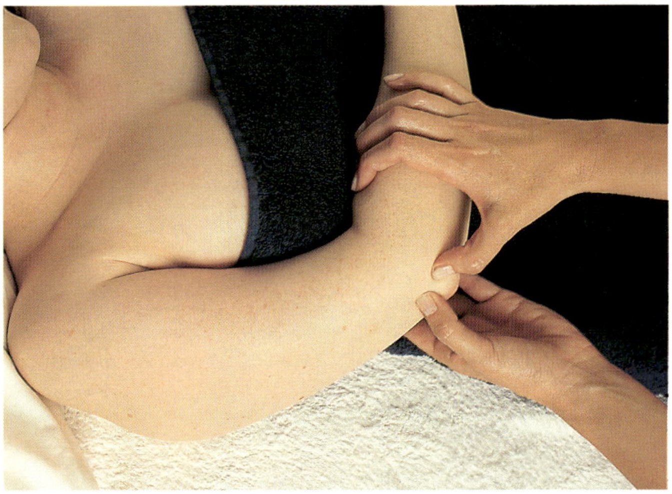

ÉTAPE 5 – Assouplissement du coude
Pour masser le coude, pliez le bras du receveur et placez l'avant-bras en travers du corps, de sorte qu'il prenne appui sur le haut de l'abdomen du receveur. Exécutez des mouvements circulaires de friction tout autour de l'articulation du coude pour le détendre et soulager la douleur. Si cette région est douloureuse, souvenez-vous de travailler seulement au-dessous et au-dessus du coude.

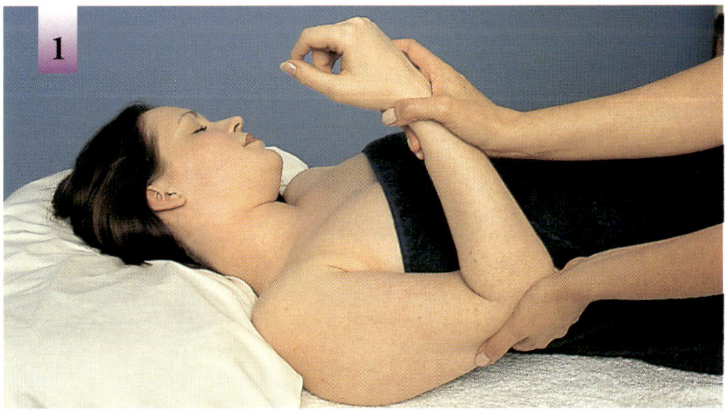

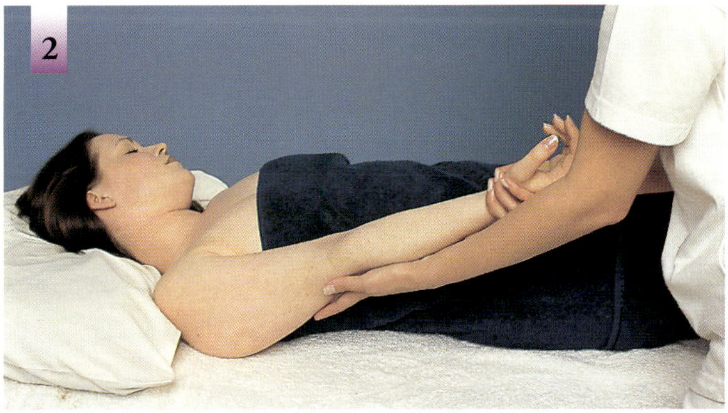

ÉTAPE 6 – Flexion et extension du coude
Tenez le bras d'une main et avec l'autre main, faites-lui faire des mouvements de flexion (1) et d'extension en douceur (2).

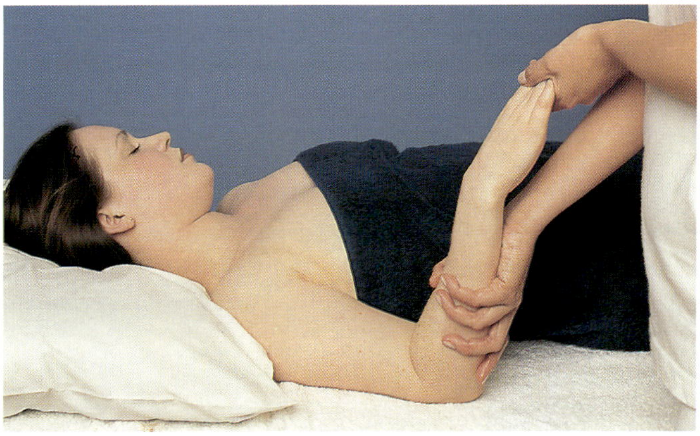

ÉTAPE 7 – Effleurage de l'avant-bras
En laissant le haut du bras du receveur en appui sur la table, levez son avant-bras et tenez-le d'une main. Servez-vous de votre autre main pour masser fermement du poignet jusqu'au coude.

S'il y a assez de chair, vous pouvez aussi pétrir doucement l'avant-bras, du poignet jusqu'au coude.

ÉTAPE 8 – Friction du poignet
Servez-vous de vos pouces pour exercer des pressions circulaires tout autour de l'articulation du poignet afin de le détendre.

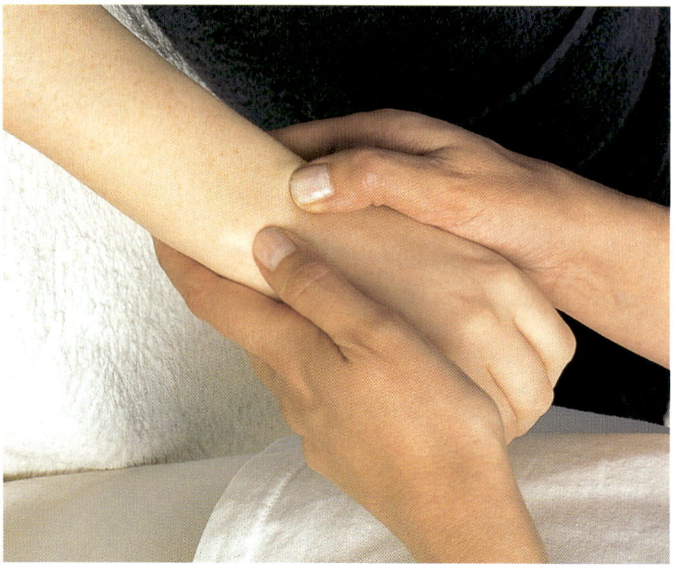

ÉTAPE 9 – Rotation du poignet
Croisez vos doigts avec ceux du receveur et lentement, pliez le poignet vers l'arrière et vers l'avant, puis des deux côtés. (1) Faites ensuite des cercles dans les deux sens: ce mouvement doit être exécuté avec grand soin. (2)

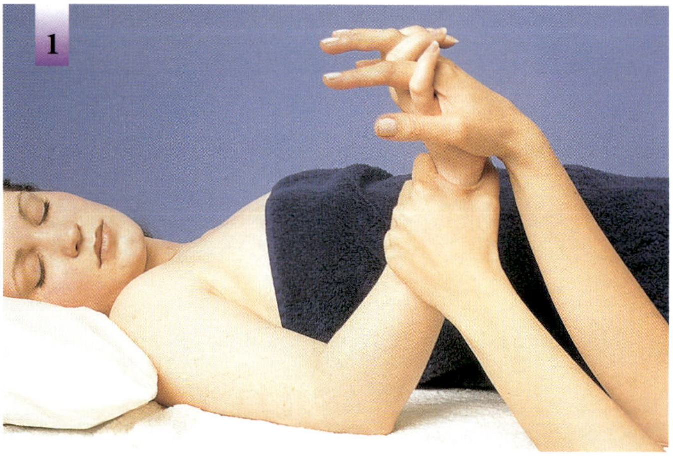
1

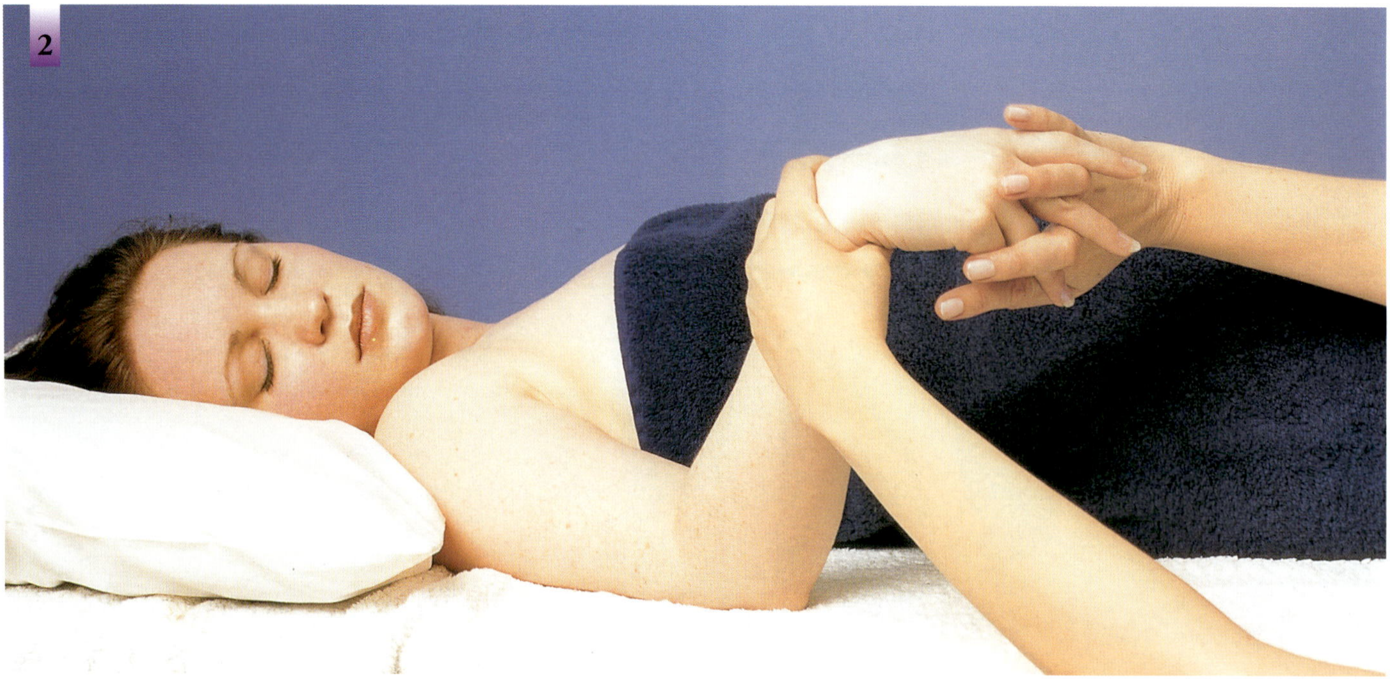
2

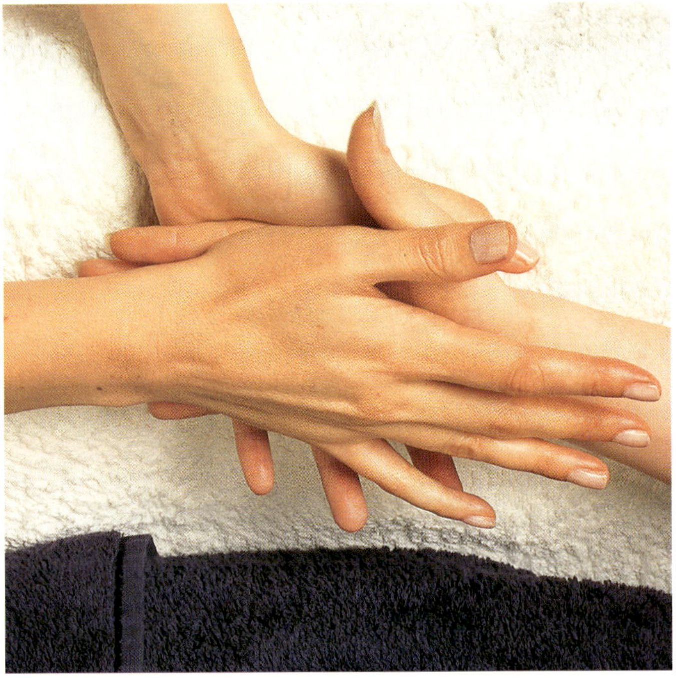

ÉTAPE 10 – Effleurage de la main
Tenez le poignet d'une main et avec l'autre, effleurez le haut de la main plusieurs fois.

Retournez la main et effleurez-en la paume. Pour un mouvement plus en profondeur sur la paume, servez-vous du talon de votre main.

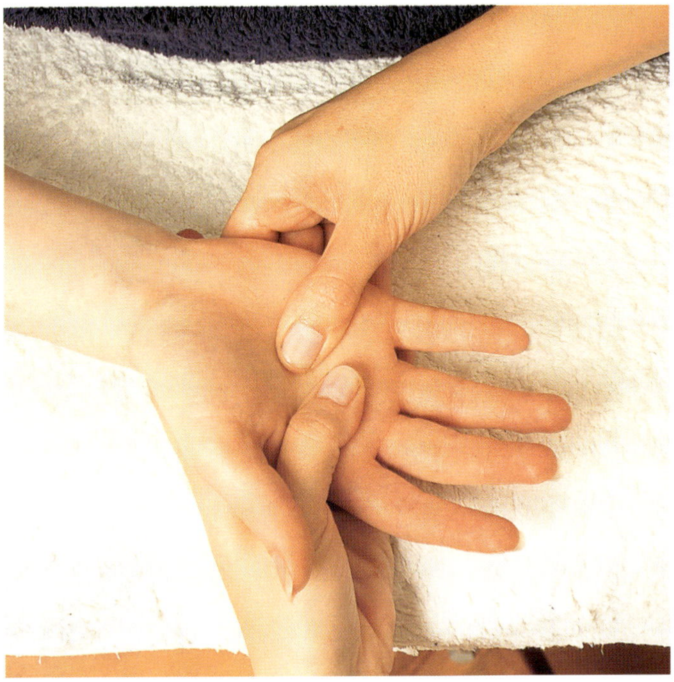

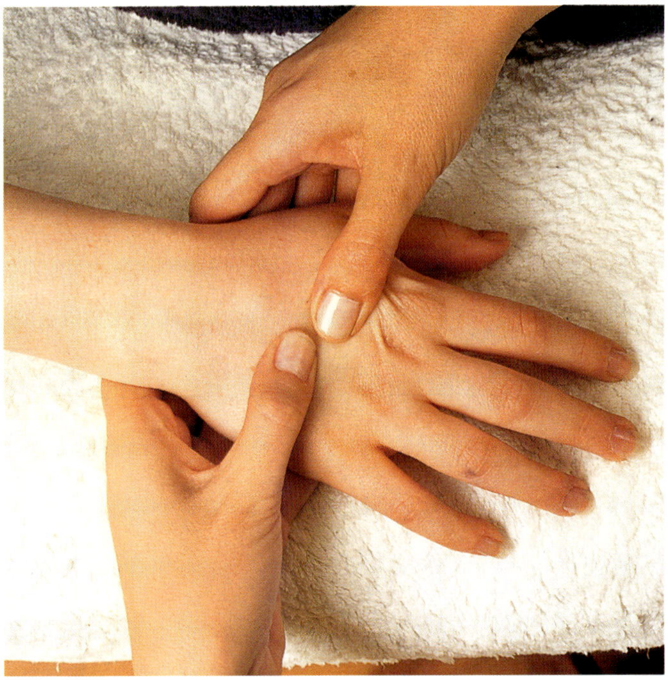

ÉTAPE 11 – Étirement et ouverture de la main
Prenez la main du receveur, paume vers le haut, entre vos deux mains. Commencez au poignet avec vos pouces à plat sur la paume, les doigts par-dessous. Faites glisser vos pouces en douceur vers le côté, en ouvrant la paume de la main. Répétez ce mouvement en rangées jusqu'à la base des doigts.

À présent, retournez la main et répétez les mouvements sur le dos de la main. Ces manœuvres sont excellentes pour celles et ceux qui se servent toujours de leurs mains dans leurs activités quotidiennes, par exemple pour écrire ou dactylographier; ou pour les personnes qui pratiquent des sports comme le badminton ou le tennis, où les mains serrent une raquette. Les musiciens en bénéficieront tout autant.

ÉTAPE 12 – Massage de la paume de la main avec les jointures
Tenez la main du receveur dans la vôtre et fermez votre autre main. Avec vos jointures, massez la paume en mouvements circulaires. Cette technique détend les muscles, articulations et tendons, tout en augmentant la flexibilité de la main.

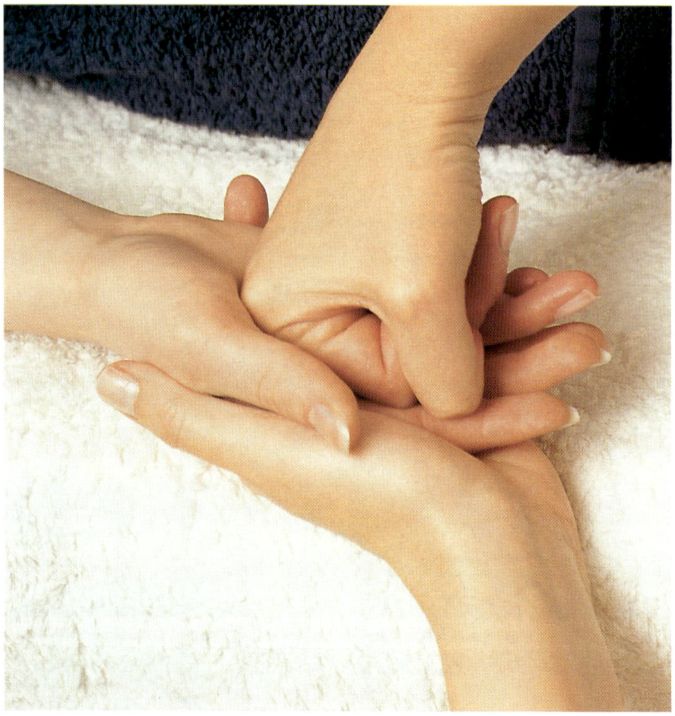

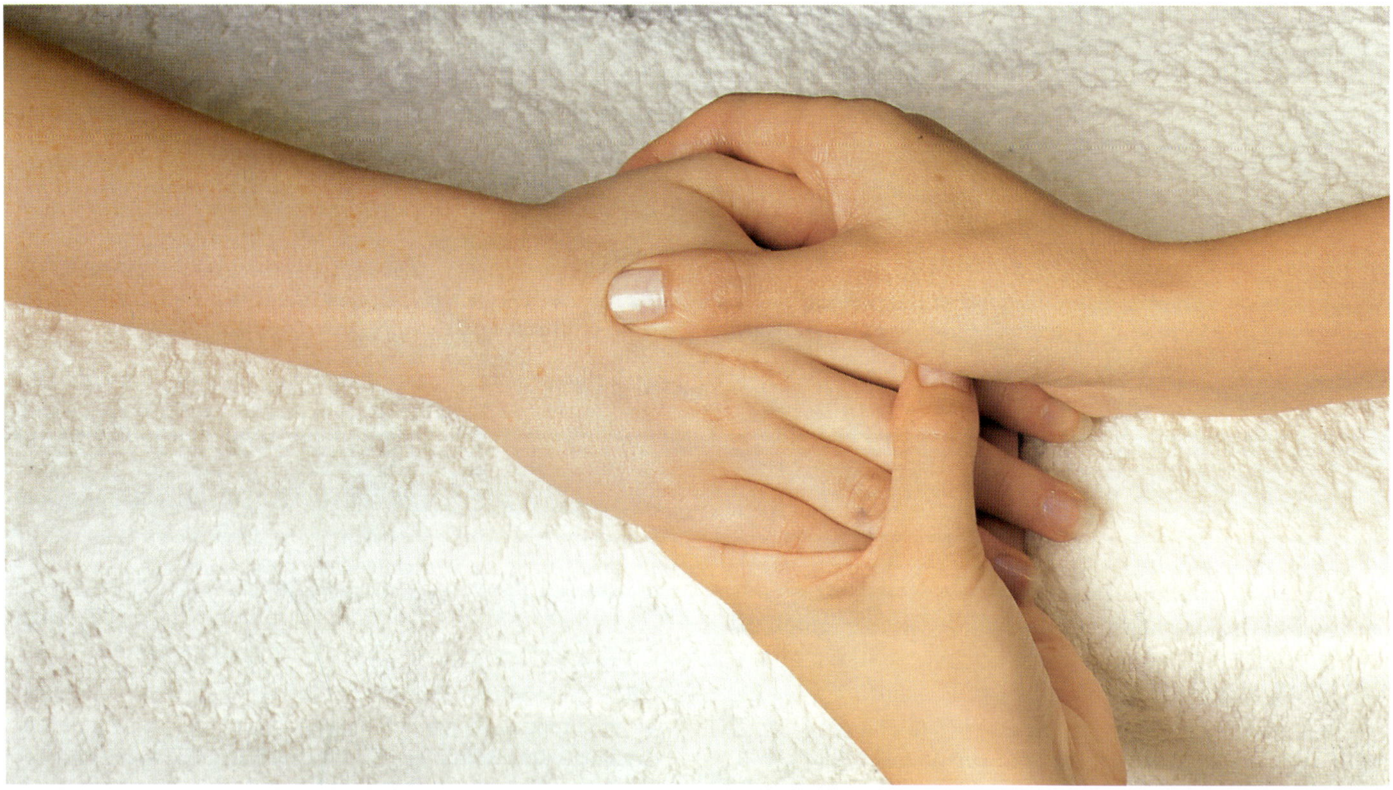

ÉTAPE 13 – Massage entre les tendons
Retournez la main et tenez-la d'une main. Commencez à la base des doigts et remontez jusqu'au poignet. Servez-vous du pouce ou de l'index de votre main libre pour masser dans chacun des sillons entre les tendons.

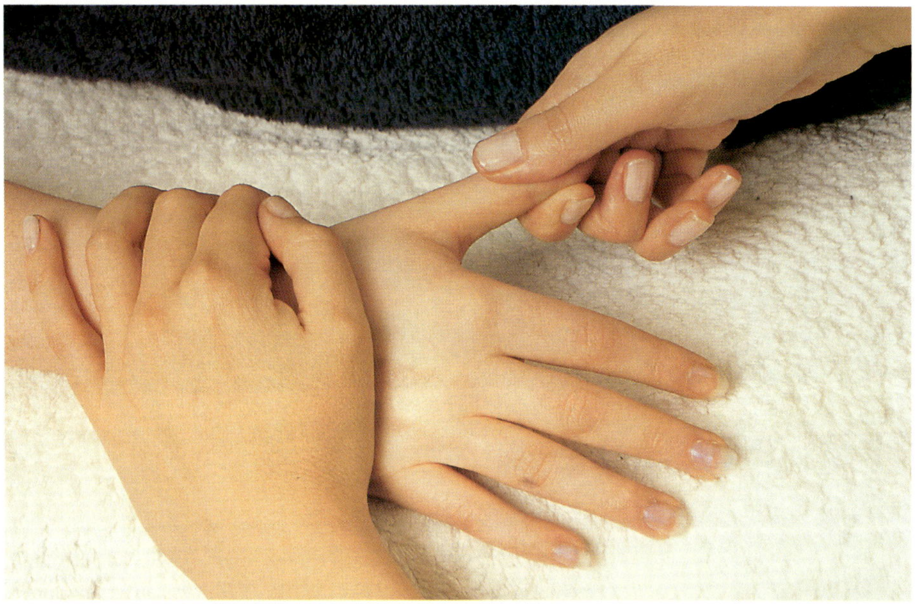

ÉTAPE 14 – Étirement des doigts
Retenez la paume de la main du receveur à plat avec l'une de vos mains. Lentement et en douceur, étirez et serrez chaque doigt séparément, en allant de la jointure jusqu'au bout du doigt.

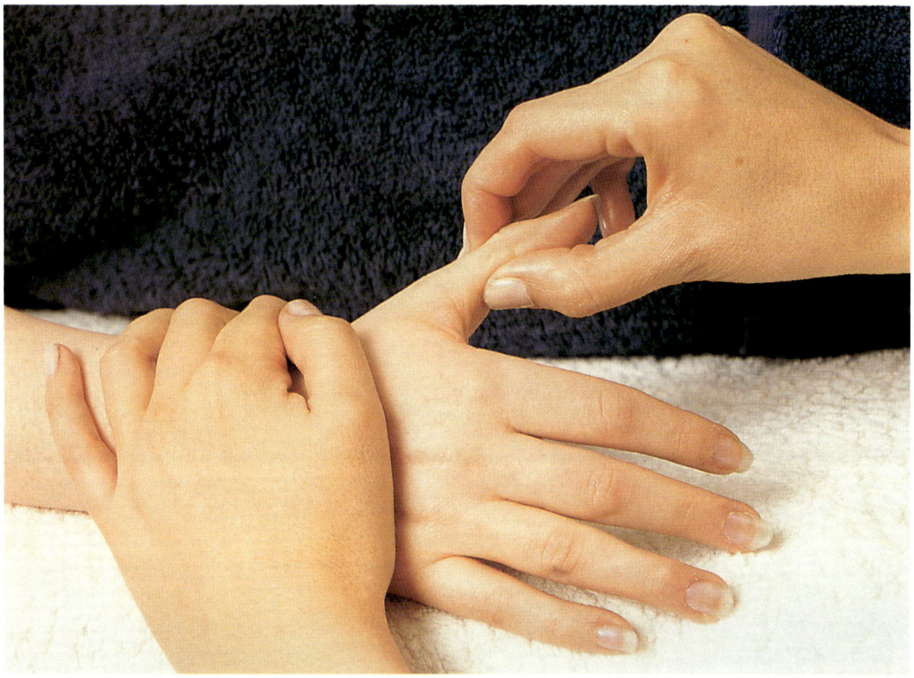

ÉTAPE 15 – Friction des doigts et du pouce
En vous servant de votre pouce et de votre index, exécutez des mouvements circulaires légers autour de chaque articulation des doigts.

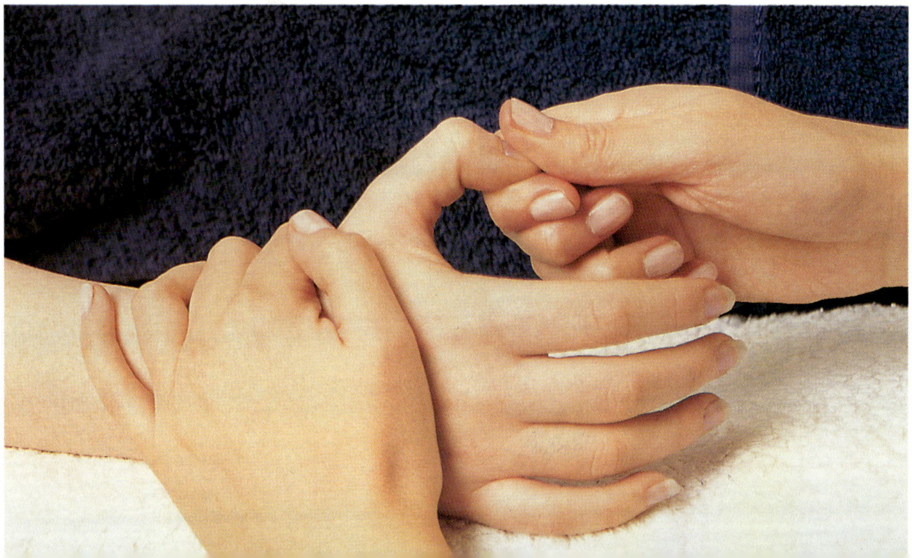

ÉTAPE 16 – Étirement des articulations des doigts et du pouce
Très doucement, pliez et étirez les articulations du pouce et des doigts. Il y a deux articulations dans le pouce et trois dans chaque doigt.

ÉTAPE 17 – Rotation des doigts et du pouce

Faites des cercles avec les doigts et le pouce séparément, dans le sens des aiguilles d'une montre et dans le sens inverse.

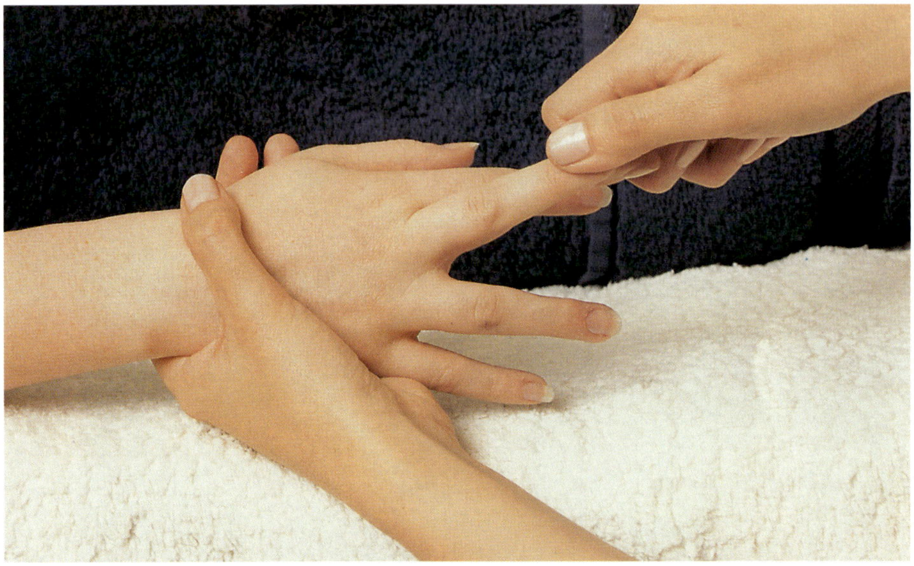

ÉTAPE 18 – Effleurage de la main et du bras

Massez fermement en remontant le bras à partir des doigts jusqu'à l'épaule. Redescendez en glissant avec la légèreté d'une plume. Répétez ces mouvements en diminuant peu à peu la pression jusqu'à ce qu'il n'y en ait pratiquement plus.

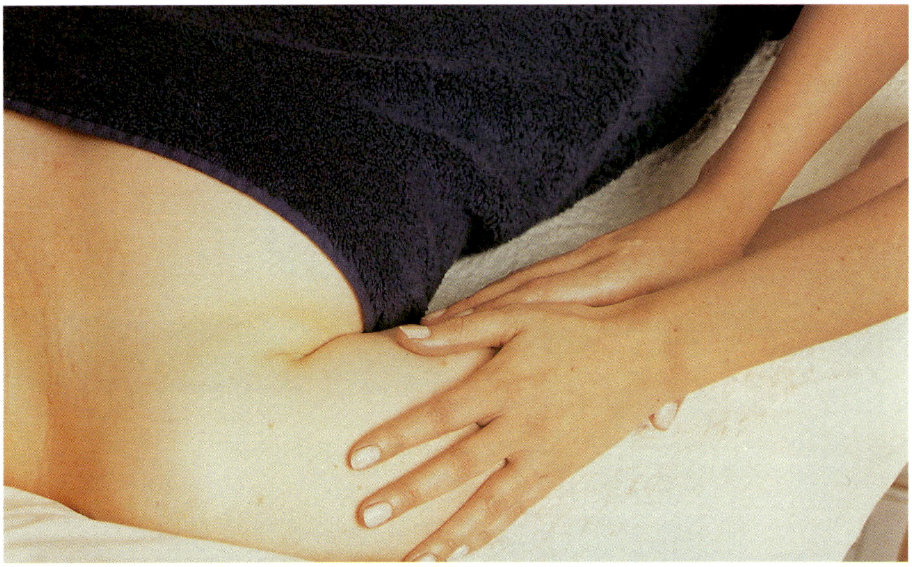

ÉTAPE 19 – La touche finale: massage du bout des doigts

Massez lentement avec seulement le bout de vos doigts en descendant le long du bras et de la main. Pour terminer votre massage de la main et du bras, prenez la main du receveur en sandwich entre vos paumes et serrez doucement.

Répétez ces manœuvres de l'autre côté.

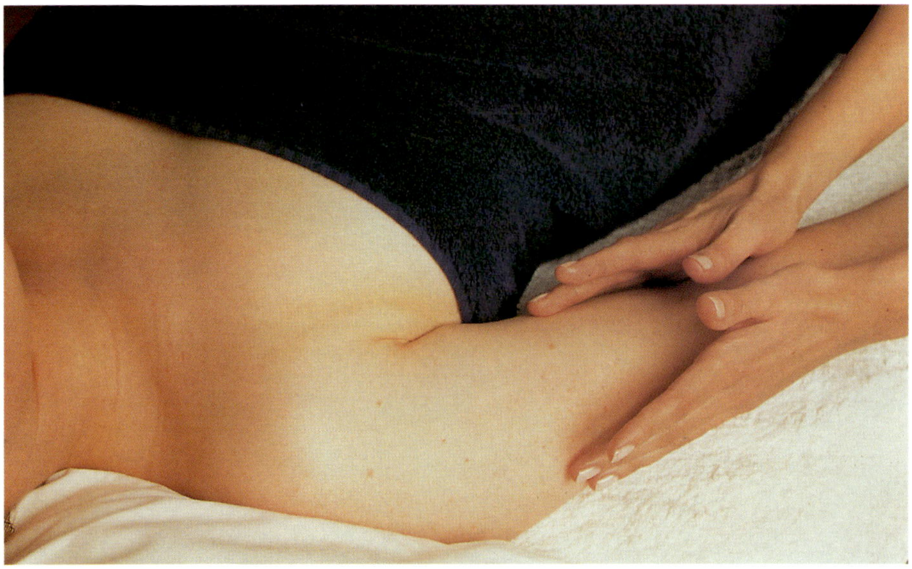

1

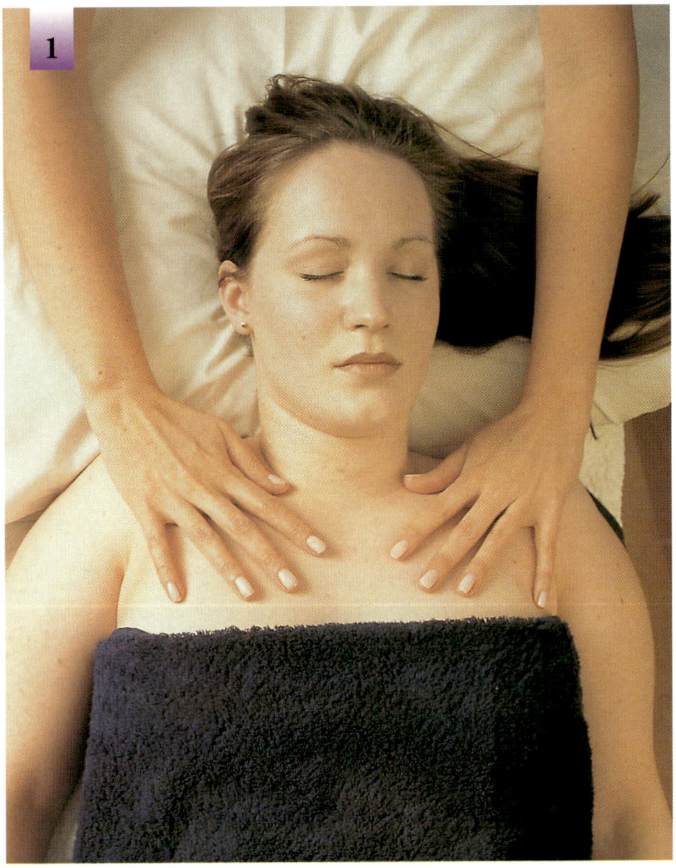

2

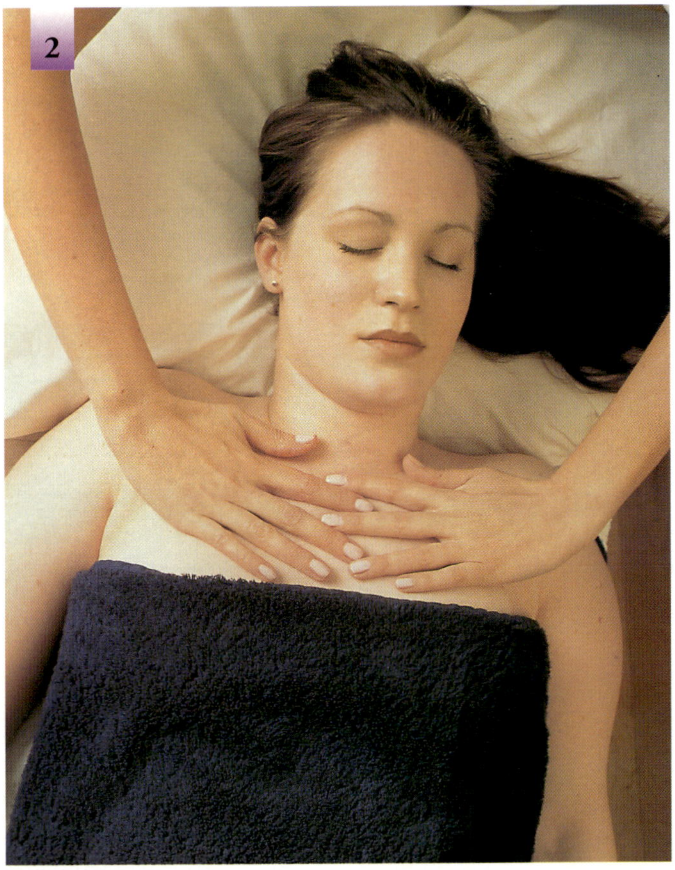

MASSAGE DU HAUT DE LA POITRINE ET DU COU

BIENFAITS DU MASSAGE DE LA POITRINE ET DU COU

• Dégage la poitrine en réduisant les contractions et en permettant de respirer plus lentement et en profondeur. Les problèmes comme l'asthme, les attaques de panique et l'hyperventilation peuvent être soulagés.
• Aide l'élimination des toxines et du mucus. Excellent pour la toux et les rhumes.
• Évacue les émotions refoulées, souvent emmagasinées dans la région de la poitrine.
• Améliore la mobilité du cou.
• Le massage du cou réduit la fréquence des maux de tête.
• Donne du tonus musculaire.
• Améliore la circulation sanguine dans la tête.

MISE EN GARDE

• Évitez les régions enflées ou enflammées.
• Ne massez jamais en cas de maladies contagieuses de la peau.
• N'exercez jamais de pression directement sur une région infectée, un furoncle par exemple.
• Demandez toujours de faire examiner les bosses et autres aspérités suspectes par un médecin qualifié.
• Évitez les cicatrices récentes.
• Faites attention lorsque vous massez des régions sensibles: la poitrine et le cou sont souvent très sensibles.

ÉTAPE 1 – Établir le contact
Abaissez vos mains doucement sur les épaules du receveur et prenez quelques profondes inspirations. (1)

ÉTAPE 2 – Ouverture de la poitrine
Commencez au centre de la poitrine, les deux paumes à plat l'une en face de l'autre. (2)

Massez à partir du centre de la poitrine vers l'extérieur en direction des aisselles. Ramenez vos mains en glissant sans exercer de pression.

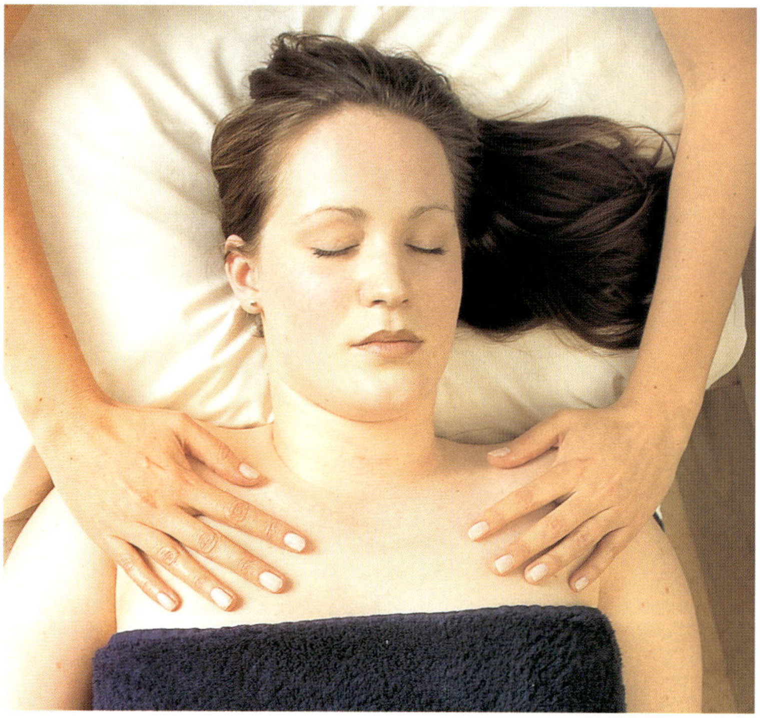

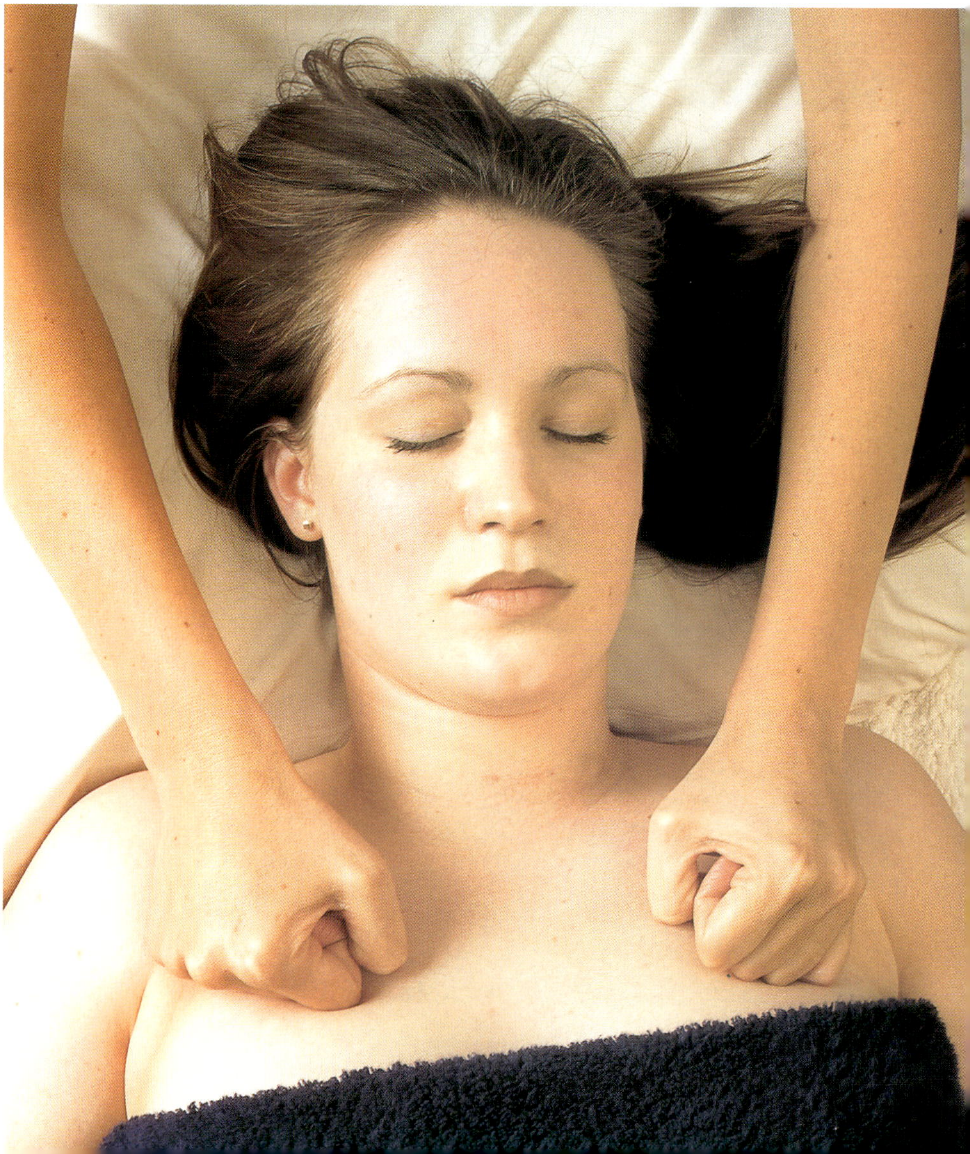

ÉTAPE 3 – Massage de la poitrine avec les jointures
Avec vos poings très souples, massez toute la région de la poitrine en imprimant de LÉGERS mouvements circulaires pour détendre les muscles de la poitrine.

ÉTAPE 4 – Friction sous les clavicules
Placez la pulpe des deux pouces au centre de la poitrine, sous les clavicules. Exécutez de légers mouvements circulaires de friction, vers l'extérieur, en direction des épaules.

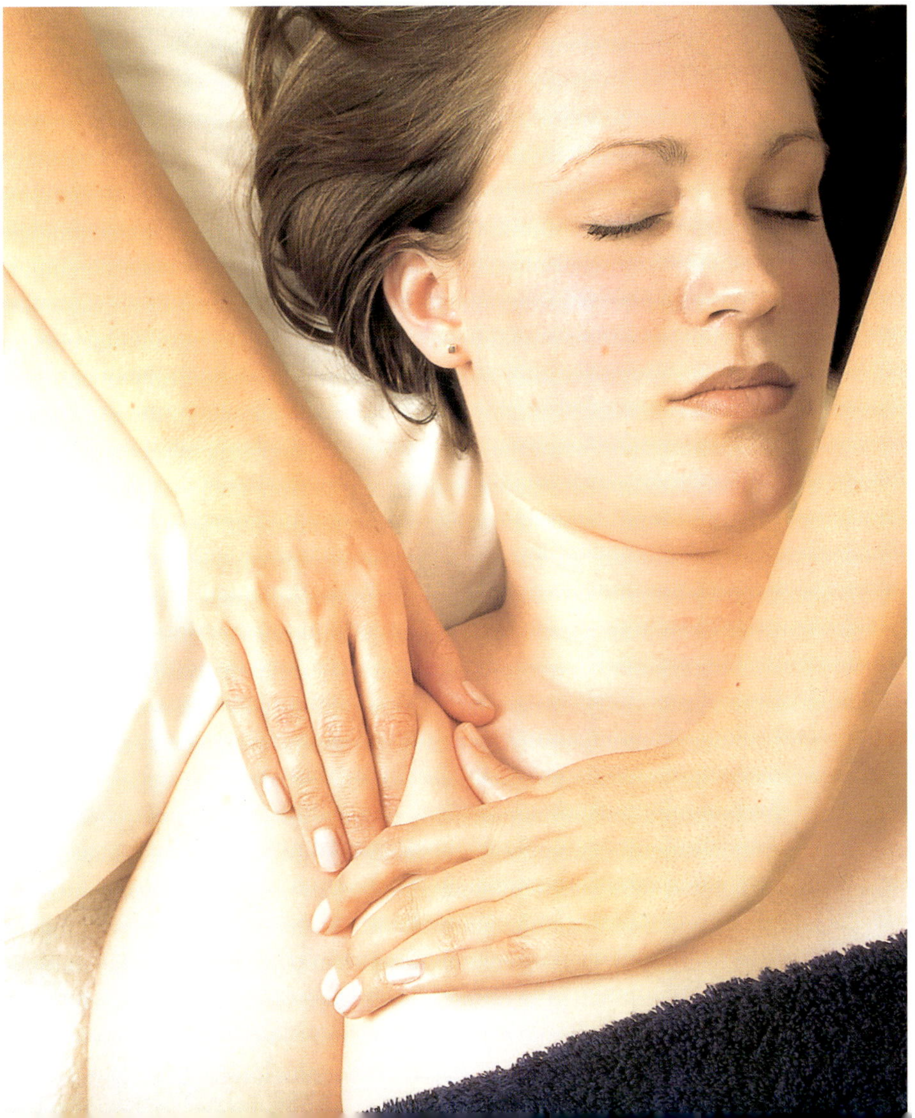

ÉTAPE 5 – Pétrissage de la poitrine
En utilisant vos deux mains alternativement, pétrissez en douceur la région charnue à l'avant de l'aisselle. Laissez glisser vos mains jusqu'au côté opposé et répétez la manœuvre. Cela aidera à libérer les tensions qui se trouveraient encore dans la poitrine.

ÉTAPE 6 – Étirement des épaules
Placez vos mains sur le dessus des épaules et poussez DOUCEMENT vers le bas, en direction de la surface de massage. Mettez ensuite vos mains en coupe autour des épaules et poussez-les DOUCEMENT en direction des pieds. Ces mouvements sont fantastiques pour les épaules qui ont tendance à se voûter.

ÉTAPE 7 – Assouplissement du cou
Placez vos mains de chaque côté du cou du receveur et glissez-les par en dessous de manière à ce que vos doigts se touchent. Avec les deux mains, remontez DOUCEMENT les côtés du cou vers vous. Vous sentirez la tension se dissiper.

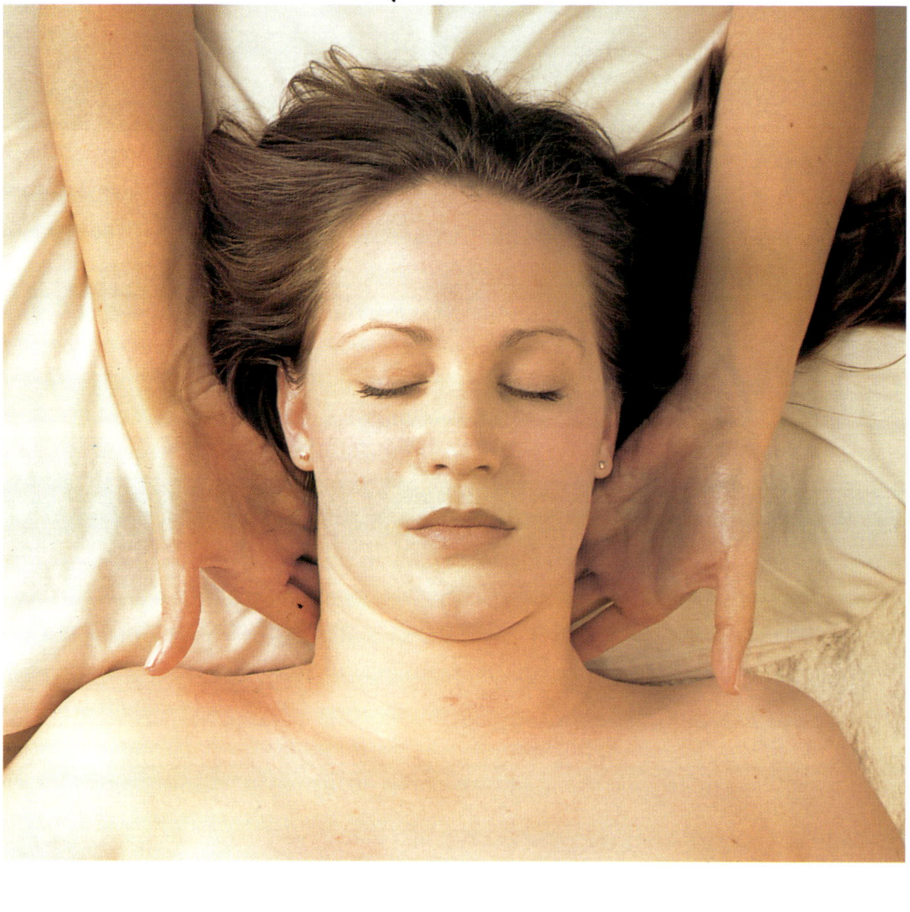

ÉTAPE 8 – Massage du côté du cou
Tournez la tête d'un côté et placez vos deux mains à la base du crâne. Massez d'une main en descendant sur le côté du cou et quand vous atteindrez l'épaule, descendez l'autre main.

Répétez de l'autre côté du cou.

ÉTAPE 9 – Étirement du cou
Lorsque vous étirez le cou, faites-le toujours graduellement et en douceur. Ne faites jamais de mouvements saccadés et n'étirez jamais le cou brusquement. Mettez vos mains en coupe sous la tête, vos doigts pointant vers le bas, et tirez lentement la tête vers vous en vous penchant vers l'arrière. Relâchez graduellement l'étirement.

ÉTAPE 10 – La touche finale: massage doux
Du bout des doigts, massez en douceur en descendant le long du cou et sur le haut de la poitrine vers l'extérieur.

Massage du Visage

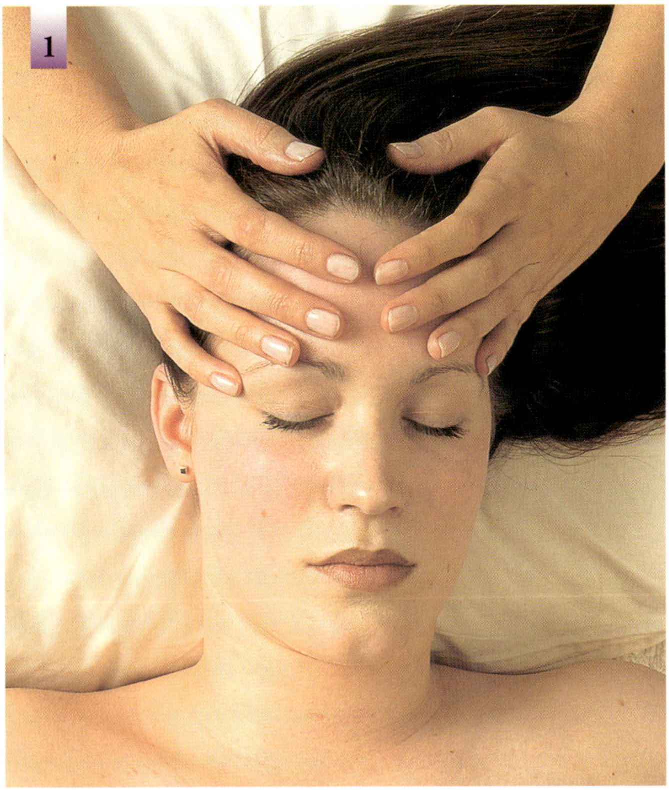

Bienfaits du Massage du Visage

- Calme l'anxiété et la tension.
- Soulage les maux de tête.
- Dégage les sinus et réduit la congestion nasale.
- Donne du tonus aux muscles: les effets rajeunissants d'un massage du visage peuvent très bien remplacer le lifting.
- Améliore la circulation: le teint devient plus lumineux.
- Stimule la circulation du sang dans la tête et le cerveau, ce qui aide la concentration et la mémoire.
- Nettoie le visage des dépôts de saleté.
- Réduit l'enflure, surtout autour des yeux.

Mise en Garde

- Exercez une pression très légère sur les régions sensibles du visage: surtout là où la peau est mince ou sur la couperose.
- Ne massez jamais par-dessus des verres de contact.
- Évitez les régions infectées, tels les boutons ou furoncles.
- Attention à toute bosse ou grain de beauté suspects.
- Ne massez pas les cicatrices récentes.
- Évitez les régions enflammées.

ÉTAPE 1 – Établir le contact
Posez vos mains en coupe sur le front du receveur, en l'effleurant à peine, et prenez de bonnes inspirations. (1)

ÉTAPE 2 – Effleurage du front
Rapprochez les paumes de vos mains jusqu'à ce que vos doigts se croisent, et placez-les sur le front du receveur. Doucement, éloignez-les l'une de l'autre, massant vers l'extérieur, en direction des tempes. Ramenez vos mains en glissant sans exercer de pression. (2)

ÉTAPE 3 – Effleurage des joues
Placez une main sur chaque joue et, avec le bout de vos doigts et la paume, massez les joues vers l'extérieur.

ÉTAPE 4 – Effleurage du menton
Placez vos mains au centre du menton, paumes à plat, les bouts de vos doigts se faisant face. Massez le menton vers l'extérieur, vos mains moulant les contours du visage.

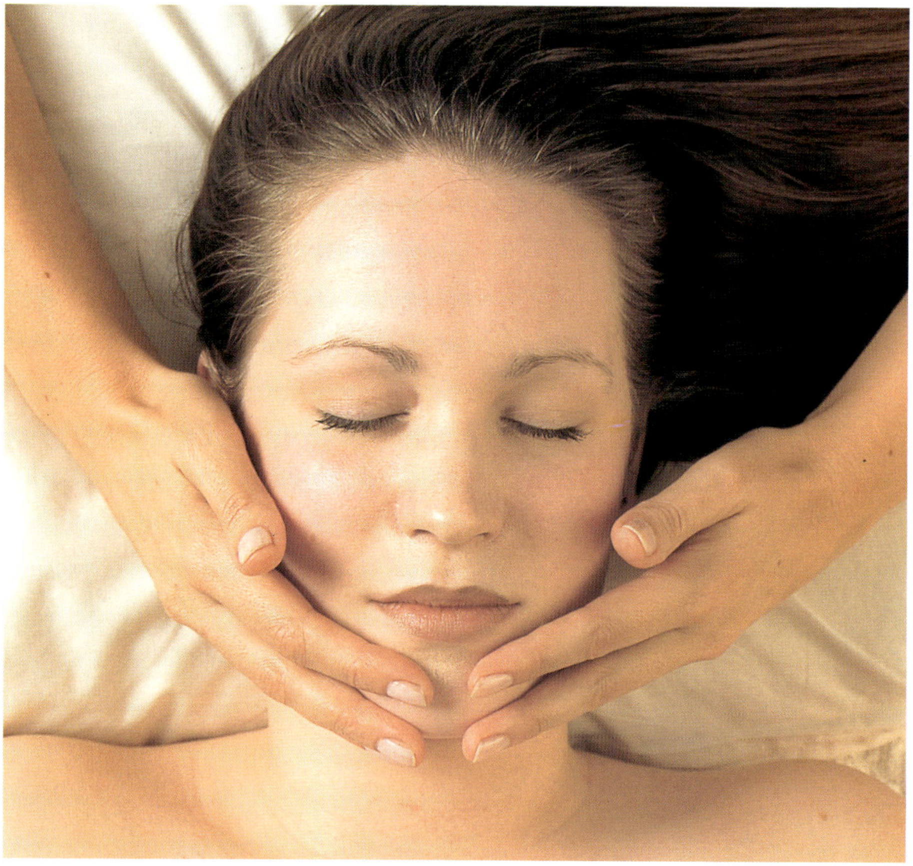

Continuez de masser en descendant le cou vers les épaules.

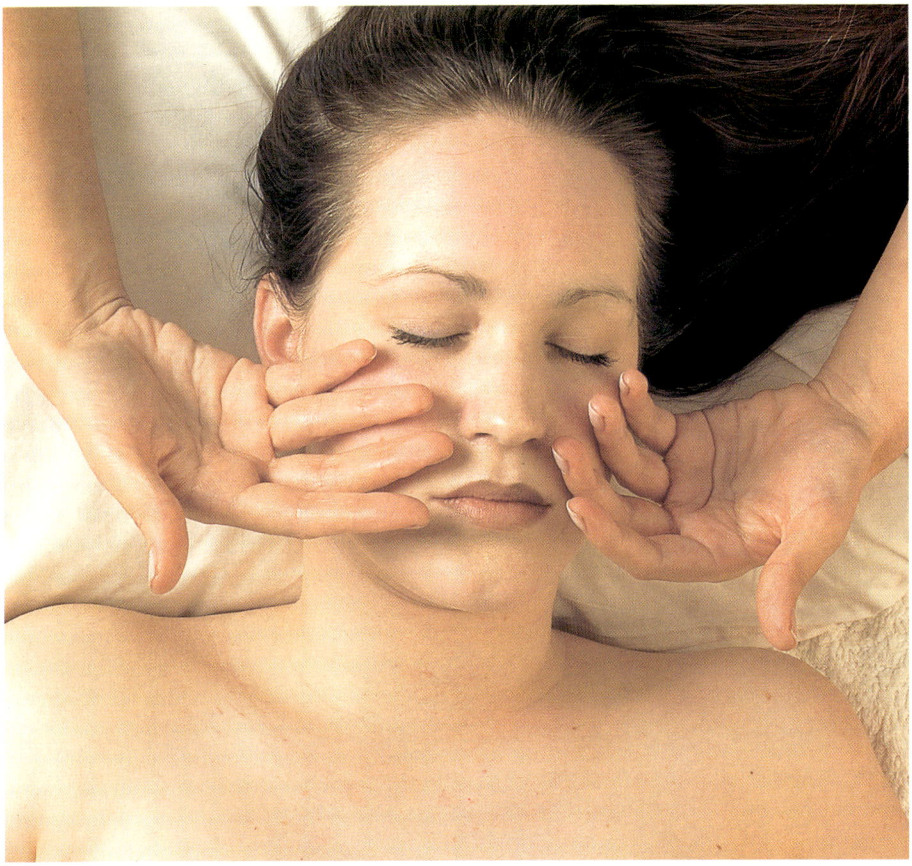

Les manœuvres précédentes sont très efficaces pour soulager les tensions du visage. Si vous trouvez difficile de vous servir de vos paumes et du bout de vos doigts, vous pouvez vous servir du dos détendu de vos doigts.

ÉTAPE 5 – Drainage du visage
Placez la pulpe de vos pouces au centre du front, juste à la naissance des cheveux.

En travaillant en rangées vers l'extérieur, pressez et relâchez à intervalles d'environ trois centimètres.

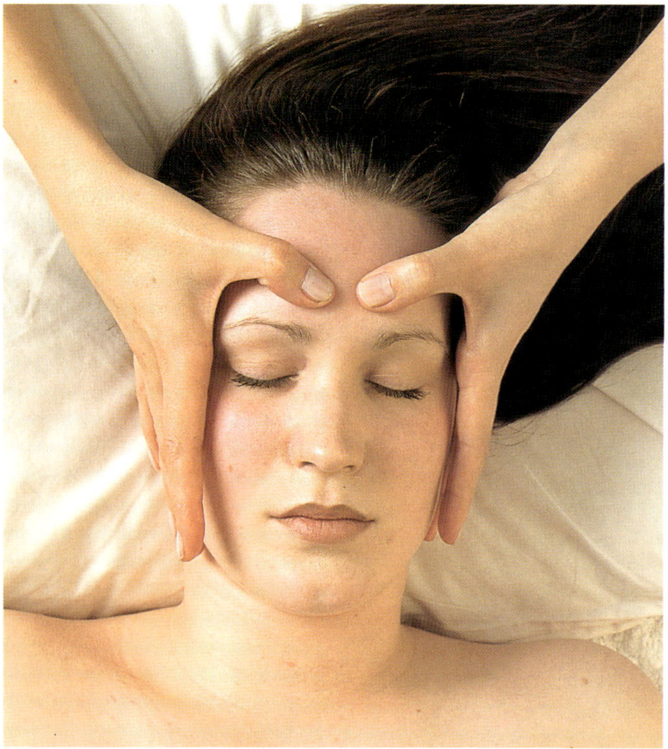

Après la première rangée, ramenez vos pouces au centre du front, mais placez-les légèrement plus bas. Répétez la manœuvre en rangs jusqu'à ce que vous atteigniez les sourcils.

Effleurez maintenant le front en douceur pour éliminer toute accumulation des déchets ainsi libérés.

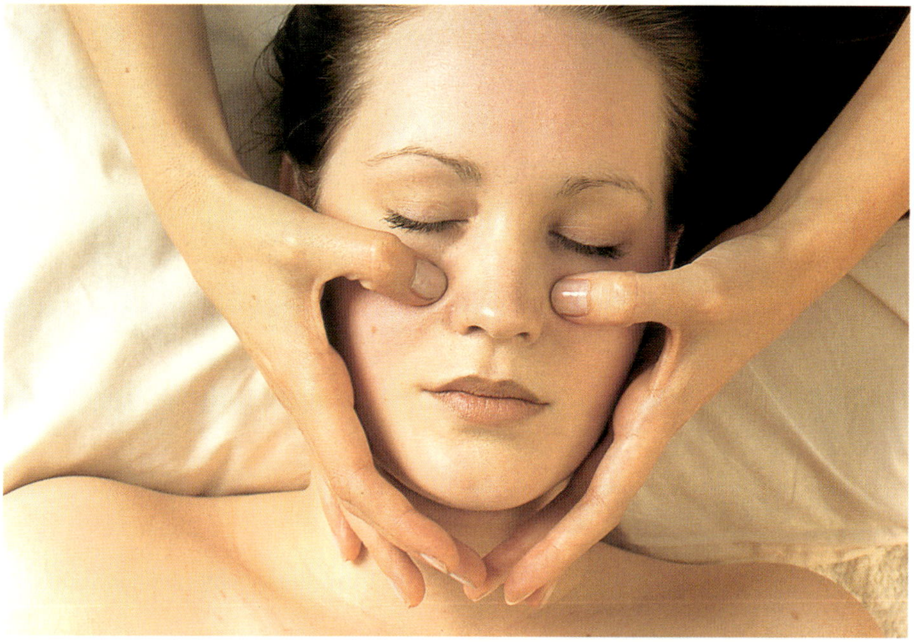

JOUES

Répétez la technique précédente sur la région des joues cette fois. Commencez juste au-dessous des yeux en massant vers l'extérieur jusqu'aux oreilles.

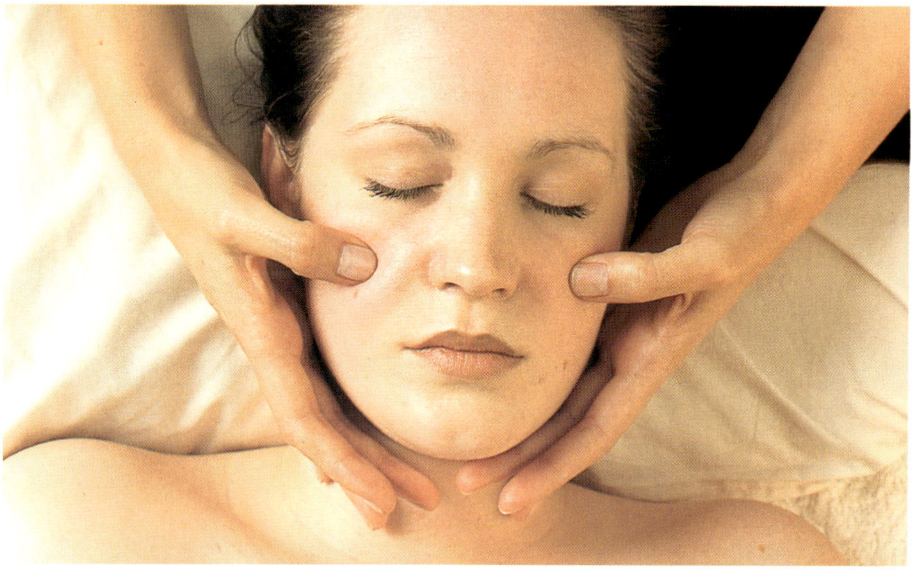

Travaillez en rangées horizontales pour masser toute la région. Effleurez ensuite doucement les joues pour les débarrasser des toxines.

MENTON ET MÂCHOIRE

Répétez la technique précédente en commençant sous la bouche au centre du menton. Pressez et relâchez en travaillant vers l'extérieur en rangs horizontaux. Chassez ensuite les saletés accumulées en pratiquant l'effleurage.

ÉTAPE 6 – Dégagement des voies nasales
En vous servant de vos deux pouces, massez doucement les côtés du nez en descendant. Ce mouvement est excellent pour éliminer la congestion nasale.

ÉTAPE 7 – Pincement de la mâchoire
En commençant au centre de la mâchoire, pincez doucement entre le pouce et l'index des deux mains pour redonner du tonus au menton.

ÉTAPE 8 – Pincement des sourcils
En commençant à l'intérieur des sourcils, pincez doucement l'arcade sourcilière jusqu'à la limite extérieure.

ÉTAPE 9 – Cercles autour des yeux
Avec le bout de vos doigts, imprimez des mouvements circulaires légers autour des yeux en n'exerçant à peu près aucune pression.

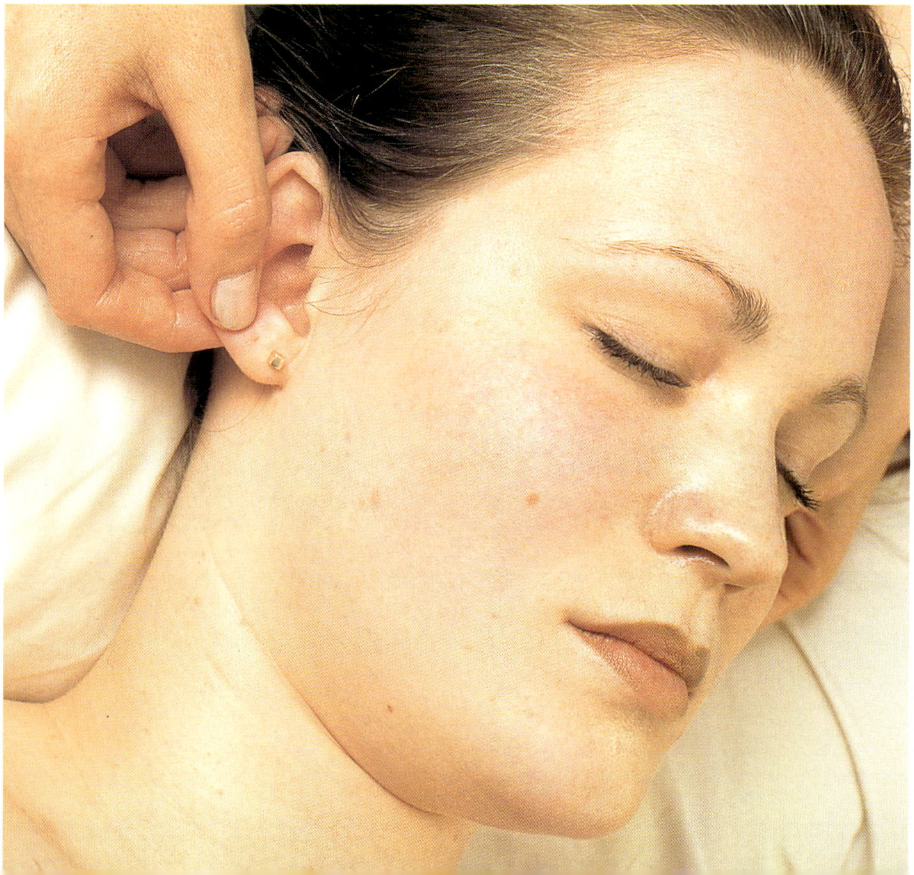

ÉTAPE 10 – Massage des oreilles
En vous servant du pouce et de l'index des deux mains, massez les deux oreilles en entier. Étirez-les ensuite avant de les relâcher en douceur.

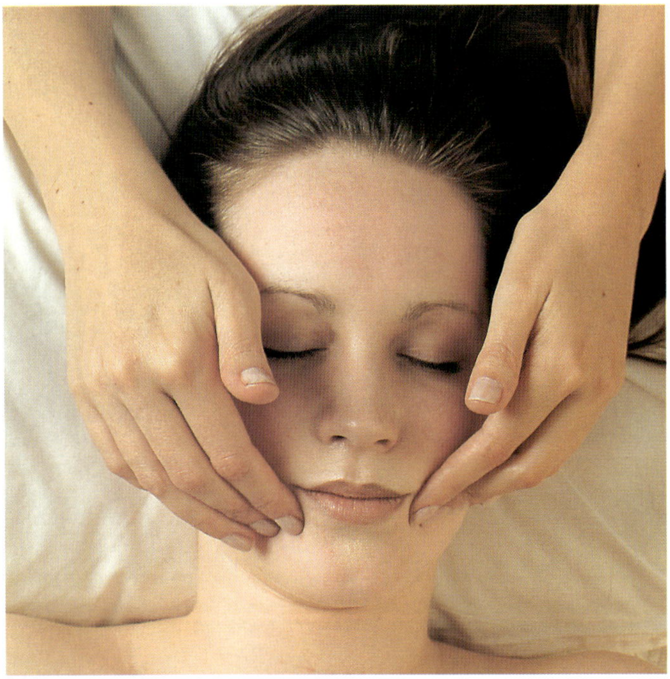

ÉTAPE 11 – Cercles autour de la bouche
Imprimez des mouvements circulaires légers avec le bout de vos doigts tout autour de la bouche, pour relâcher les tensions et pour réduire les fines ridules.

ÉTAPE 12 – Relâchement des tensions du cuir chevelu
En vous servant de la pulpe de vos doigts, massez le cuir chevelu en exécutant de profonds mouvements circulaires de friction lentement et fermement à partir du haut du front, jusqu'à la base du crâne. Cette manœuvre soulage les maux de tête, libère les tensions et stimule la pousse des cheveux.

ÉTAPE 13 – Étirement des cheveux
Massez les cheveux avec le bout de vos doigts, puis attrapez-les par petites poignées près de la racine, et tirez lentement vers vous. L'étirement des cheveux aide à relâcher les tensions restantes.

ÉTAPE 14 – La touche finale: mains au repos sur les tempes
Placez vos mains sur les tempes et laissez-les reposer sans exercer aucune pression. Retirez-les ensuite très lentement.

Guide de Référence Pratique

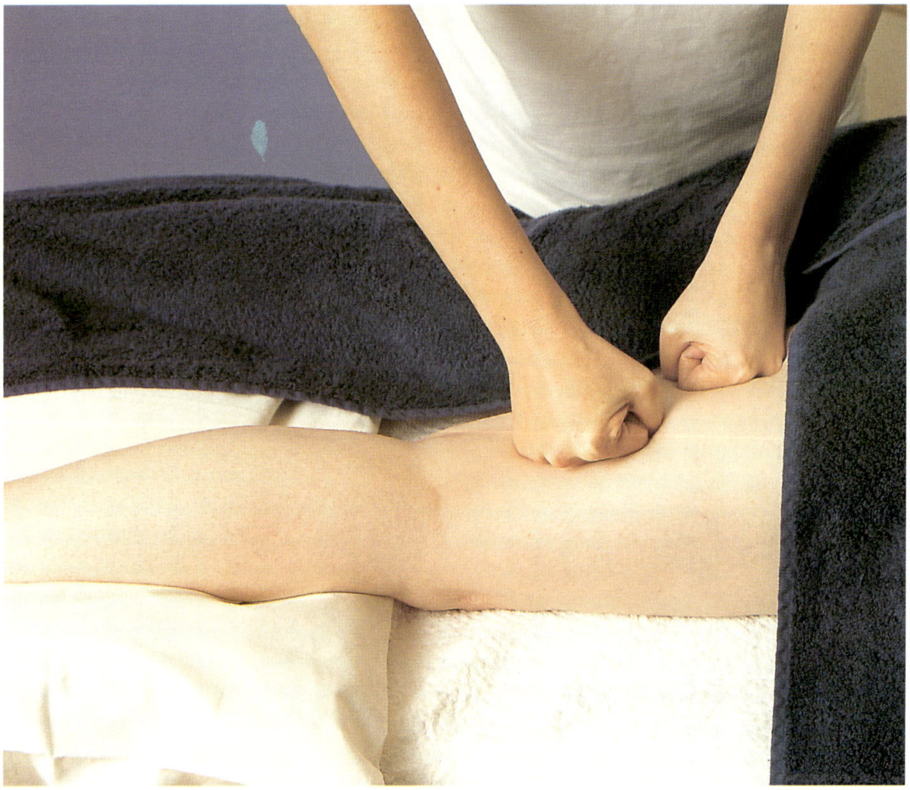

ARRIÈRE DU CORPS

Derrière de la Jambe

1. Établir le contact
2. Effleurage du mollet
3. Effleurage de la jambe
4. Friction douce du mollet
5. Attraper et comprimer le mollet
6. Attraper et rouler le mollet
7. Torsion du mollet
8. Effleurage de la jambe
9. Effleurage de la cuisse
10. Pétrissage de la cuisse
11. Massage de la cuisse avec les jointures
12. Martèlement de la cuisse
13. Tapotement de la jambe
14. Hachure de la jambe
15. La touche finale: léger effleurage du bout des doigts

Répétez sur l'autre jambe.

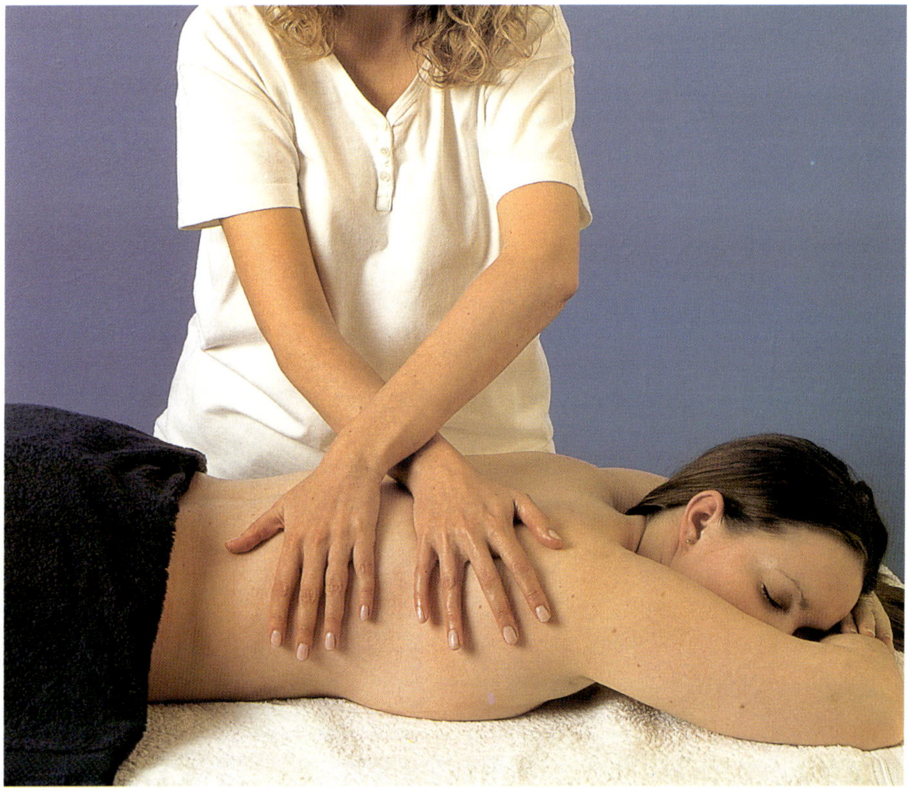

Dos et Épaules

1. Établir le contact
2. Effleurage de tout le dos
3. Effleurage circulaire des deux côtés du dos
4. Friction des muscles spinaux
5. Massage des deux côtés du dos avec le talon de la main
6. Effleurage du bas du dos et de la région des fesses
7. Friction du haut du bassin
8. Pétrissage des fesses et de la taille
9. Percussion, hachure et martèlement des fesses et de la taille
10. Effleurage des épaules
11. Friction autour des omoplates
12. Pétrissage des épaules
13. Massage du cou
14. Effleurage de tout le dos
15. La touche finale: massage du bout des doigts

DEVANT DU CORPS

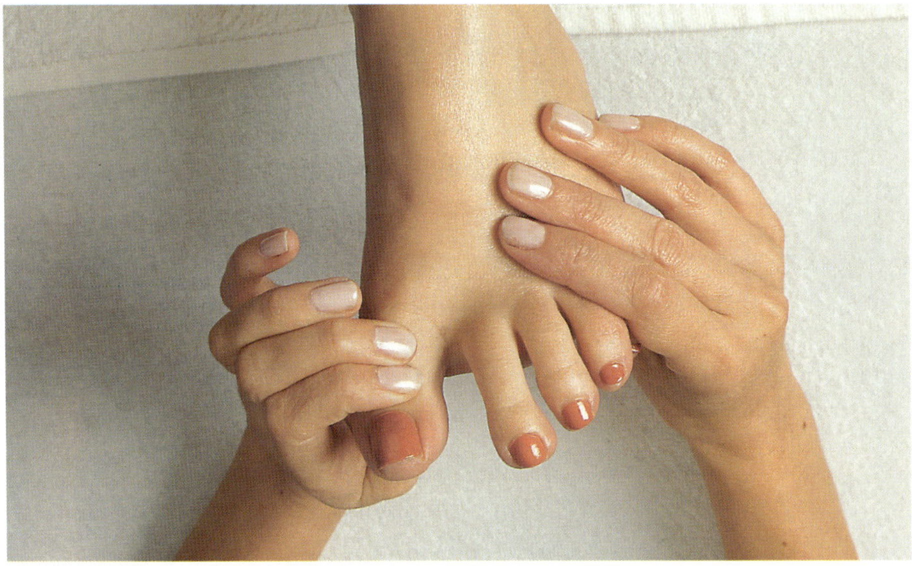

PIED

1. Établir le contact
2. Effleurage du pied
3. Torsion du métatarse
4. Ouverture du pied
5. Massage de l'intérieur du pied
6. Orteils
7. Assouplissement de la cheville
8. Rotation de la cheville
9. Vibrations du pied
10. La touche finale: effleurage

Répétez sur l'autre pied.

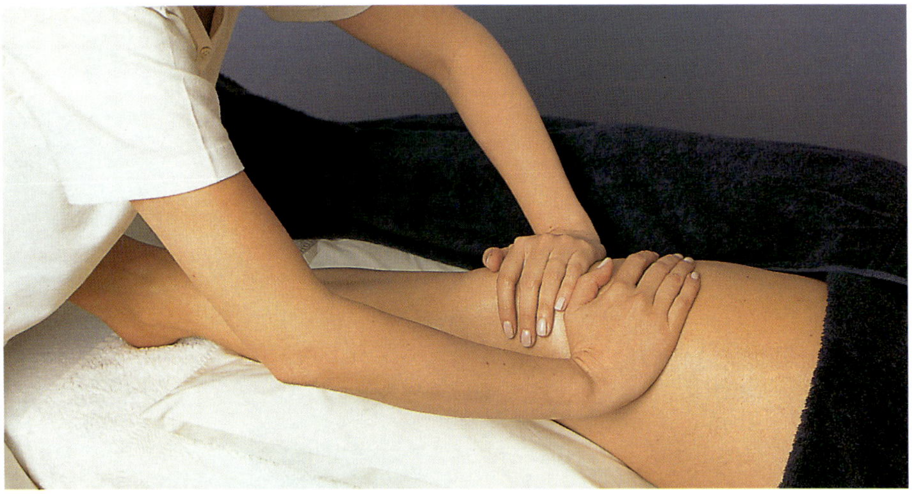

DEVANT DE LA JAMBE

1. Établir le contact
2. Effleurage de la jambe
3. Effleurage de la partie inférieure de la jambe
4. Encerclement de la rotule avec les pouces
5. Assouplissement de la rotule
6. Effleurage de la cuisse
7. Pétrissage de la cuisse
8. Massage de la cuisse avec les jointures
9. Tapotement de la cuisse
10. La touche finale: effleurage de la jambe

Répétez sur l'autre jambe.

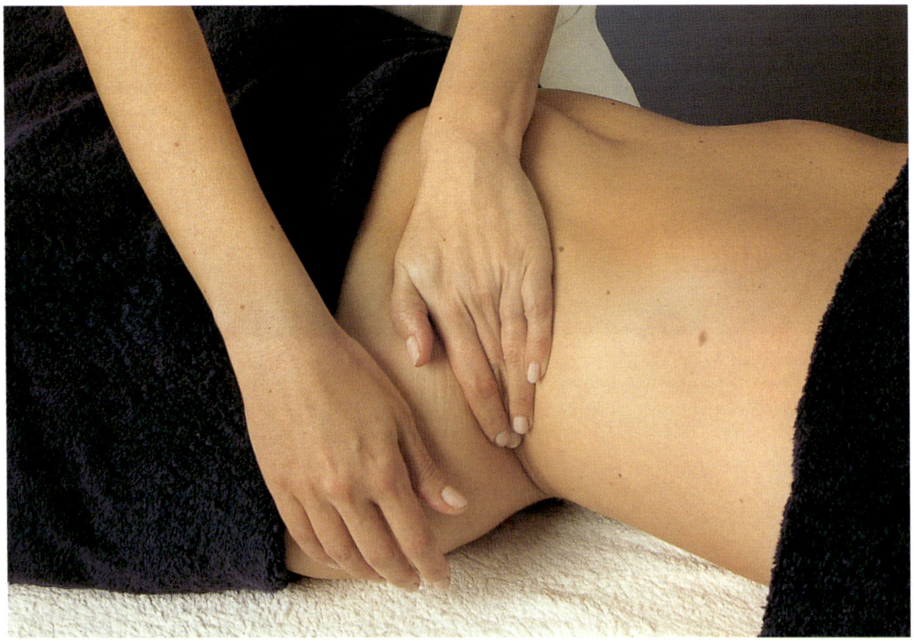

ABDOMEN

1. Établir le contact
2. Effleurage circulaire: une main par-dessus l'autre
3. Effleurage circulaire: une main à la suite de l'autre
4. Massage du côlon
5. Drainage de l'abdomen
6. Pétrissage de l'abdomen
7. Percussion et hachures en douceur
8. Massage du bout des doigts
9. La touche finale: mains au repos sur le nombril

BRAS ET MAIN

1. Établir le contact
2. Effleurage du bras
3. Friction de l'épaule

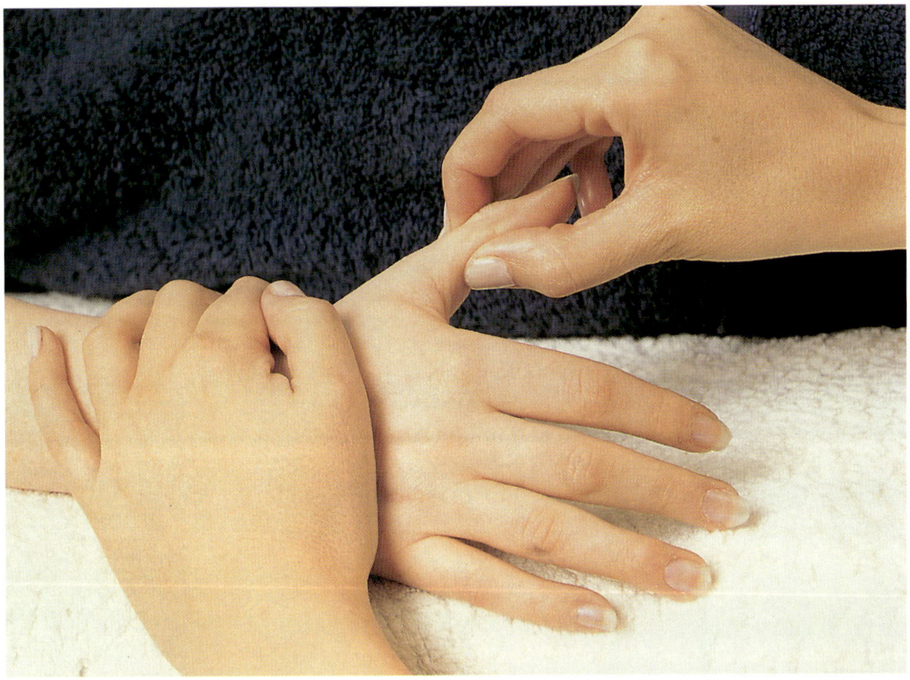

4. Pétrissage du haut du bras
5. Assouplissement du coude
6. Flexion et extension du coude
7. Effleurage de l'avant-bras
8. Friction du poignet
9. Rotation du poignet
10. Effleurage de la main
11. Étirement et ouverture de la main
12. Massage de la paume de la main avec les jointures
13. Massage entre les tendons
14. Étirement des doigts
15. Friction des doigts et du pouce
16. Étirement des articulations des doigts et du pouce
17. Rotation des doigts et du pouce
18. Effleurage de la main et du bras
19. La touche finale: massage du bout des doigts

Répétez sur l'autre bras et l'autre main.

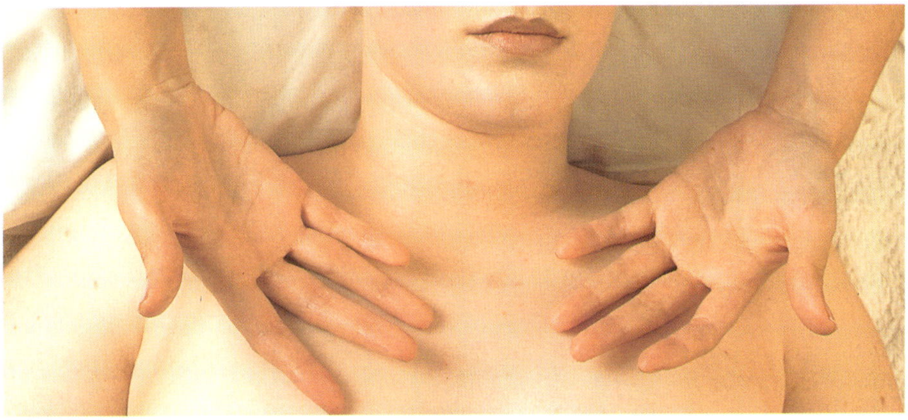

Haut de la Poitrine et Cou

1. Établir le contact
2. Ouverture de la poitrine
3. Massage de la poitrine avec les jointures
4. Friction sous les clavicules
5. Pétrissage de la poitrine
6. Étirement des épaules
7. Assouplissement du cou
8. Massage du côté du cou
9. Étirement du cou
10. La touche finale: massage doux

Visage

1. Établir le contact
2. Effleurage du front
3. Effleurage des joues
4. Effleurage du menton
5. Drainage du visage, des joues, du menton et de la mâchoire
6. Dégagement des voies nasales
7. Pincement de la mâchoire
8. Pincement des sourcils
9. Cercles autour des yeux
10. Massage des oreilles
11. Cercles autour de la bouche
12. Relâchement des tensions du cuir chevelu
13. Étirement des cheveux
14. La touche finale: mains au repos sur les tempes

automassage

L'avantage de l'automassage, c'est que vous pouvez vous en donner aussi souvent que vous le voulez et quand vous le voulez. C'est une manière appréciable de découvrir quelles manœuvres vous plaisent, tout en vous permettant d'expérimenter différents rythmes et pressions. Plus vous serez capable de masser votre propre corps, meilleur vous serez pour masser les autres.

Malheureusement, l'automassage comporte aussi plusieurs inconvénients. Il n'y a pas d'échange d'énergie d'une personne à une autre. Il est également impossible de se détendre totalement, puisque au moins l'une de vos mains sera toujours en train de masser. Sans compter que certaines régions du corps sont très difficiles d'accès sans causer d'inconfort.

Quoi qu'il en soit, si vous n'avez personne pour vous masser, cela vaut la peine de vous masser vous-même. Vous pouvez vous donner un massage complet ou choisir une région qui requiert plus d'attention.

Les Jambes

Le massage des jambes est une excellente façon de soulager les muscles fatigués et douloureux. De plus, il améliorera la circulation de votre sang, aidera à prévenir les varices et à éliminer les toxines. Il vous faudra moins de cinq minutes pour masser vos deux jambes.

ÉTAPE 1. Effleurage de toute la Jambe
Assoyez-vous sur le plancher, les jambes allongées. Effleurez une jambe en remontant de la cheville à la cuisse, vos mains moulant les contours de la jambe. Si vous n'êtes pas très souple, repliez légèrement la jambe. (1)

ÉTAPE 2. Effleurage des Muscles du Mollet
Toujours assis sur le plancher, repliez une jambe vers le haut de sorte que le pied soit bien à plat sur le sol. Avec une ou deux mains, effleurez à partir du talon jusqu'à l'arrière du genou. (2)

ÉTAPE 3. Pétrissage des Muscles du Mollet
Le genou toujours plié, pétrissez le mollet, serrant et relâchant alternativement les muscles du mollet. Cela fera remonter à la surface les toxines profondément enfouies, de sorte qu'elles pourront être éliminées. C'est également une excellente façon de prévenir et de soulager les crampes. (3)

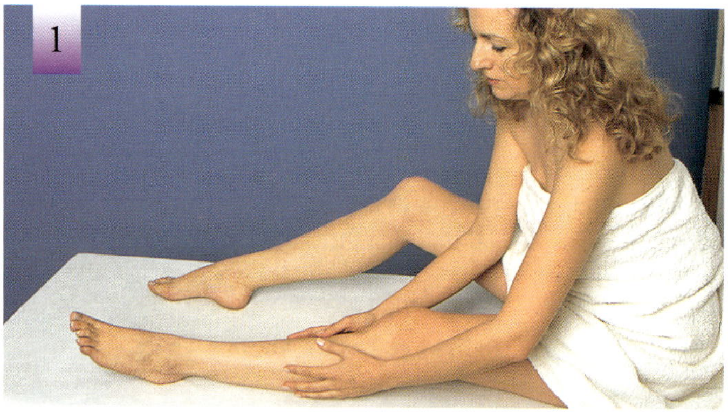

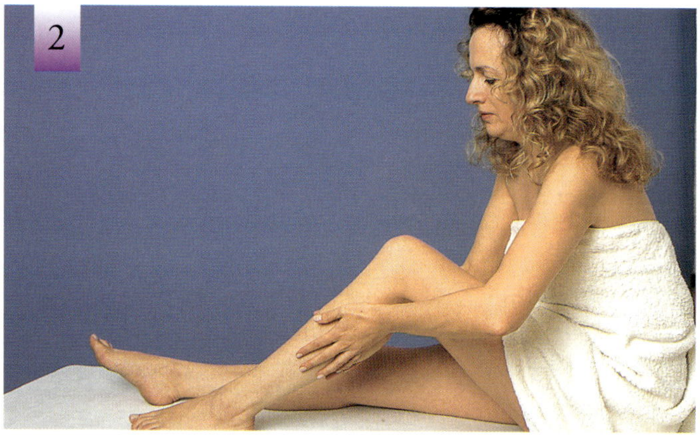

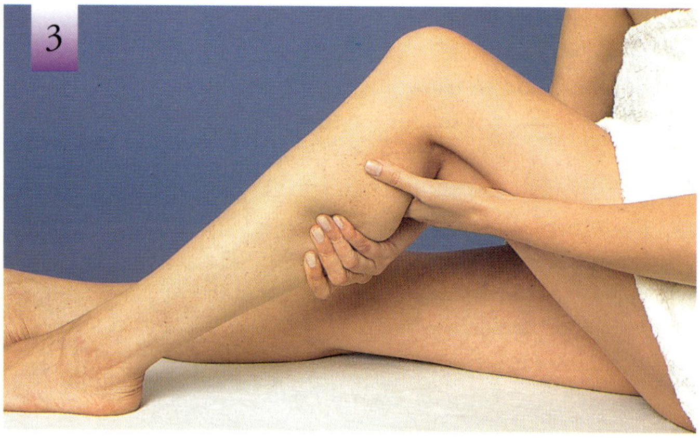

1
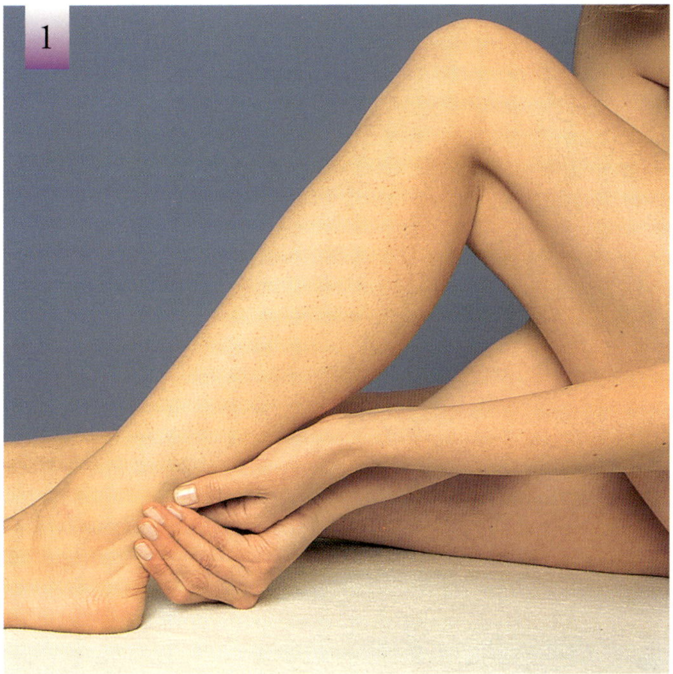

2
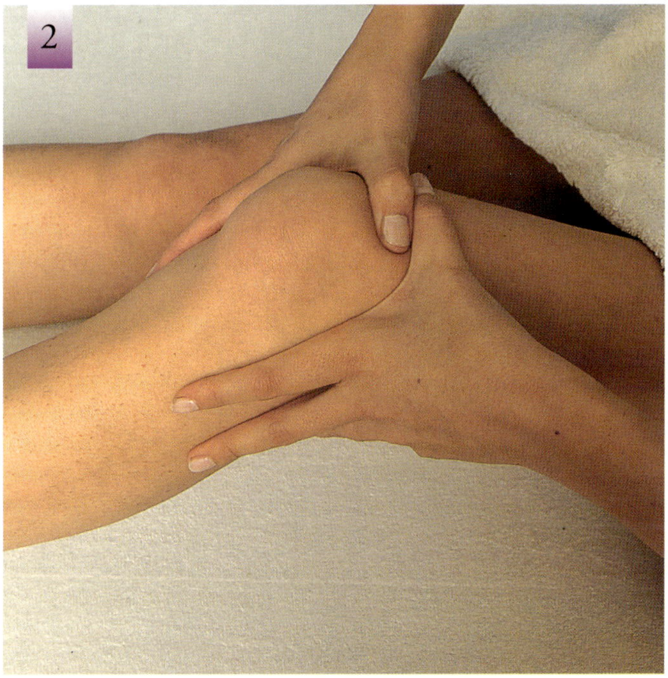

3
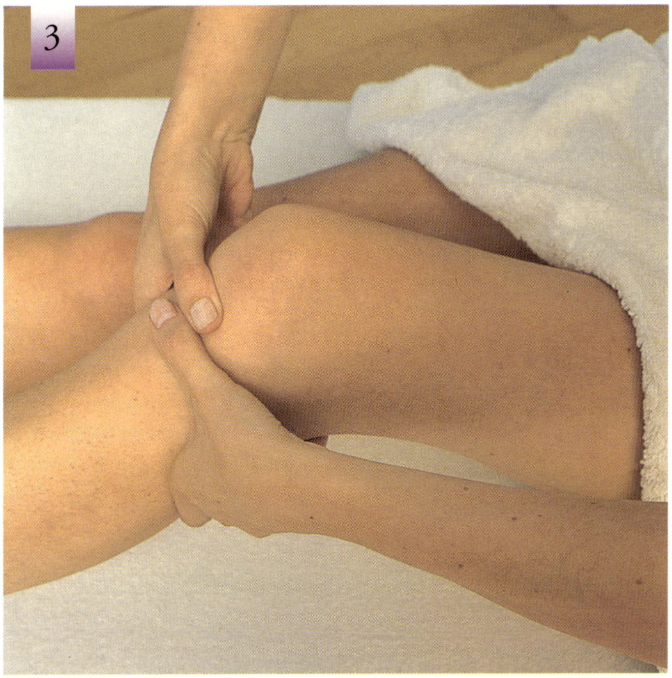

4
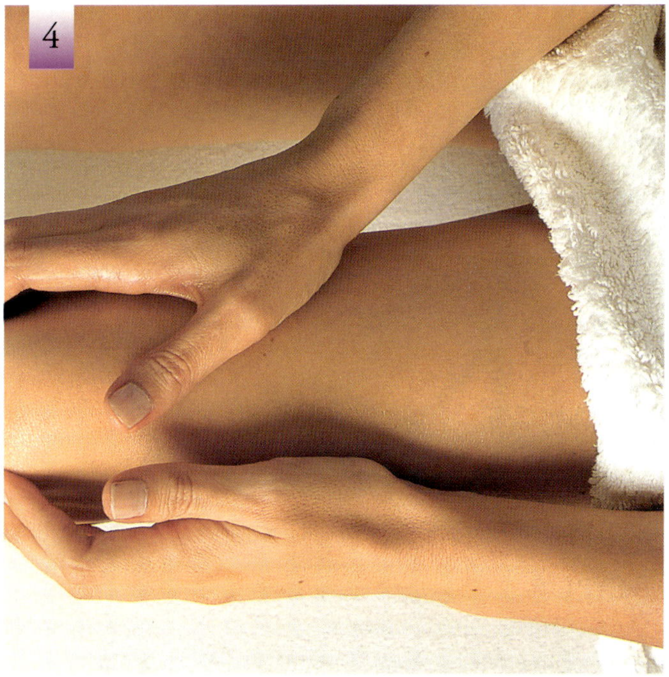

ÉTAPE 4. FRICTION DU TENDON D'ACHILLE

En vous servant de vos doigts et de vos pouces, massez tout autour du tendon d'Achille. (1)

ÉTAPE 5. CERCLES AUTOUR DU GENOU

Placez les deux pouces juste au-dessous du genou et faites-les glisser en douceur autour du genou, de chaque côté, jusqu'à ce qu'ils se rencontrent au-dessus du genou. (2)

ÉTAPE 6. Faites ensuite des cercles en sens inverse jusqu'à ce que les pouces se rencontrent sous le genou. (3)

ÉTAPE 7. ASSOUPLISSEMENT DU GENOU

Servez-vous de la pulpe de vos pouces ou du bout de vos doigts pour masser tout autour de la rotule en petits mouvements circulaires de friction. Cette technique est excellente pour augmenter la flexibilité des articulations du genou. Faites ce mouvement tous les jours si vous souffrez d'arthrite ou d'une vieille blessure du genou. (4)

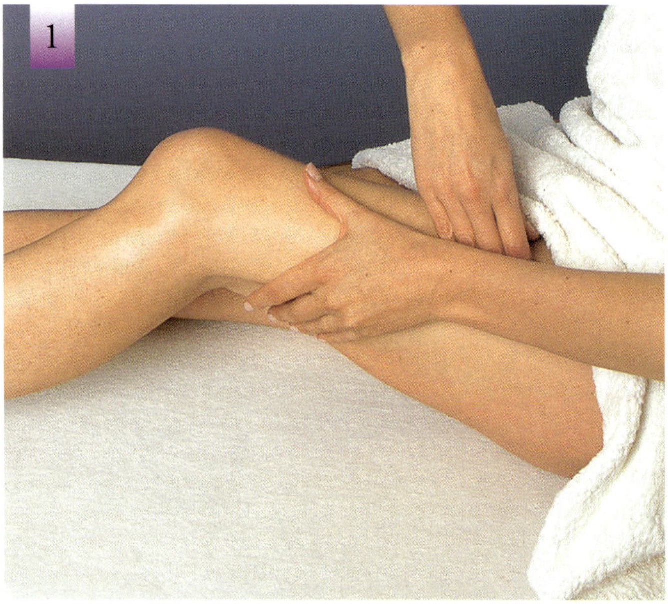

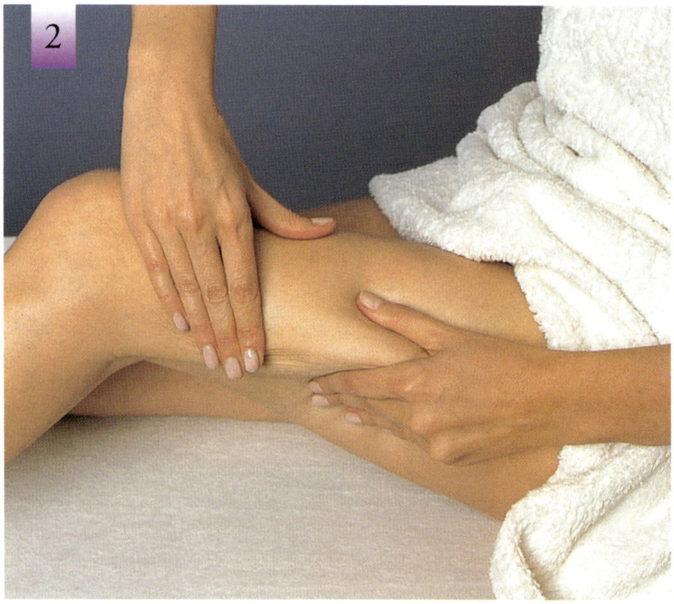

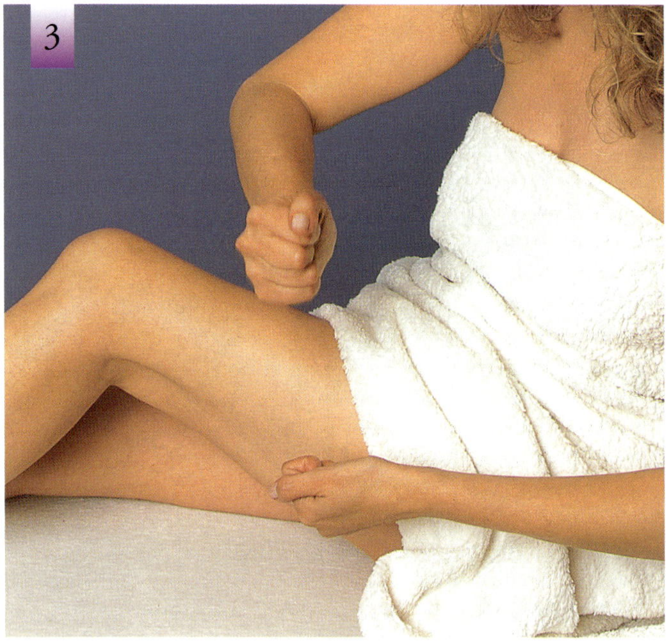

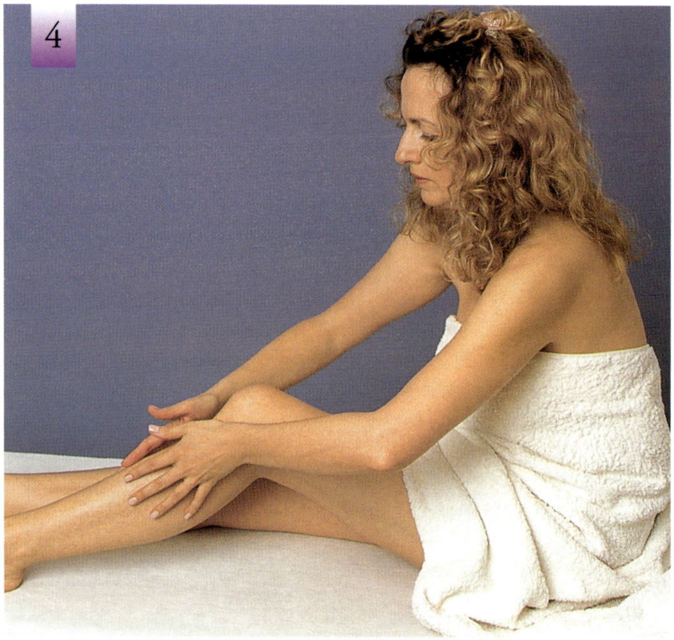

ÉTAPE 8. EFFLEURAGE DE LA CUISSE

Massez fermement les muscles de la cuisse à partir du genou jusqu'à l'aine. Veillez à masser toute la surface: l'avant, les côtés et l'arrière. Vous pouvez effleurer avec une main à la suite de l'autre; pour une pression plus ferme, placez une main pardessus l'autre. (1)

ÉTAPE 9. PÉTRISSAGE DE LA CUISSE

Pétrissez l'intérieur, le milieu et l'extérieur de la cuisse pour déloger les dépôts graisseux et la cellulite disgracieuse. Après un certain temps, le pétrissage peut vraiment améliorer la forme de vos cuisses. S'il y a des régions couvertes de cellulite, fermez les poings et servez-vous de vos jointures en formant des cercles. (2)

ÉTAPE 10. MARTÈLEMENT DE LA CUISSE

Serrez les poings légèrement et martelez la cuisse en mouvements successifs rapides. Le martèlement améliore la circulation, alors que le sang affleure à la surface; il réduit les dépôts graisseux et améliore le tonus musculaire. (3)

ÉTAPE 11. POUR TERMINER

Pour finir l'exercice, massez la jambe en douceur de la cheville à la cuisse, avec la légèreté d'une plume. (4)

Répétez sur l'autre jambe.

PIEDS

Un massage quotidien des pieds est excellent non seulement pour la détente, mais pour améliorer votre état de santé en général. D'après la réflexologie des pieds, tout le corps peut être traité à partir des pieds.

ÉTAPE 1. EFFLEURAGE DU PIED

Placez une main sur le dessus du pied et l'autre au-dessous. En vous servant de vos deux mains, massez fermement en remontant le pied des orteils jusqu'à la cheville, puis en sens inverse. (1)

ÉTAPE 2. ASSOUPLISSEMENT DE LA PLANTE DU PIED

Avec vos pouces, massez la plante du pied en petits mouvements circulaires profonds, pour assouplir les tendons et les muscles. (2)

ÉTAPE 3. FRICTION DES ORTEILS

Tenez votre pied dans une main et massez les articulations des orteils (l'extrémité et la base) entre le pouce et l'index de l'autre main pour bien les assouplir. (3)

ÉTAPE 4. MOUVEMENTS DES ORTEILS

Étirez chacun des orteils lentement puis faites-les bouger séparément dans le sens des aiguilles d'une montre et dans le sens inverse, pour en augmenter la flexibilité. (4)

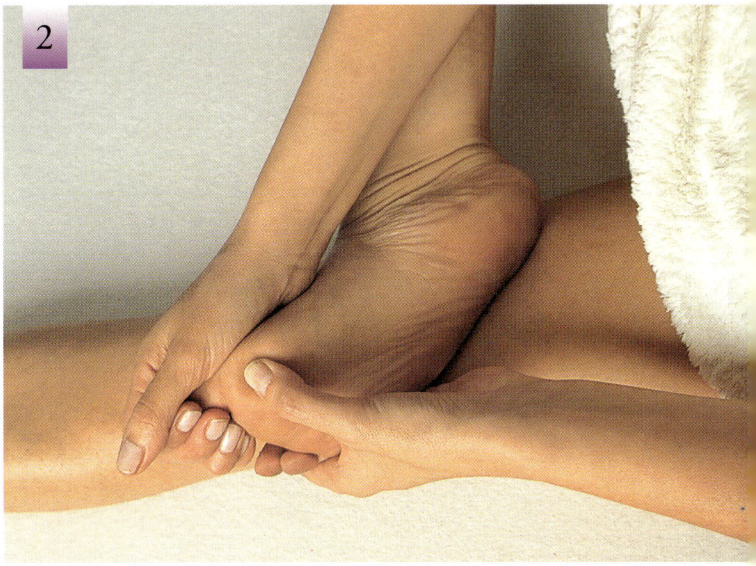
2

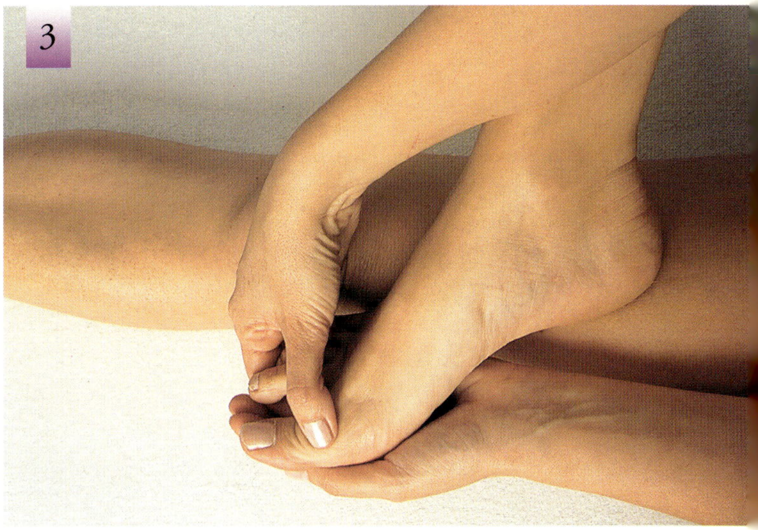
3

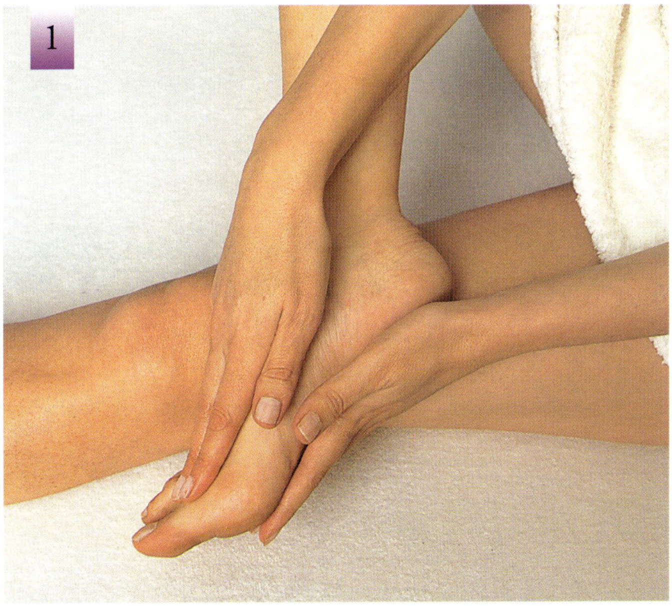
1

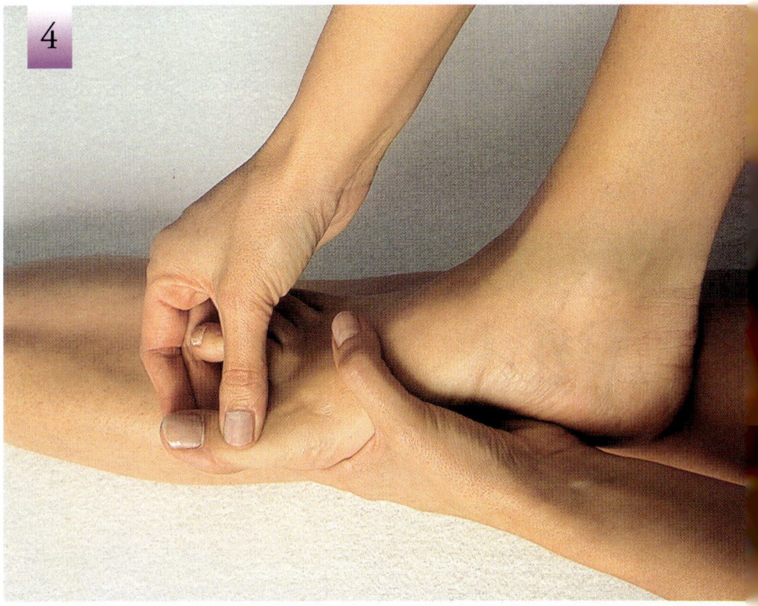
4

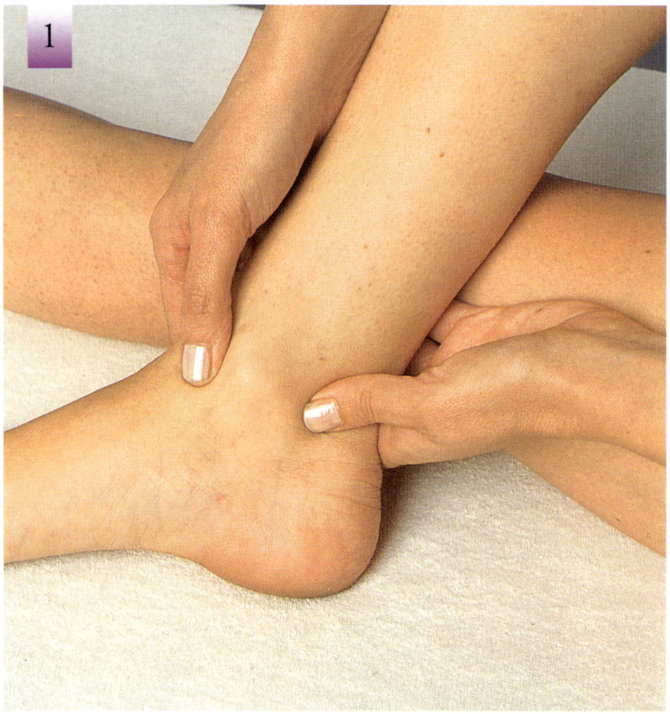

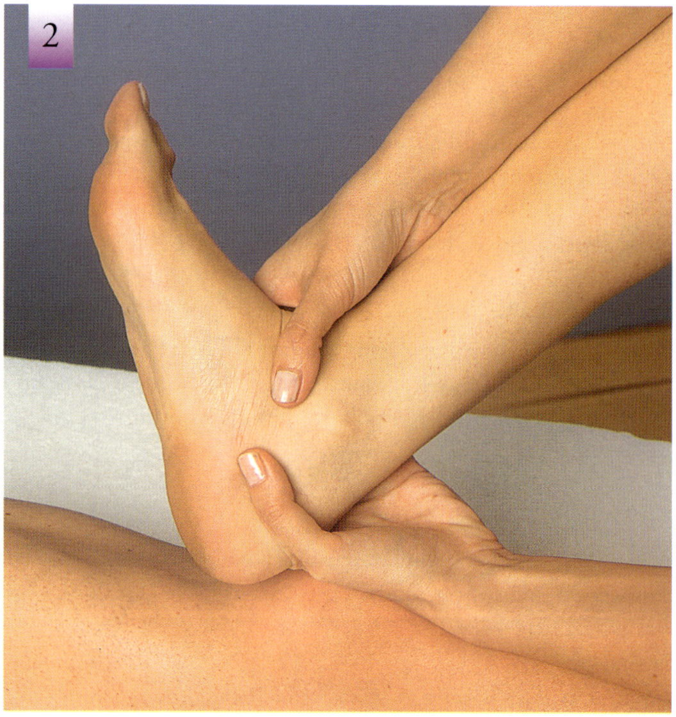

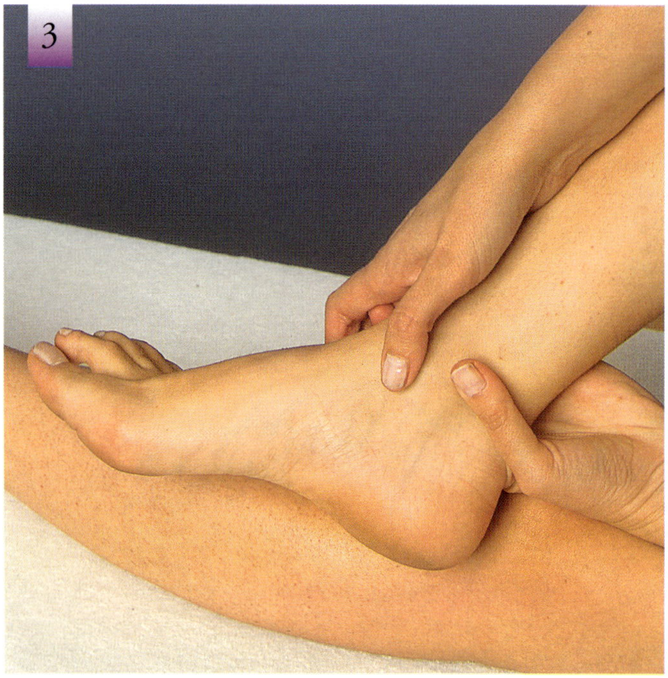

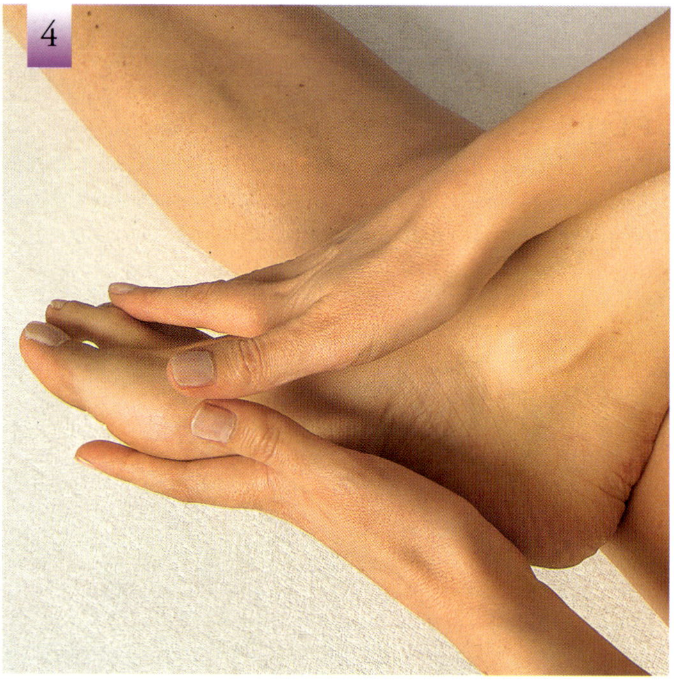

ÉTAPE 5. FRICTION DES CHEVILLES

Avec vos pouces ou le bout de vos doigts, massez tout autour de l'articulation de la cheville en petits mouvements circulaires profonds pour dissoudre les vieilles cicatrices. (1)

ÉTAPE 6. ROTATION DES CHEVILLES

Tenez votre pied d'une main et faites lentement tourner votre cheville dans le sens des aiguilles d'une montre puis dans le sens contraire. (2, 3)

ÉTAPE 7. POUR TERMINER

En vous servant seulement du bout de vos doigts, massez le pied lentement des orteils jusqu'à la cheville. Prenez votre pied en sandwich entre vos deux paumes et serrez doucement. (4)

Répétez sur l'autre pied.

COU ET ÉPAULES

La majorité d'entre nous éprouvons occasionnellement des douleurs au cou et aux épaules. La contraction du cou peut nous entraver et nous rendre incapables de bouger la tête correctement; elle cause aussi souvent des maux de tête. Vous pouvez vous donner ce massage assis dans votre lit, sur une chaise ou sur le plancher. Le cou et les épaules sont facilement accessibles et peuvent même être massés sous les vêtements. Essayez de le faire le soir en regardant la télé ou dans l'autobus ou le train alors que vous vous rendez au travail, ou alors que vous êtes pris dans un bouchon.

ÉTAPE 1. FRICTION DE LA BASE DU CRÂNE

Laissez votre tête se détendre vers l'avant aussi loin que possible sans inconfort, et mettez vos mains derrière la nuque. Servez-vous de vos pouces et du bout de vos doigts pour faire de petits mouvements circulaires de friction tout autour de la base du crâne. Une pression ferme dans cette région peut vous débarrasser de vos maux de tête ou prévenir leur apparition. (1)

ÉTAPE 2. EFFLEURAGE DU COU

Croisez vos mains en souplesse et massez le cou vers l'extérieur, de la nuque aux épaules. (2)

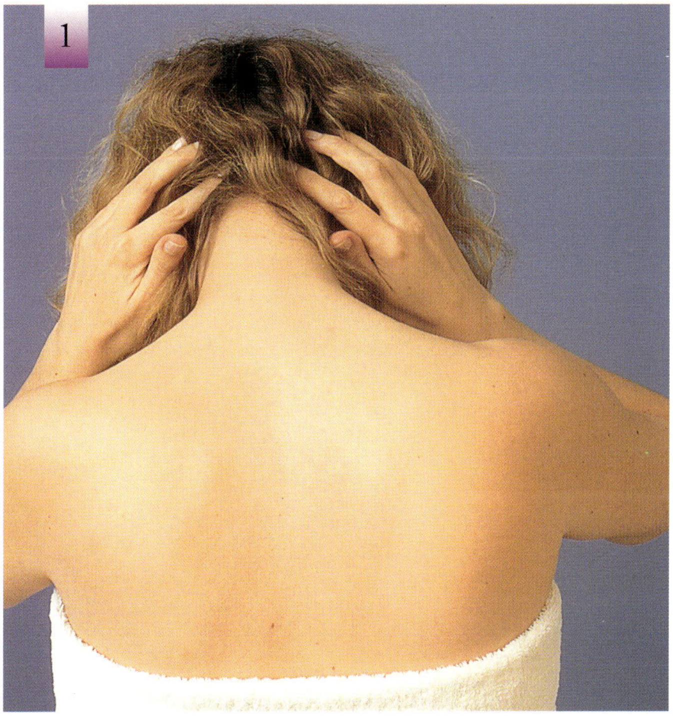

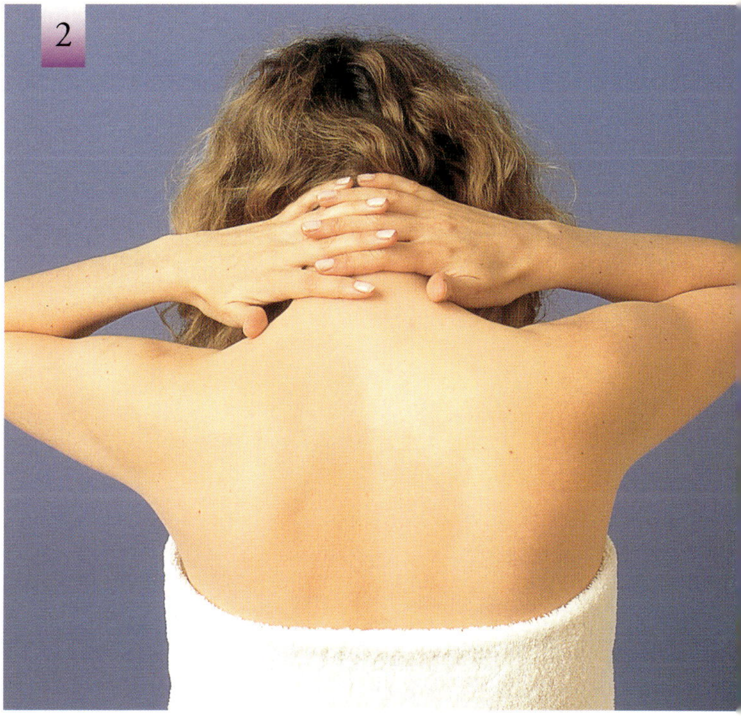

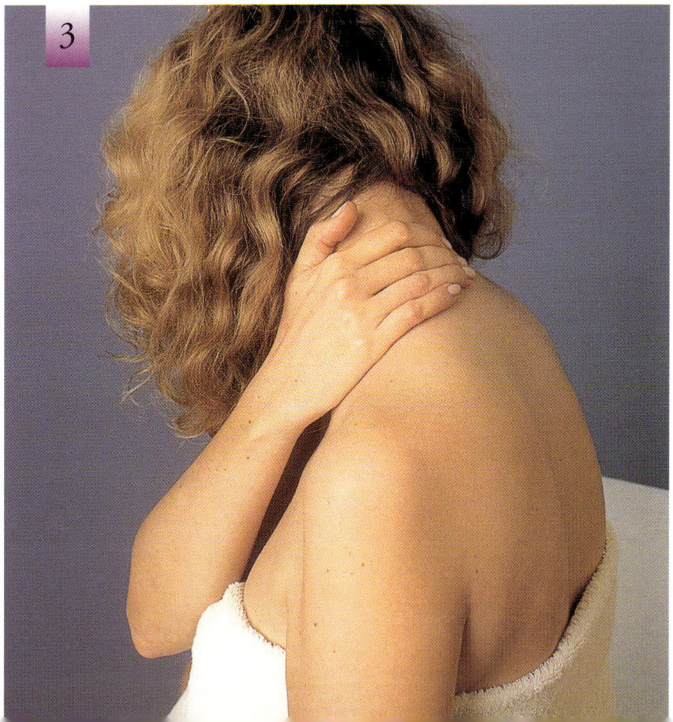

ÉTAPE 3. EFFLEURAGE DES ÉPAULES

Pour masser votre épaule gauche, placez votre main droite à la base du crâne et massez en descendant vers le côté du cou et sur l'épaule. (3)

Massez ensuite votre épaule droite en vous servant de votre main gauche pour détendre les muscles totalement.

1

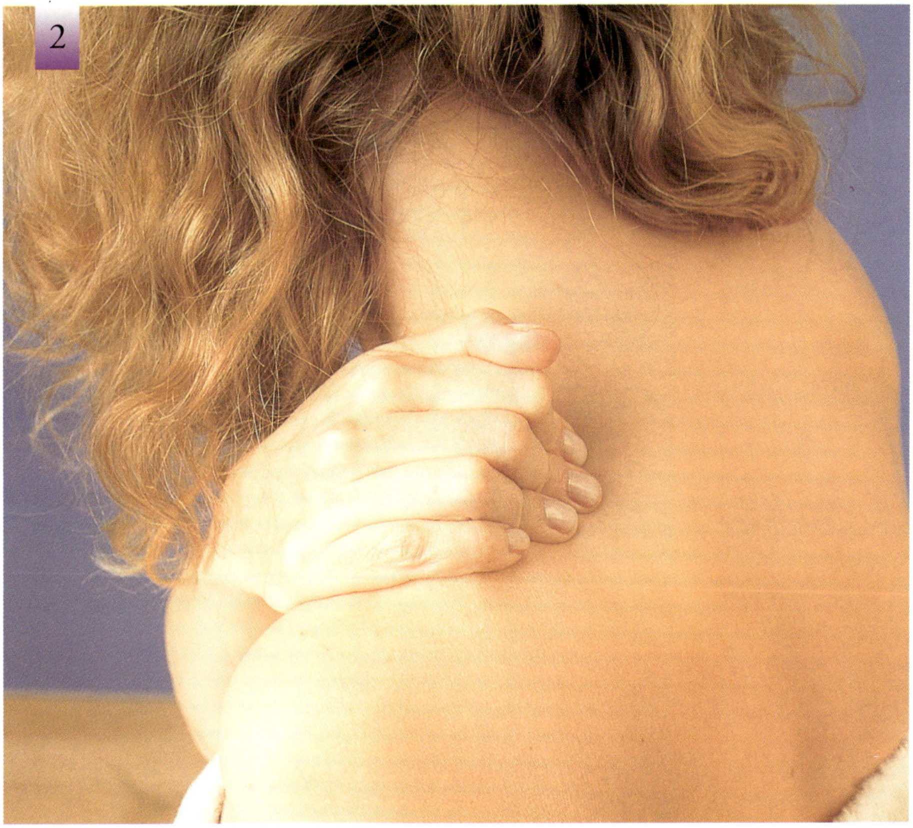

ÉTAPE 4. FRICTION DES OMOPLATES

Avec votre main droite, allez toucher votre omoplate gauche en croisant votre bras sur le devant de votre corps. Servez-vous du bout de vos doigts pour appliquer des mouvements circulaires profonds de friction sur les nœuds qui apparaissent habituellement autour de l'omoplate. (1)

Répétez de l'autre côté.

ÉTAPE 5. PÉTRISSAGE DES ÉPAULES

Comprimez puis relâchez votre épaule gauche avec votre main droite dans laquelle vous attraperez autant de chair que possible. Pétrissez ensuite l'autre épaule. (2)

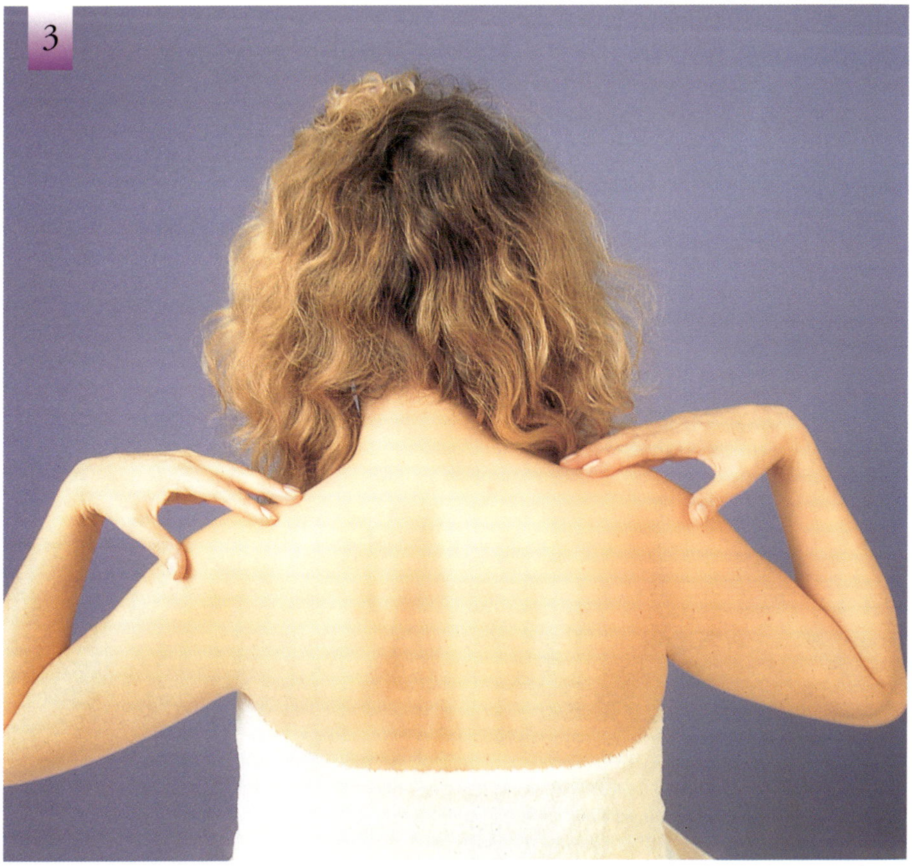

ÉTAPE 6. POUR TERMINER

Placez vos mains de chaque côté du haut du cou et massez lentement des deux mains en descendant le cou et les épaules. (3)

BRAS ET MAINS

Le massage des bras et des mains peut faire des merveilles pour les personnes qui se servent sans relâche de ces membres dans leur travail, par exemple les coiffeurs, jardiniers, rédacteurs, dactylos, etc. Il peut également prévenir l'apparition des blessures sportives.

ÉTAPE 1. EFFLEURAGE DU BRAS

Posez votre main doucement sur votre genou et effleurez votre bras en entier, du poignet jusqu'à l'épaule. (1)

ÉTAPE 2. PÉTRISSAGE DU HAUT DU BRAS

Attrapez et serrez autant de chair qu'il vous est possible sur le haut de votre bras pour déloger les dépôts graisseux et améliorer le tonus musculaire. (2)

ÉTAPE 3. MASSAGE EN PROFONDEUR DE L'AVANT-BRAS

Avec votre pouce d'un côté de votre bras et vos doigts par-dessous, exercez de profonds mouvements de massage du poignet jusqu'au coude. Si certaines régions vous semblent tendues, détendez-les en y exécutant de petits mouvements circulaires de friction. (3)

ÉTAPE 4. FRICTION DU COUDE

Pour détendre le coude, exécutez de petits mouvements circulaires de friction tout autour du coude avec le bout de vos doigts en massant en profondeur les régions très tendues. (4)

ÉTAPE 5. ASSOUPLISSEMENT DU COUDE

Prenez votre coude dans votre main en coupe, puis lentement et en douceur, pliez et étirez l'avant-bras pour améliorer la flexibilité. (5)

ÉTAPE 6. ASSOUPLISSEMENT DU POIGNET

Servez-vous de vos pouces ou du bout de vos doigts pour exercer une pression circulaire tout autour de l'articulation du poignet pour l'assouplir. (6)

ÉTAPE 7. ROTATION DU POIGNET

Toujours en douceur, faites des cercles avec votre poignet, dans le sens des aiguilles d'une montre et dans le sens inverse. (7)

3

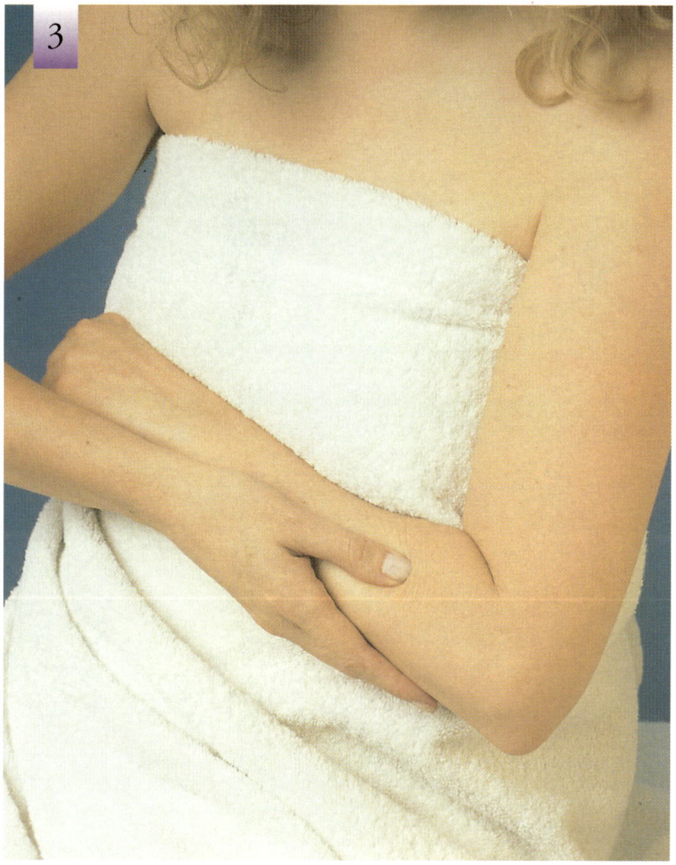

5

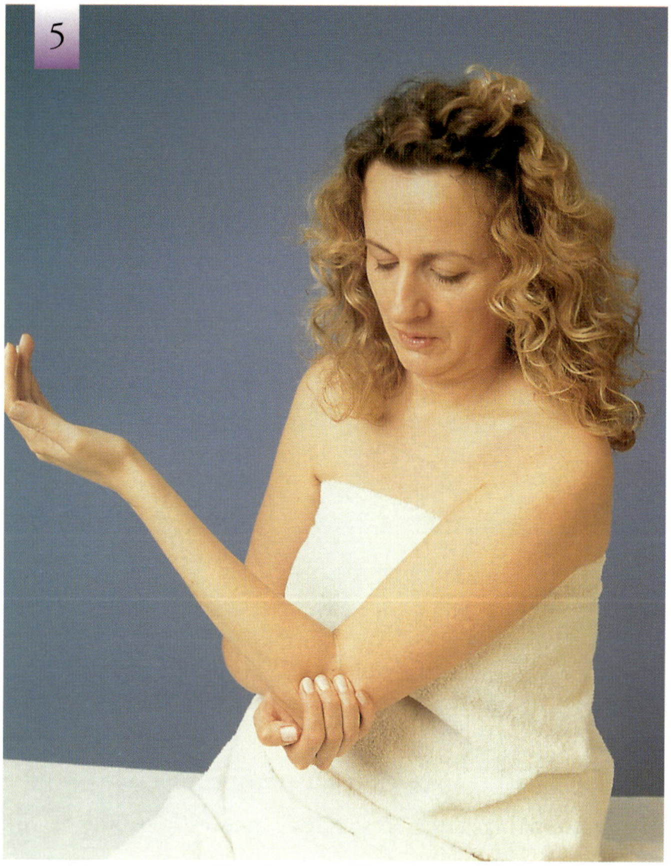

4

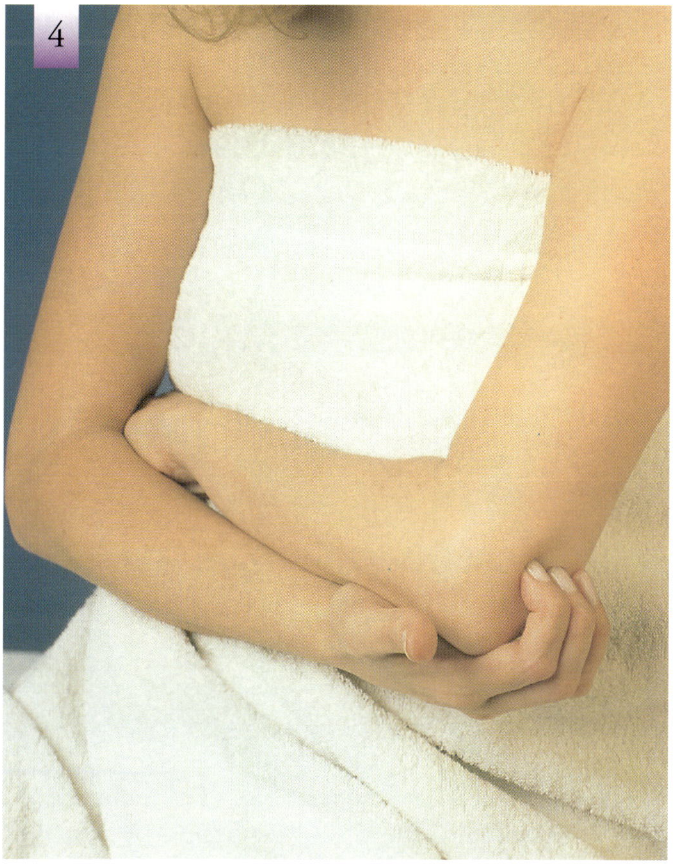

6

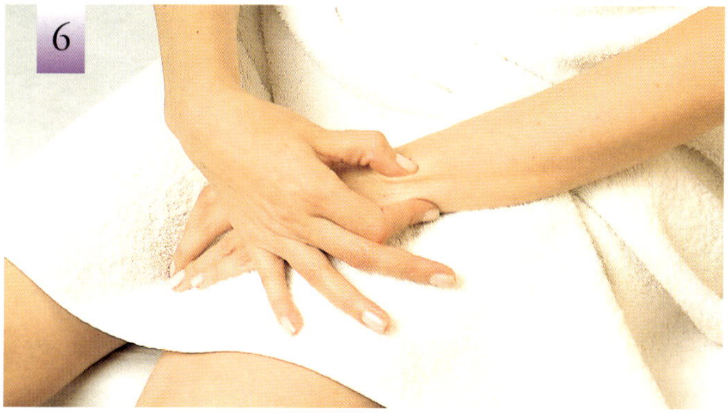

7

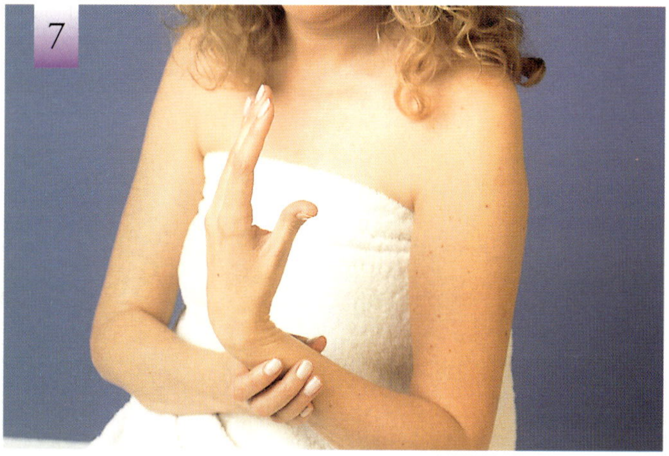

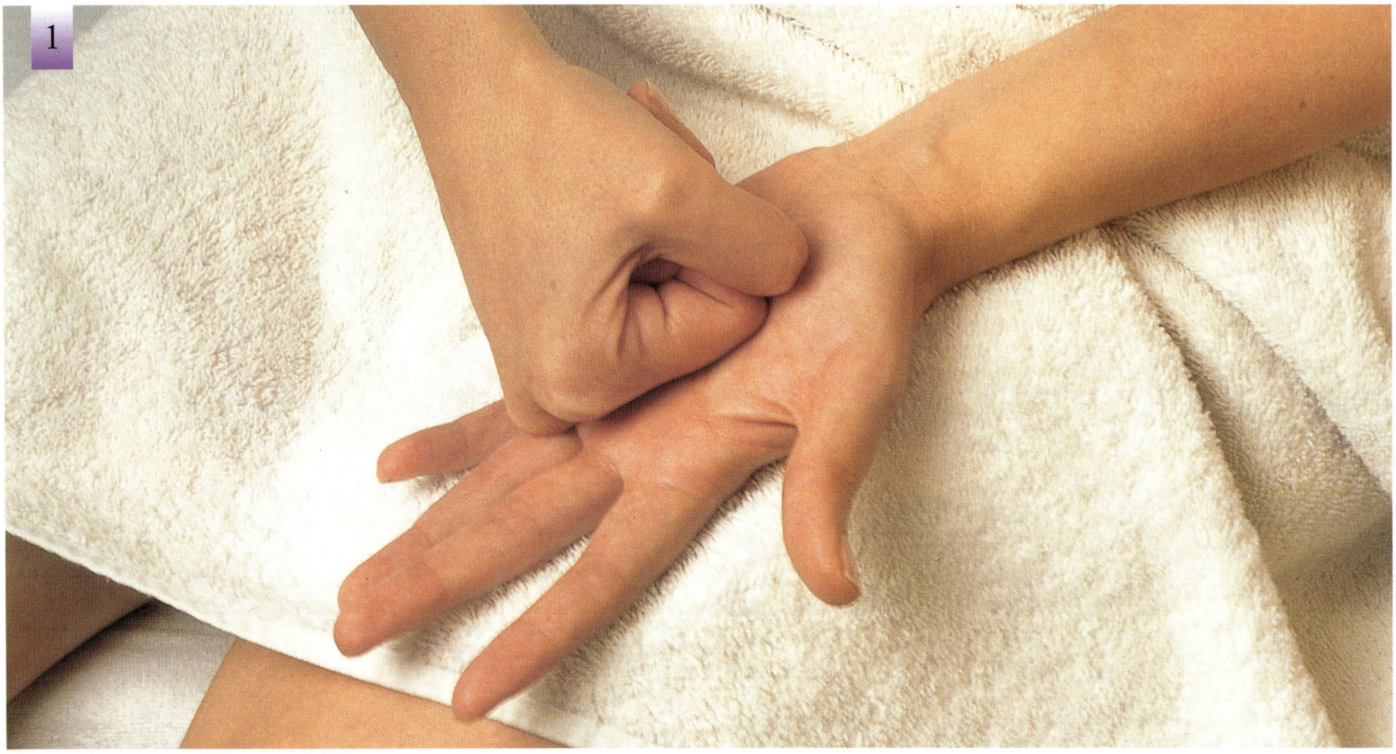

ÉTAPE 8. MASSAGE DE LA PAUME DE LA MAIN

Avec votre poing fermé en souplesse, massez la paume de votre main en mouvements circulaires légers. (1)

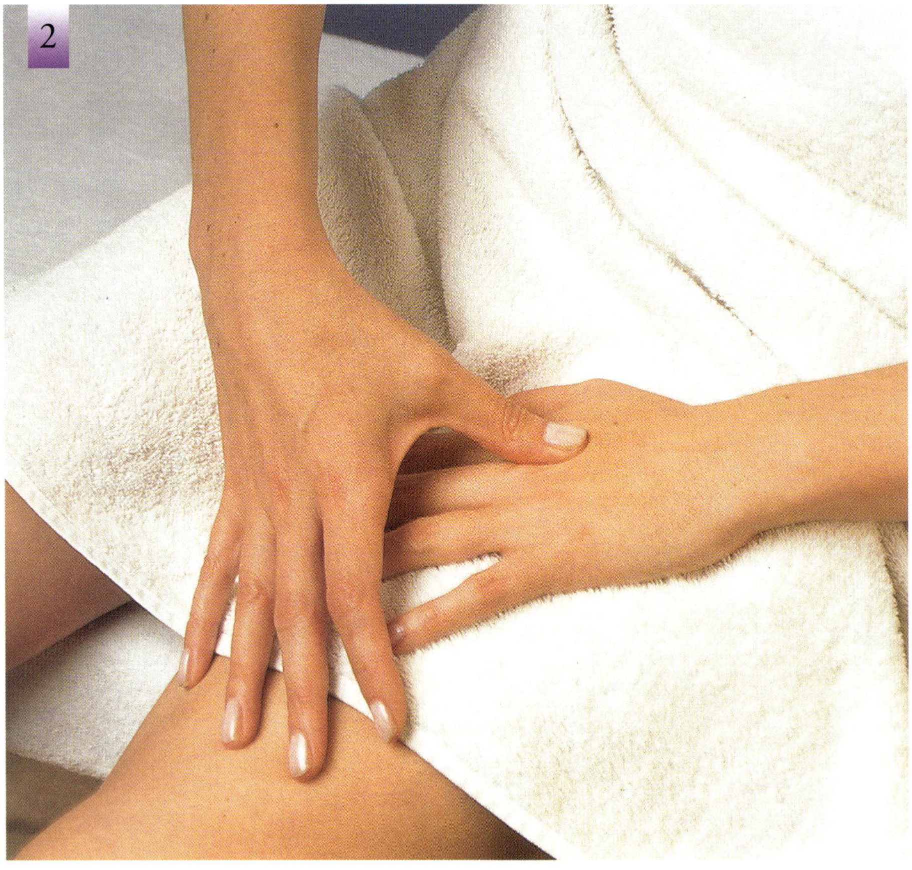

ÉTAPE 9. MASSAGE ENTRE LES TENDONS

Retournez votre main et en vous servant de votre pouce ou du bout de vos doigts, massez chaque sillon entre les tendons en remontant des jointures jusqu'au poignet. (2)

1

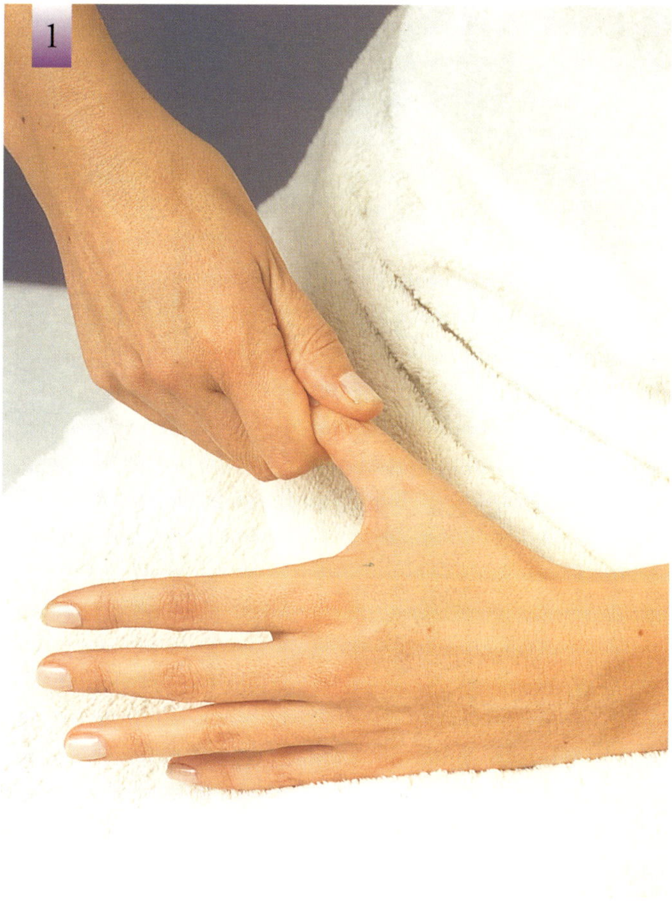

2

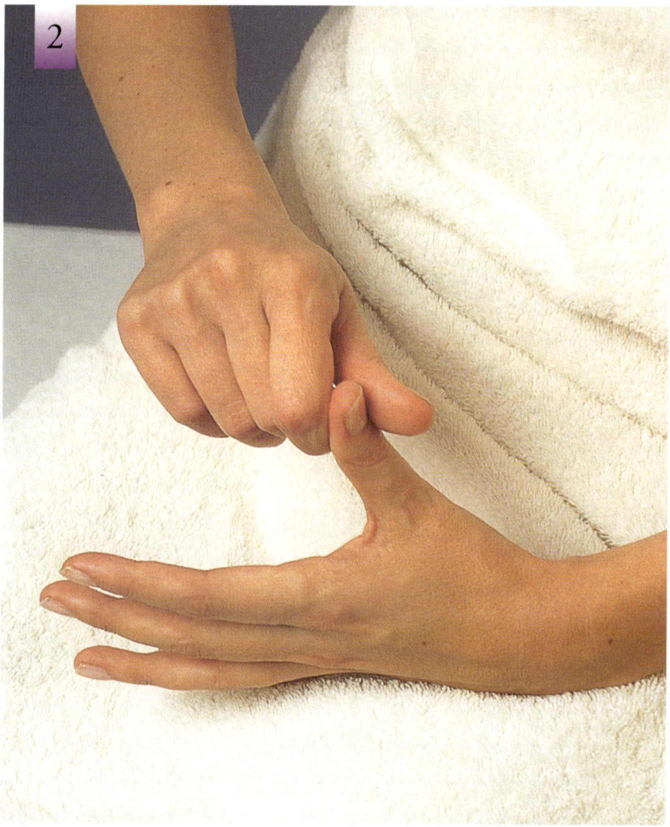

3

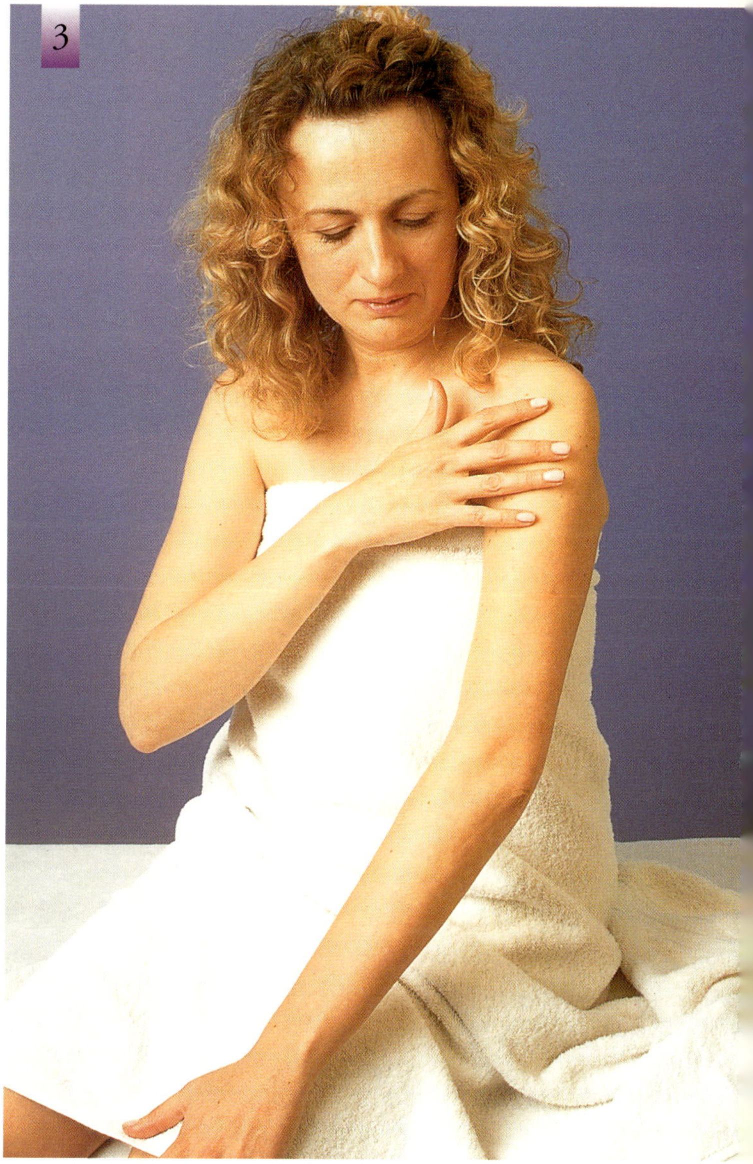

ÉTAPE 10. ASSOUPLISSEMENT DES DOIGTS ET DU POUCE

Lentement et en douceur, étirez chaque doigt et le pouce séparément, des jointures aux extrémités, entre le pouce et l'index. (1) Faites-les ensuite tourner en petits cercles dans une direction puis dans l'autre. (2) En vous servant seulement du bout de vos doigts, massez le bras en douceur en remontant des doigts jusqu'aux épaules. Veillez à bien masser chaque partie du bras. (3)

VISAGE ET CUIR CHEVELU

ÉTAPE 1. EFFLEURAGE

Placez vos deux mains sur votre front, les bouts de vos doigts se faisant face, et massez le front vers l'extérieur. (1) Massez ensuite les joues vers l'extérieur. (2) Finalement, massez le menton. (3)

ÉTAPE 2. FRICTION DOUCE

En vous servant du bout de vos doigts, exécutez des mouvements circulaires en douceur en commençant à la naissance des cheveux et en massant tout le visage en descendant jusqu'au menton. (4)

ÉTAPE 3. TONIFIEZ LES SOURCILS ET LE MENTON

Entre le pouce et l'index, serrez doucement le long de l'arcade sourcilière. (5) Répétez cette manœuvre tout le long du menton pour aider à prévenir la formation d'un double menton. (6)

ÉTAPE 4. YEUX

Avec vos index ou vos majeurs, commencez juste au-dessous du coin de l'œil et massez doucement vers l'extérieur. Ce mouvement aide à réduire l'enflure autour des yeux et devrait être exécuté avec beaucoup de douceur, car il s'agit d'une région très sensible. (7)

ÉTAPE 5. FRICTION DU CUIR CHEVELU

Massez tout le cuir chevelu vigoureusement en mouvements circulaires du bout des doigts. La friction du cuir chevelu aide à relâcher les toxines et favorise la pousse des cheveux. (8)

ÉTAPE 6. POUR TERMINER

Placez le talon de vos deux mains sur vos yeux. Laissez vos mains ainsi pendant quelques secondes, le temps que vos yeux soient complètement détendus. Quand vous retirerez vos mains, vous vous sentirez merveilleusement revitalisé. (9)

3

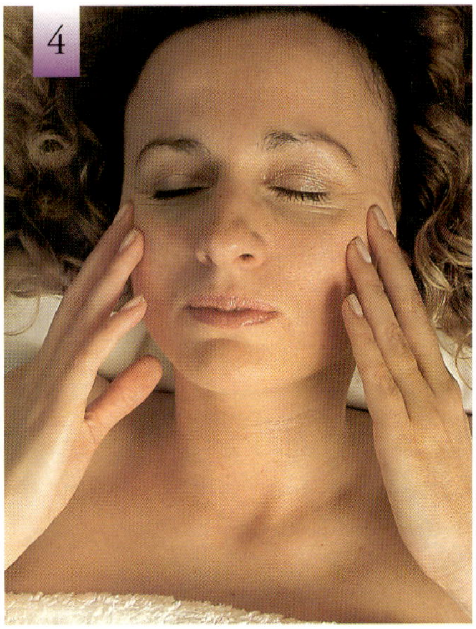
4

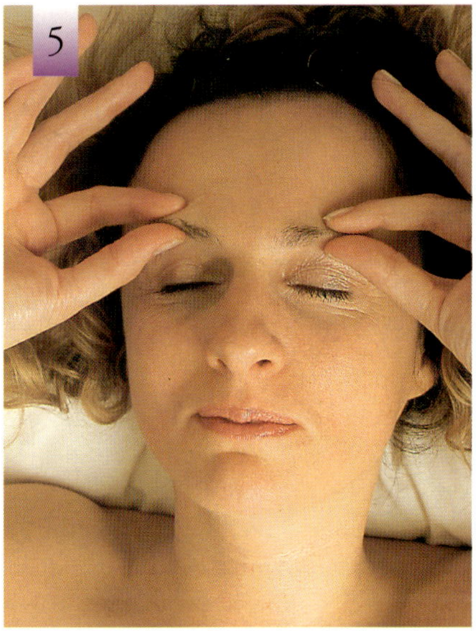
5

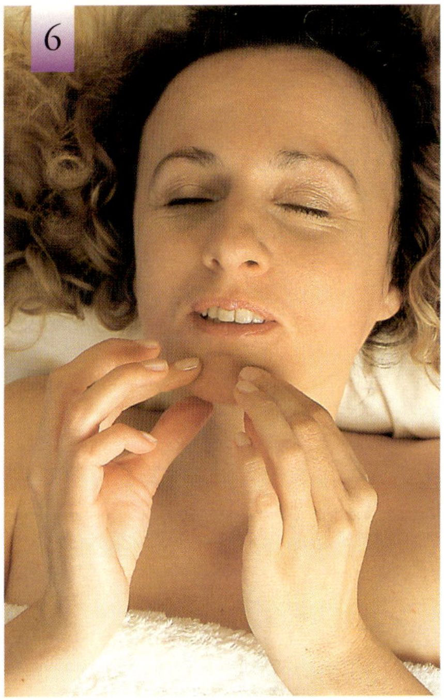
6

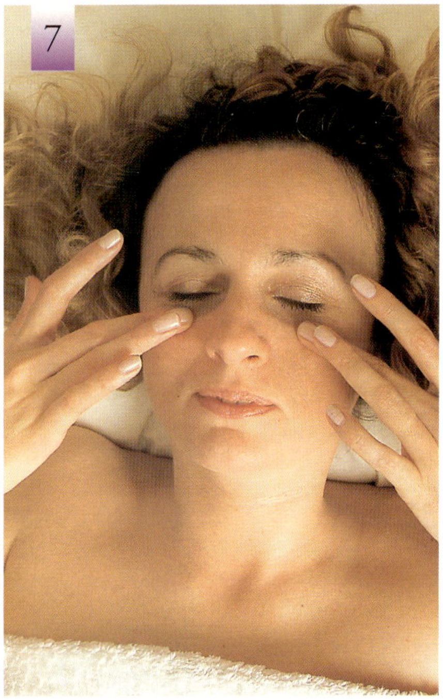
7

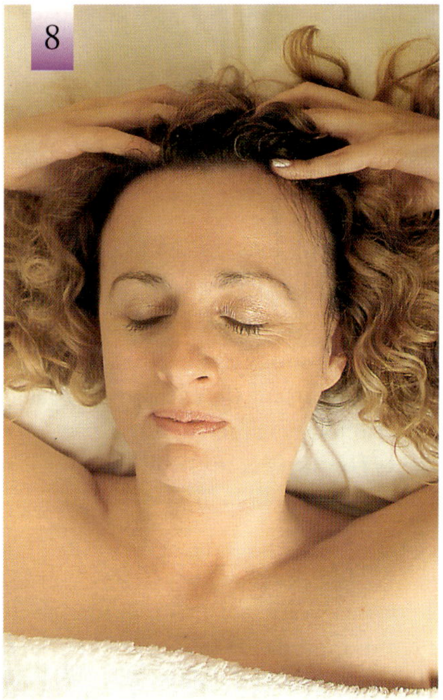
8

9

massage thérapeutique pour
affections courantes

Le massage thérapeutique offre de nombreux avantages physiologiques et psychologiques et peut servir à traiter une foule de maladies courantes. Toutefois, en présence d'un problème persistant ou grave, il est impératif de consulter un médecin qualifié. Ce chapitre expose quelques-unes des maladies qui peuvent être traitées avec succès par le massage. Nous avons énuméré huit huiles essentielles dans le premier chapitre, et SEULES ces huiles sont incluses dans le présent chapitre.

Problèmes de Circulation

Hypertension

L'hypertension est un problème assez fréquent qui peut avoir diverses causes. Le stress, qui fait que les muscles se contractent et que les artères se compriment, est un facteur majeur d'hypertension. Des facteurs alimentaires comme les gras saturés et un surplus de sel peuvent également hausser le taux de cholestérol et causer le durcissement des artères. Les antécédents familiaux et le tabagisme sont d'autres facteurs responsables de l'hypertension.

Traitement par le Massage

Le massage est une thérapie fort populaire pour calmer l'hypertension – des massages réguliers contribuent à la réduire –, parfois même de manière spectaculaire. Un état anxieux ou émotif peut faire monter la tension artérielle, et la détente profonde que produit le massage peut calmer même les individus les plus tendus.

• Un massage de tout le corps au moins une fois par semaine. Les manœuvres brusques de stimulation telles la percussion ou la hachure devront toutefois être évitées en cas d'hypertension.

• Exécutez plusieurs manœuvres d'effleurage pendant le traitement, tout spécialement dans le dos, pour calmer, soulager et détendre le receveur. (1)

• Le massage quotidien des pieds ou des mains est excellent pour une plus grande sérénité d'esprit. (2)

1

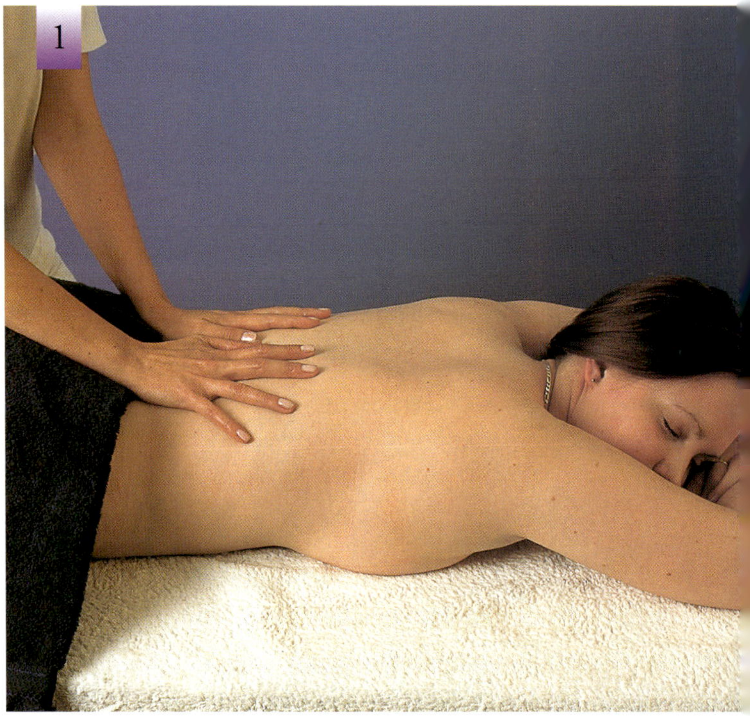

2

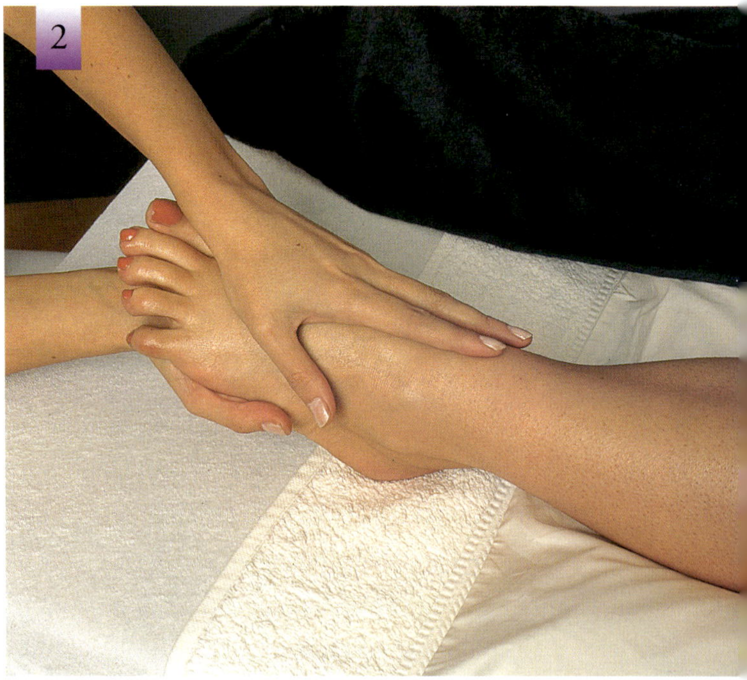

Les huiles essentielles de camomille, de géranium ou de lavande, seules ou mélangées, peuvent être ajoutées à l'huile de massage pour en rehausser les effets relaxants.

À 10 ml (2 c. à thé) d'huile de base, ajoutez:
1 goutte de camomille
1 goutte de géranium
1 goutte de lavande

Autres Conseils

• Mangez beaucoup de fruits, de légumes, de fibres (surtout l'avoine) et d'ail. Évitez le sel, le sucre et les gras saturés.
• Essayez de réduire votre stress.
• Cessez de fumer et diminuez votre consommation d'alcool et de caféine.
• Faites un exercice physique non violent, comme le yoga ou le Tai-chi.

Varices

Les varices apparaissent quand les valvules des veines sont défectueuses et incapables d'empêcher le sang de s'écouler à rebours. Elles affectent quatre fois plus de femmes que d'hommes. Cinquante pour cent des adultes d'âge moyen en sont affectés. Les grossesses, les longues stations debout, l'obésité, les gènes défectueux et la constipation sont autant de causes de l'apparition des varices.

Traitement par le Massage

N'exécutez jamais les manœuvres les plus vigoureuses telles la percussion et la hachure. N'exercez jamais de pression directe sur une grosse varice, car vous risqueriez de causer de la douleur ou de l'inflammation.

• Quotidiennement, massez les jambes en douceur des chevilles jusqu'au haut de la cuisse, en exécutant de nombreuses manœuvres d'effleurage. (1, 2)
• Si personne n'est disponible, massez-vous les jambes vous-même. (3)

Les huiles essentielles de citron et de géranium sont inestimables.

À 10 ml (2 c. à thé) d'huile de base, ajoutez:
2 gouttes de citron
1 goutte de géranium

Autres Conseils

• Ajoutez beaucoup d'ail (de préférence cru) à votre régime alimentaire pour améliorer la circulation sanguine.
• Mangez beaucoup de fruits frais, surtout les mûres, cassis, agrumes, cerises, ananas, églantines et fraises, pour réduire la fragilité des vaisseaux sanguins.
• Les vitamines C, E, le ginkgo biloba et les capsules d'ail sont tous excellents.
• Évitez les longues stations debout.
• Relevez vos pieds plus haut que votre tête pendant environ 15 minutes quotidiennement pour améliorer le drainage.

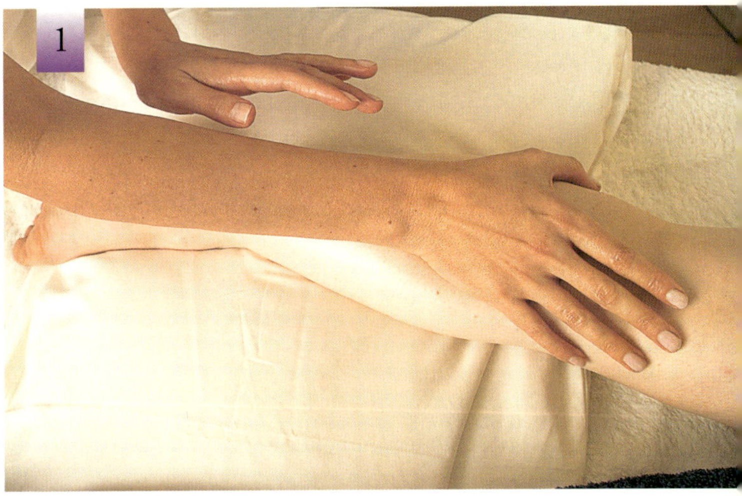
1

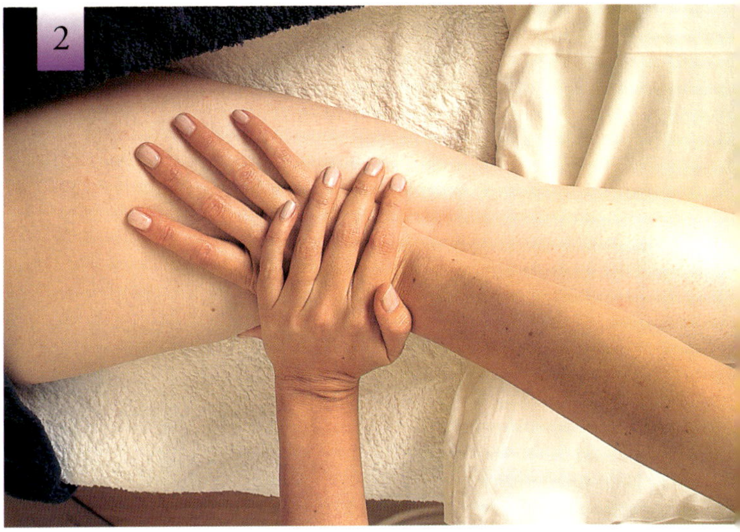
2

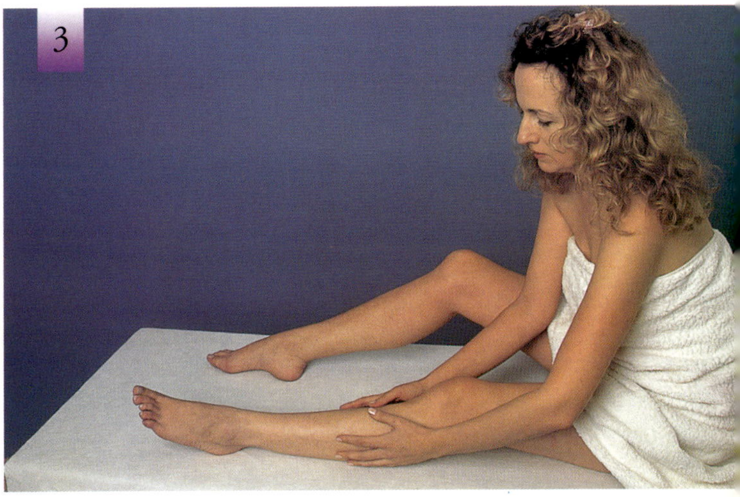
3

PROBLÈMES DE DIGESTION

De nombreuses personnes souffrent de problèmes de digestion tels la constipation, le syndrome du côlon irritable, l'indigestion, etc. Ces affections sont souvent dues au stress, à une mauvaise alimentation, au fait de ne pas boire assez d'eau, au manque d'exercice physique ou même à certains médicaments.

TRAITEMENT PAR LE MASSAGE

Le massage de l'abdomen est un traitement hautement efficace. Si le problème est chronique, l'abdomen devrait être traité quotidiennement, jusqu'à ce que le travail des intestins soit régularisé. Il faudra par la suite masser l'abdomen en cas de besoin.

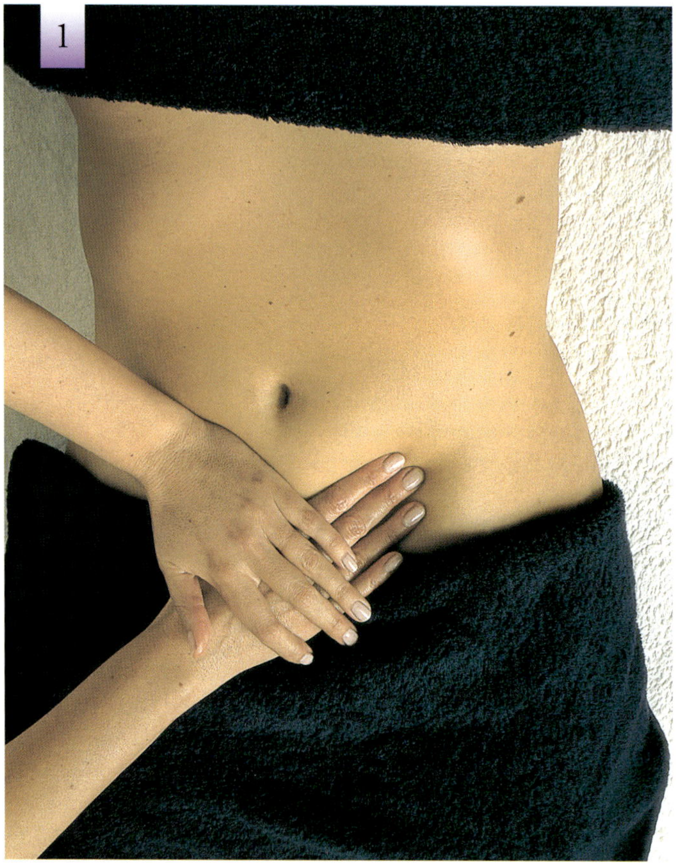

• Placez une main par-dessus l'autre sur le nombril et commencez à masser dans le sens des aiguilles d'une montre. Placez ensuite vos trois doigts du milieu à la base de l'abdomen du côté droit. Commencez à travailler lentement en remontant le côté droit (côlon ascendant) en petits mouvements circulaires légers. (1)
• Continuez à travailler en travers de l'abdomen sous la cage thoracique (côlon transversal) puis tournez et travaillez en redescendant du côté gauche de l'abdomen (côlon descendant). Revenez en glissant doucement jusqu'à la base du côté droit de l'abdomen et répétez ce mouvement plusieurs fois. (2) Terminez avec quelques mouvements d'effleurage.

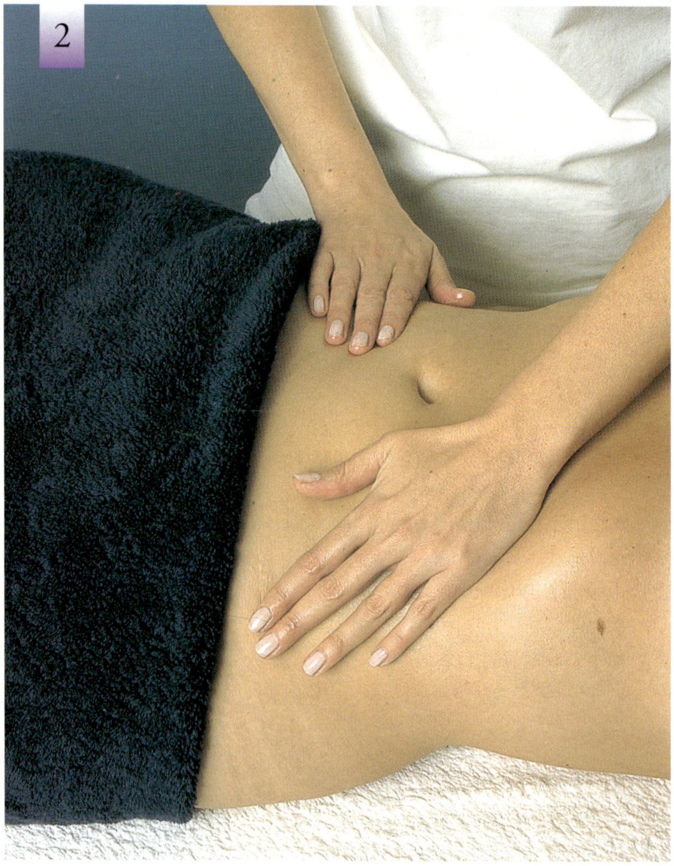

Pour rehausser le massage, utilisez des huiles essentielles de menthe poivrée et de romarin pour la constipation, ou encore de camomille et de mandarine pour des affections comme la diarrhée ou le syndrome du côlon irritable, pour calmer et soulager le côlon.

AUTRES CONSEILS

• Mangez des aliments riches en fibres pour augmenter la fréquence et la qualité de l'activité intestine.
• Buvez 6 à 8 verres d'eau par jour.
• Évitez l'usage prolongé de laxatifs, parce que ceux-ci rendent les intestins paresseux.
• N'ignorez pas l'envie d'aller à la selle.
• Évitez le stress.
• Buvez des infusions de camomille, de menthe poivrée ou de fenouil.

PROBLÈMES GÉNITO-URINAIRES

RÉTENTION D'EAU

La rétention d'eau est fréquente dans les jambes, surtout autour des chevilles, bien qu'elle puisse se faire sentir autour des poignets. La plupart des personnes âgées feront l'expérience de la rétention d'eau. Le massage est une manière très efficace pour aider le drainage des fluides lymphatiques accumulés.

TRAITEMENT PAR LE MASSAGE

• Si l'enflure se situe autour des chevilles, commencez avec de doux mouvements d'effleurage de toute la jambe, de la cheville jusqu'à la cuisse. Exécutez de légers mouvements circulaires de friction autour de la cheville. (1)

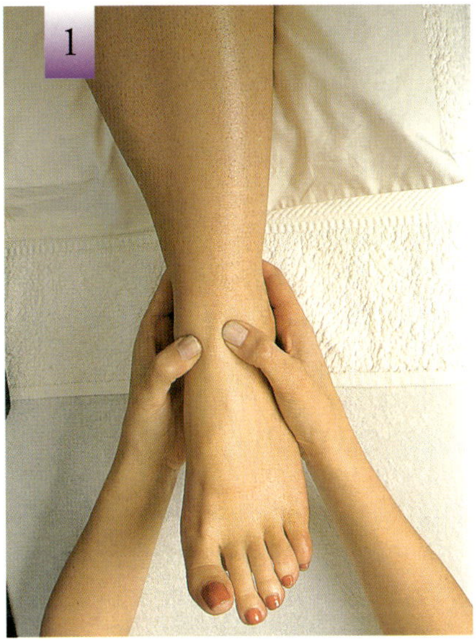

• Mobilisez ensuite la cheville en douceur en y imprimant un mouvement de rotation dans le sens des aiguilles d'une montre, puis dans le sens contraire. (2)

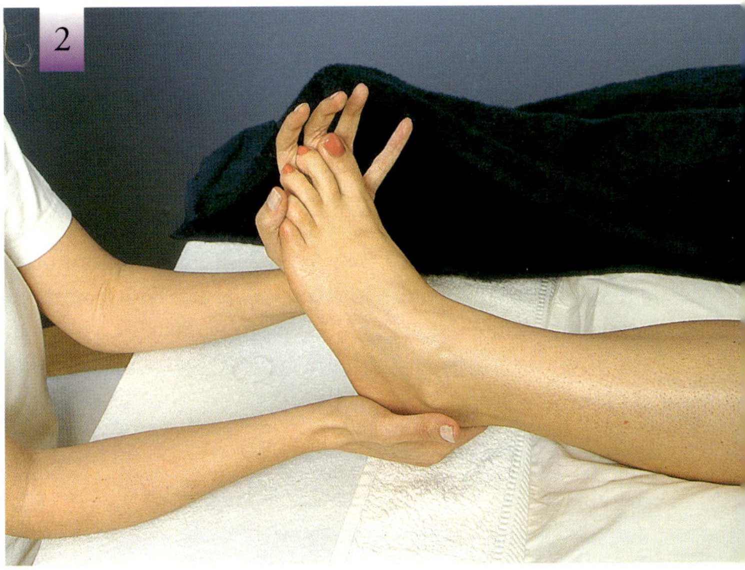

• Pour l'enflure des poignets, effleurez tout le bras en remontant du poignet jusqu'à l'épaule. Exercez ensuite de petites pressions circulaires autour du poignet et faites-le tourner doucement dans le sens des aiguilles d'une montre, puis dans le sens contraire. (3)

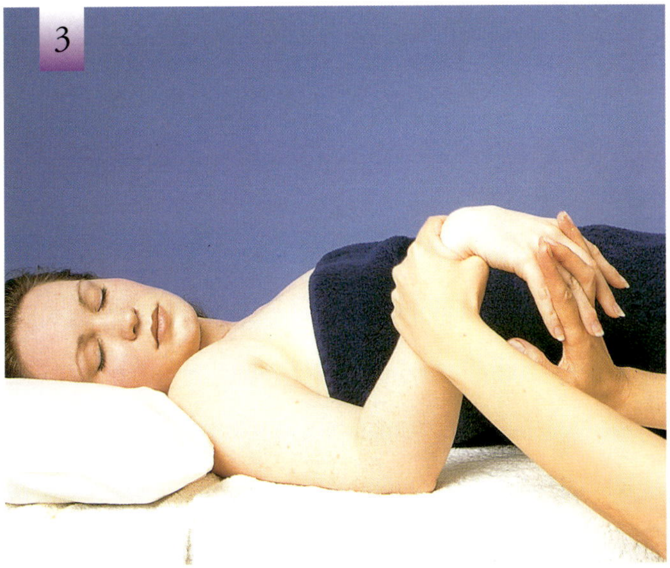

Pour aider à réduire les fluides, les huiles essentielles de géranium, de citron, de mandarine et de romarin sont très efficaces.

À 10 ml (2 c. à thé) d'huile de base, ajoutez:
2 gouttes de géranium
1 goutte de citron

OU

à 10 ml (2 c. à thé) d'huile de base, ajoutez:
2 gouttes de mandarine
1 goutte de romarin

AUTRES CONSEILS

• Buvez au moins 6 à 8 verres d'eau quotidiennement.
• Évitez de rester debout trop longtemps.
• Faites la rotation des chevilles et des poignets aussi souvent que possible.
• Relevez les jambes plus haut que la tête deux fois par jour si possible, pour au moins 15 minutes, pour permettre le drainage.
• Mangez beaucoup d'ail.
• Réduisez le sel dans votre alimentation.

Syndrome Prémenstruel

On attribue au syndrome prémenstruel des centaines de symptômes, bien que les principaux soient l'anxiété et les sautes d'humeur, les ballonnements et la rétention d'eau.

Traitement par le Massage

Le massage thérapeutique peut aider à traiter à la fois les symptômes physiques et les symptômes émotionnels du syndrome prémenstruel.

Un massage complet de tout le corps devrait être donné un jour ou deux avant l'arrivée des symptômes, pour aider la femme à se détendre et à rééquilibrer ses émotions. De nombreuses femmes sentent qu'elles retiennent beaucoup d'eau dans l'abdomen.

Un effleurage léger et un massage dans le sens des aiguilles d'une montre peuvent être utiles. (1)

Remonter les côtés de l'abdomen en direction de la vessie peut contribuer à soulager ce problème. (2)

Pour un maximum de résultats, ajoutez des huiles essentielles de camomille, géranium, lavande ou mandarine à votre huile de base. Ces huiles sont excellentes pour équilibrer les hormones, de même que pour réduire les excès de fluide. Pour compléter le massage thérapeutique, ajoutez quotidiennement à l'eau de votre bain, 6 gouttes de n'importe laquelle des huiles mentionnées plus haut.

Autres Conseils

- Réduisez le sel, le sucre, la caféine et l'alcool.
- Augmentez votre consommation de fibres alimentaires.
- Prenez des suppléments de vitamines du complexe B et d'huile d'onagre.
- Faites du yoga, du Tai-chi ou de la méditation en guise de relaxation.

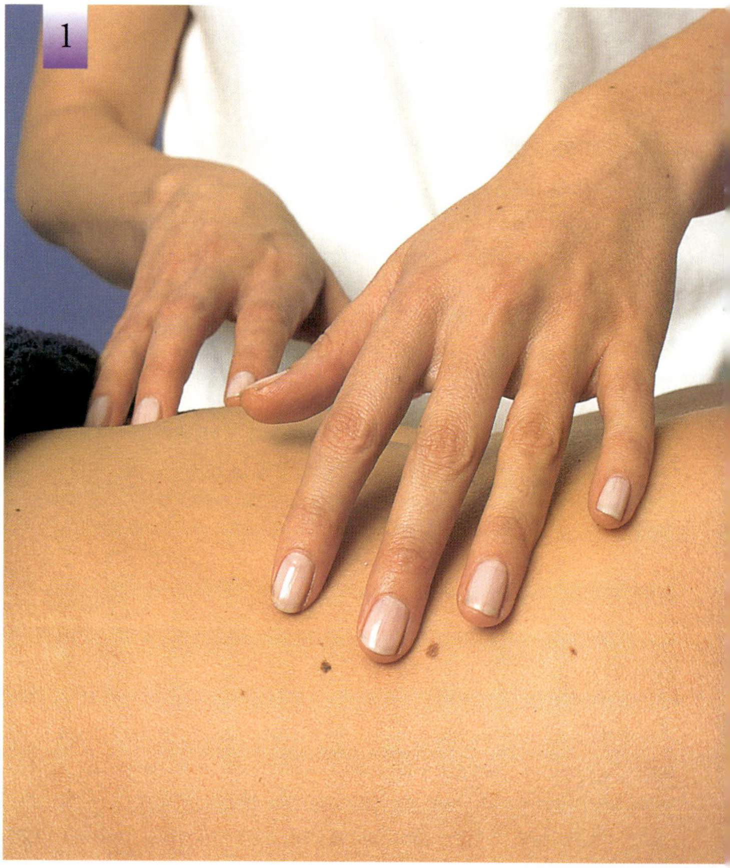

1

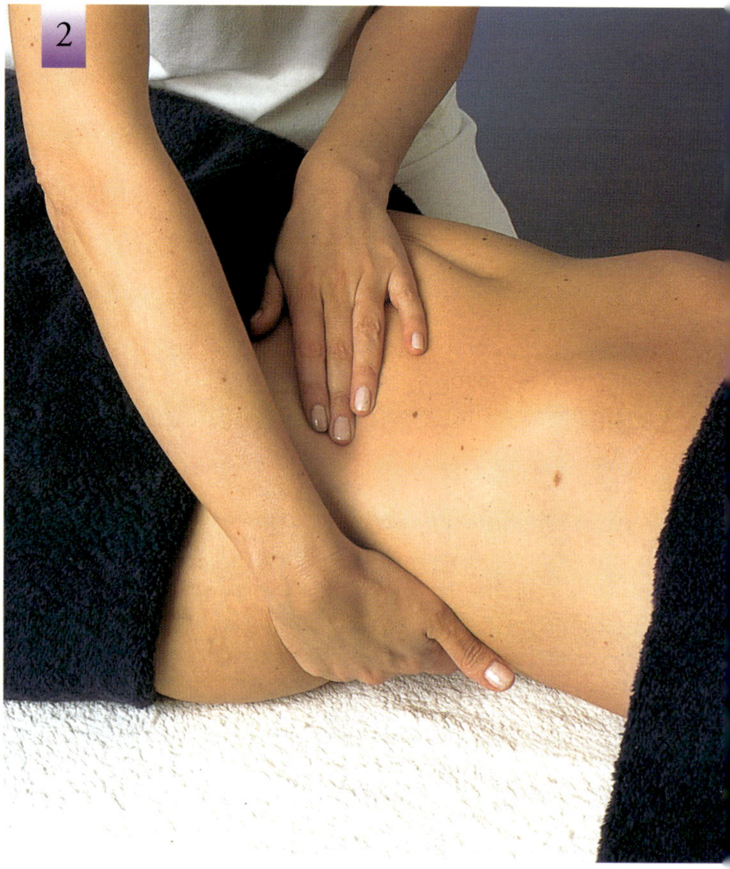

2

La Tête

Maux de Tête et Migraines

Les maux de tête résultent de divers facteurs allant des tensions musculaires dans le cou et les épaules aux allergies alimentaires, en passant par la fatigue des yeux, la sinusite, le déséquilibre hormonal, et ainsi de suite. Le massage thérapeutique est très efficace pour traiter les maux de tête, car c'est la meilleure façon de soulager le stress et de garder les muscles du cou et des épaules détendus.

Traitement par le Massage

Effleurez tout le dos en accordant une attention particulière au haut du dos. Exécutez ensuite de petits mouvements circulaires profonds autour des omoplates, pour défaire les nœuds ou nodules que vous y trouverez. (1)

Pétrissez les épaules minutieusement en serrant et en relâchant avec vos deux mains alternativement, et comprimez doucement les muscles du cou.

• Demandez au receveur de se retourner et effleurez les deux côtés de son cou. (2)

• Frictionnez ensuite la base du crâne. (3) Étirez le cou avec soin.

• Pour finir, massez le front vers l'extérieur pour relâcher toute tension restante. (4)

Les huiles essentielles de lavande et de menthe poivrée sont une bonne combinaison. Mettez 2 gouttes de lavande et 1 goutte de menthe poivrée dans 10 ml (2 c. à thé) d'huile de base. Si la douleur est très forte, mettez 3 gouttes de lavande et 3 gouttes de menthe poivrée dans un petit bol d'eau tiède et trempez-y un linge propre pour faire une compresse que vous placerez soit sur le front, soit dans le cou du receveur, pour un plus grand soulagement.

Autres Conseils

• Réduisez votre stress.
• Quotidiennement, faites-vous un massage du cou et des épaules.
• Évitez les aliments qui peuvent causer des maux de tête: les grands coupables sont le fromage, le chocolat et le vin rouge.
• Les vitamines du complexe B et le zinc sont excellents pour soulager le stress.

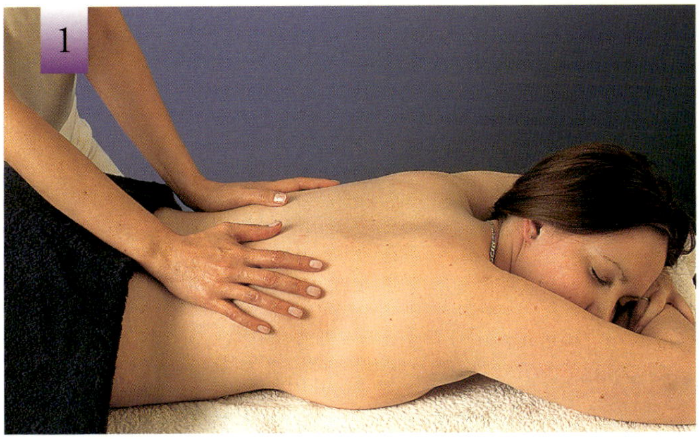

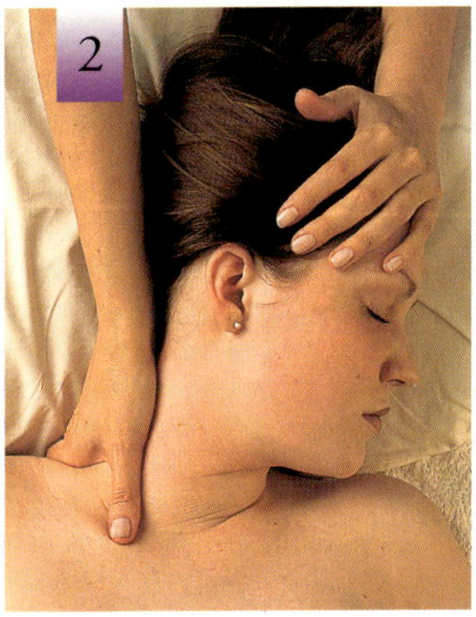

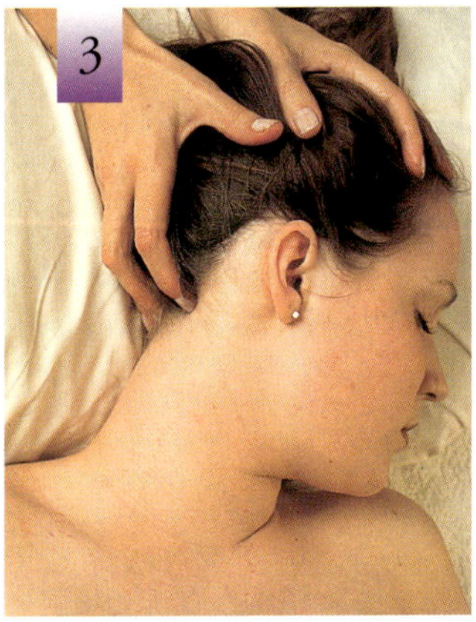

Problèmes Musculo-Squelettiques

Ostéoarthrite

Ce problème fréquent résulte de l'usure qui affecte en premier lieu les articulations qui supportent notre poids: les genoux et les hanches.

Traitement par le Massage

La thérapie vise à soulager les raideurs, à réduire la douleur et à améliorer la flexibilité des articulations touchées. Il est bon d'administrer un traitement toutes les deux semaines et de masser les articulations arthritiques chaque jour. Souvenez-vous qu'en présence d'une articulation très enflée, il ne faut jamais masser directement la région enflammée: travaillez au-dessus et au-dessous de l'enflure.

• Pour traiter l'arthrite du genou, effleurez d'abord toute la jambe de la cheville jusqu'au haut de la cuisse. Effleurez ensuite le devant de la cuisse fermement.

• Frictionnez doucement autour de la rotule pour qu'elle continue de bouger librement. (1)

• Pour finir, pliez et étirez le genou lentement et avec soin pour maintenir et augmenter l'ampleur des mouvements. (2, 3)

Les huiles essentielles utiles sont la camomille (s'il y a inflammation), l'eucalyptus (soulage la douleur), la lavande (détend et soulage la douleur), le citron (réduit les fluides et aide à évacuer les déchets), la menthe poivrée (soulage la douleur et rafraîchit) et le romarin (améliore la circulation, débarrasse des toxines et soulage la douleur). Ajoutez 3 à 4 gouttes de n'importe laquelle des huiles mentionnées plus haut à 10 ml (2 c. à thé) d'huile de base. Si la douleur est très forte, vous pouvez faire une compresse en mélangeant 6 gouttes d'huile essentielle dans un bol d'eau tiède. Trempez-y un linge que vous placerez sur la région affectée.

Autres Conseils

• Conservez un poids santé.
• Essayez le sélénium ACE.
• Pour garder vos articulations mobiles, faites un exercice physique léger comme le yoga, le Tai-chi ou la marche à pied.

Pour savoir comment masser les autres articulations, suivez la technique étape par étape décrite dans les chapitres précédents et exécutez l'automassage quotidiennement.

1

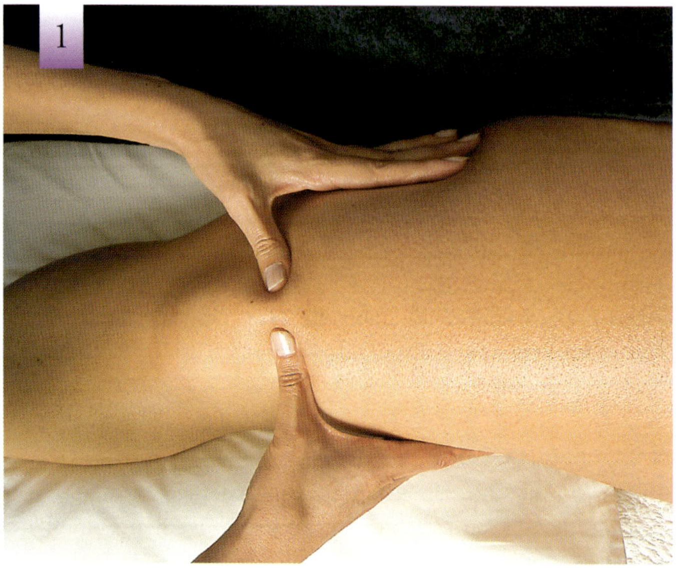

2

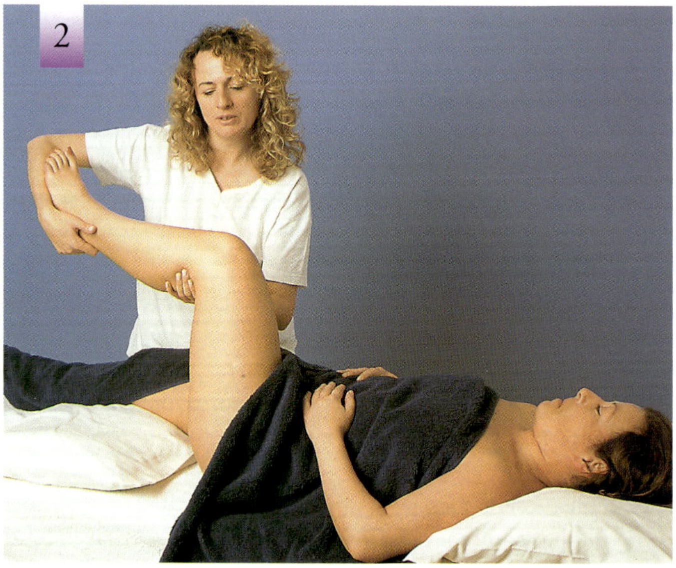

3

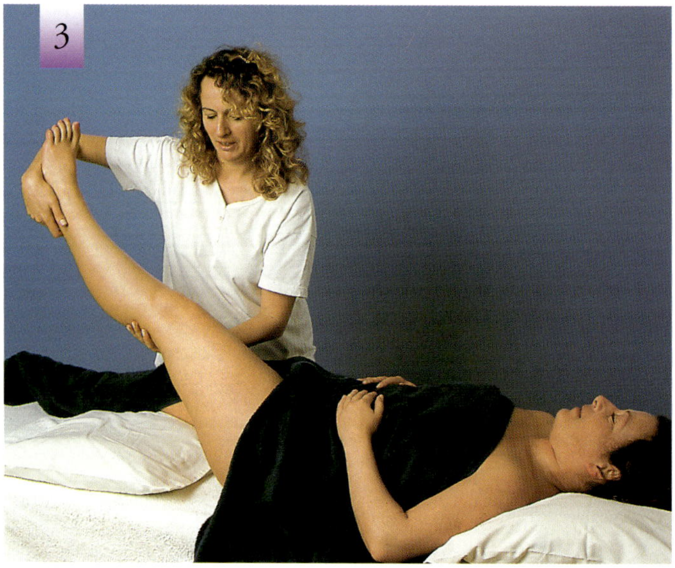

PROBLÈMES RESPIRATOIRES

ASTHME/TOUX/CONGESTION NASALE

L'asthme est caractérisé par le sifflement causé par l'inflammation des canaux de circulation de l'air dans les poumons, qui font se rétrécir les voies respiratoires et réduisent la quantité d'air qui entre et qui sort des poumons. Le stress et les allergies au pollen, à la poussière domestique et à certains aliments, etc., peuvent provoquer une crise.

TRAITEMENT PAR LE MASSAGE

Concentrez votre massage thérapeutique sur la poitrine et le haut du dos. Placez vos mains au milieu de la poitrine et effleurez vers l'extérieur pour ouvrir la poitrine et ainsi permettre une respiration plus profonde. (1)

Pour une plus grande détente de la poitrine, placez vos mains en coupe sur les épaules. Pressez et restez dans cette position pendant cinq secondes, puis répétez plusieurs fois pour ouvrir la poitrine. Demandez au receveur de respirer profondément, ce qui lui permettra d'inhaler et d'exhaler complètement. (2)

La congestion de la poitrine peut être soulagée grâce à des mouvements de percussion. Martelez et hachurez l'arrière de la cage thoracique pour stimuler le système respiratoire et pour dégager le mucus et les mucosités dans les bronches.

Les huiles essentielles d'eucalyptus et de romarin sont particulièrement efficaces pour la congestion des bronches. La lavande aide à trouver le sommeil et renforce le système immunitaire, ce qui facilite la guérison. Le citron peut débarrasser du mucus et combattre les infections dans l'appareil respiratoire. Pour un bon massage de la poitrine:

À 10 ml (2 c. à thé) d'huile de base, ajoutez:
1 goutte d'eucalyptus
1 goutte de romarin
OU
2 gouttes de lavande
1 goutte de citron

Lorsqu'une personne ayant une crise d'asthme est très tendue et paniquée, mettez deux gouttes de lavande dans ses paumes et invitez-la à respirer profondément.

Le massage thérapeutique est excellent pour traiter la congestion nasale. Apportez une attention particulière au front, aux joues et à la région du nez. (3)

Ajoutez 2 gouttes de lavande et 1 goutte de romarin à 10 ml (2 c. à thé) d'huile de base comme mélange servant à décongestionner le visage. Aspergez quelques gouttes d'eucalyptus ou de romarin sur un mouchoir que vous mettrez dans votre poche, de sorte que vous puissiez en inhaler l'arôme pendant la journée.

AUTRES CONSEILS

- Évitez le stress qui peut causer les crises d'asthme et appauvrir le système immunitaire, ce qui vous rend plus enclin à la toux et aux rhumes.
- Éliminez ou pour le moins réduisez la consommation de produits laitiers qui encouragent la production de mucus. Mangez beaucoup de fruits, de légumes et de salades.
- Mangez de l'ail, de préférence cru et tous les jours, puisque l'ail est un antibiotique naturel. Le gingembre aide à réduire les mucosités.
- Prenez de la vitamine C pour prévenir les rhumes et la toux.
- Faites un exercice doux comme le yoga, qui inclut de nombreux exercices de respiration.
- Ouvrez une fenêtre la nuit pendant que vous dormez, pour un apport d'air frais.

1
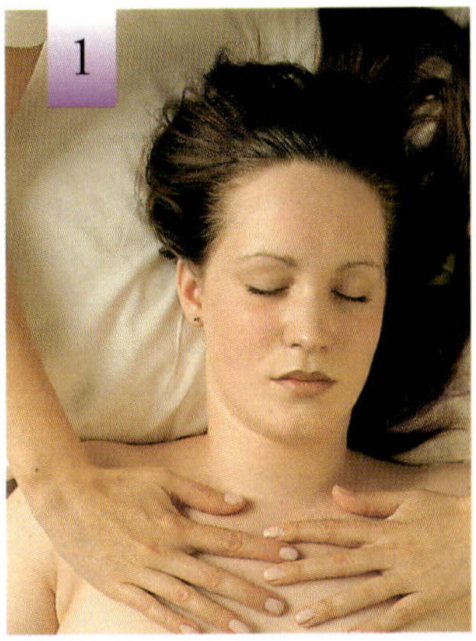

2
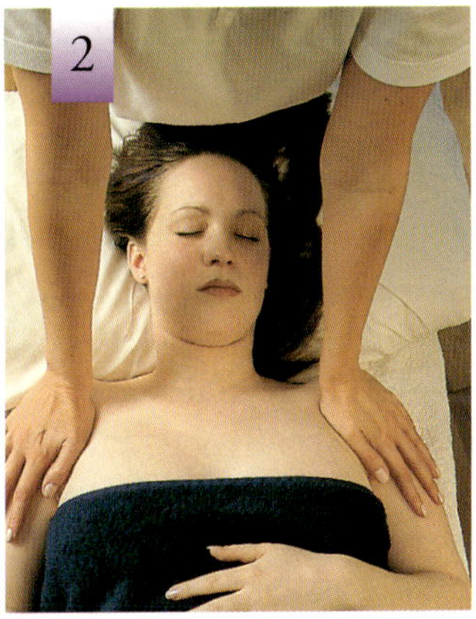

3
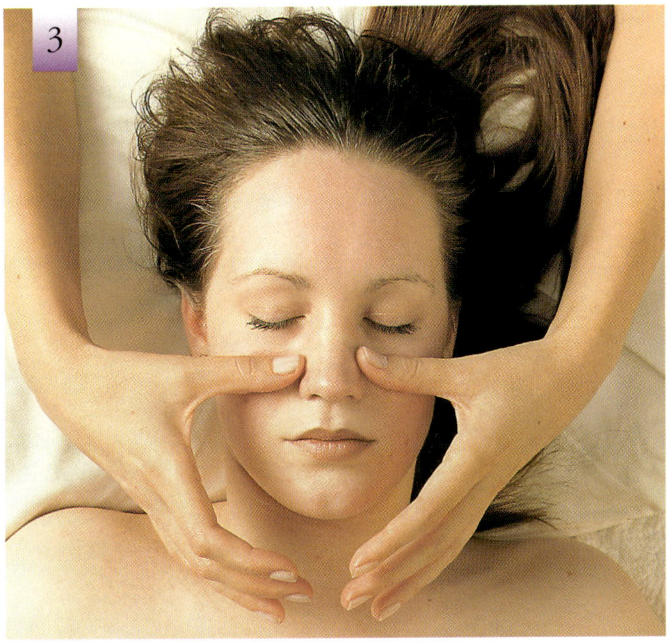

conclusion

Nous espérons que ce livre vous aura fait réaliser le potentiel énorme de l'art de la guérison du massage thérapeutique. Vous aurez compris que donner un massage est aussi agréable et relaxant que d'en recevoir un. Toucher et être touché est un besoin fondamental et instinctif chez chacun d'entre nous, peu importe l'âge que nous avons. Le toucher est le premier sens que nous développons, puisque l'enfant qui n'est pas encore né est constamment caressé dans la chaleur de l'utérus de sa maman.

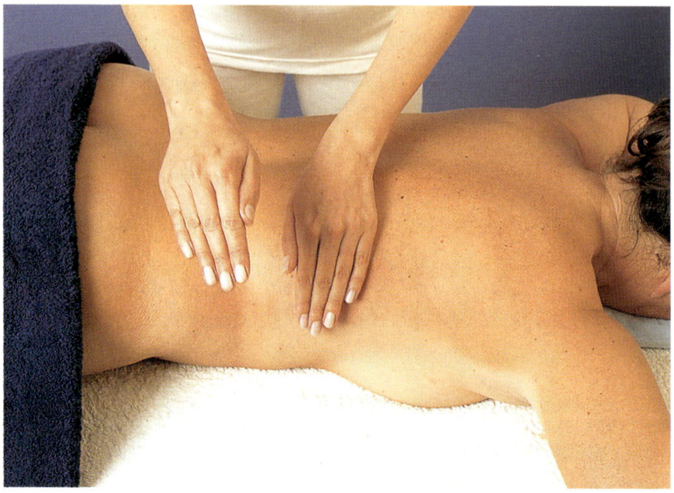

Ce lien étroit entre la mère et son bébé a un effet positif tant physiologique que psychologique, et les enfants qui grandissent dans des familles où ils sont privés de toucher sont en général plus enclins aux maladies physiques et mentales.

En vieillissant, il semble que la majorité des gens se touchent de moins en moins. La plupart d'entre nous perdons notre sens intuitif du toucher. Cela est très dommage, puisque le massage thérapeutique est une forme instinctive de soins et il est bon pour les individus de tous âges. Nous espérons que ce livre aura réveillé et aiguisé votre sens du toucher. Massez votre famille et vos amis et répandez l'habitude de la magie du massage. Faites en sorte que le massage thérapeutique s'intègre à votre vie quotidienne et notez à quel point vous êtes détendus, ragaillardis, équilibrés et rajeunis.

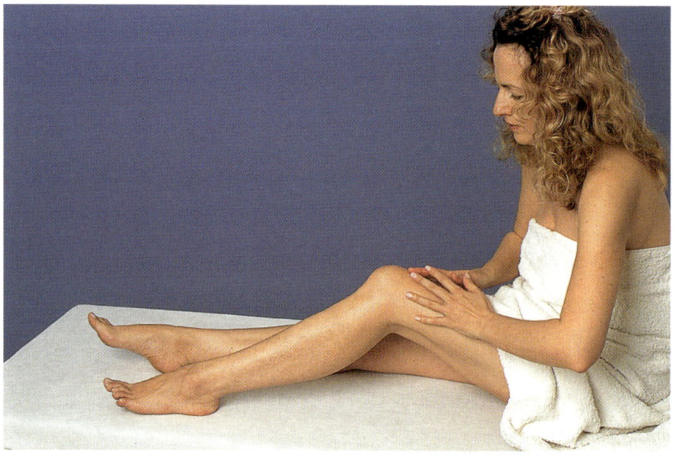

Si vous avez l'intention de pratiquer le massage sur une base professionnelle, il faut absolument suivre une formation donnée par une institution réputée. Une formation professionnelle reconnue comprendra l'étude approfondie de l'anatomie et de la physiologie, en même temps qu'un apprentissage pratique du massage. Assurez-vous que le cours est reconnu par une association professionnelle. Vérifiez depuis combien de temps l'école ou le collège est établi, ainsi que les compétences et l'expérience clinique du directeur de l'établissement.

index

R

S

T

V